中国拱市

从脱贫攻坚到乡村振兴

—— 访谈实录·调研报告 ——

罗亚蒙 等著

人民东方出版传媒
东方出版社

图书在版编目（CIP）数据

中国拱市：从脱贫攻坚到乡村振兴/罗亚蒙 等著.—北京：东方出版社，2021.10
ISBN 978-7-5207-2357-2

Ⅰ.①中… Ⅱ.①罗… Ⅲ.①农村—扶贫—研究—蓬溪县 ②农村—社会主义建设—研究—蓬溪县 Ⅳ.① F327.714

中国版本图书馆 CIP 数据核字（2021）第 174563 号

中国拱市：从脱贫攻坚到乡村振兴
（ZHONGGUO GONGSHI: CONG TUOPIN GONGJIAN DAO XIANGCUN ZHENXING）

作　　者：	罗亚蒙　等著
责任编辑：	陈丽娜　张凌云
出　　版：	东方出版社
发　　行：	人民东方出版传媒有限公司
地　　址：	北京市西城区北三环中路 6 号
邮　　编：	100120
印　　刷：	北京明恒达印务有限公司
版　　次：	2021 年 10 月第 1 版
印　　次：	2021 年 10 月第 1 次印刷
印　　数：	1—6000 册
开　　本：	710 毫米 × 1000 毫米　1/16
印　　张：	24
字　　数：	326 千字
书　　号：	ISBN 978-7-5207-2357-2
定　　价：	69.80 元
发行电话：	（010）85924663　85924644　85924641

版权所有，违者必究

如有印装质量问题，我社负责调换，请拨打电话：（010）85924602　85924603

★ 2021年6月29日,习近平等党和国家领导人接见建党百年"两优一先"代表,二排中为"全国优秀党务工作者"、拱市联村党委书记蒋乙嘉同志

从脱贫攻坚到乡村振兴

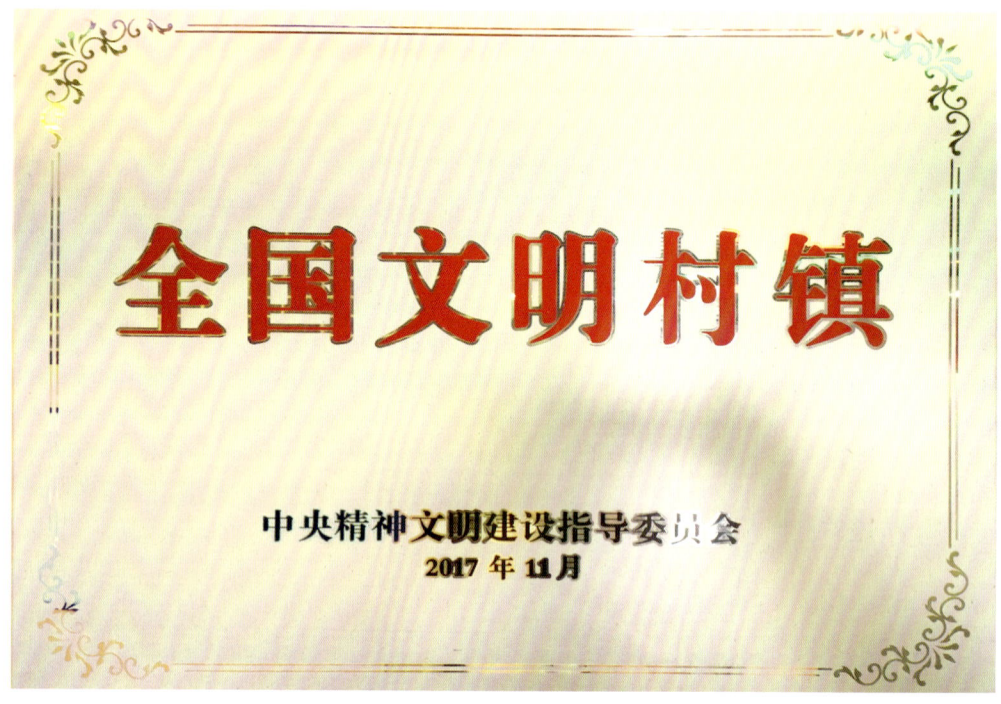

★ 2017年,四川省遂宁市蓬溪县常乐镇拱市村被评为"全国文明村镇"

★ 拱市联村党群服务中心

★ 四川省遂宁市蓬溪县常乐镇拱市联村党委书记蒋乙嘉同志2021年2月25日被党中央、国务院授予"全国脱贫攻坚先进个人"称号

从脱贫攻坚到乡村振兴

★ 2017年，蒋乙嘉当选中共十九大代表，在会上发言

★ 中共十九大代表蒋乙嘉在会议期间接受媒体采访

★ 2019年，范长龙在拱市村调研

★ 范长龙为拱市村题字

授予：蒋乙嘉同志

全国优秀党务工作者称号，

特颁发此证书。

中共中央

证书号：20210215

2021年06月28日

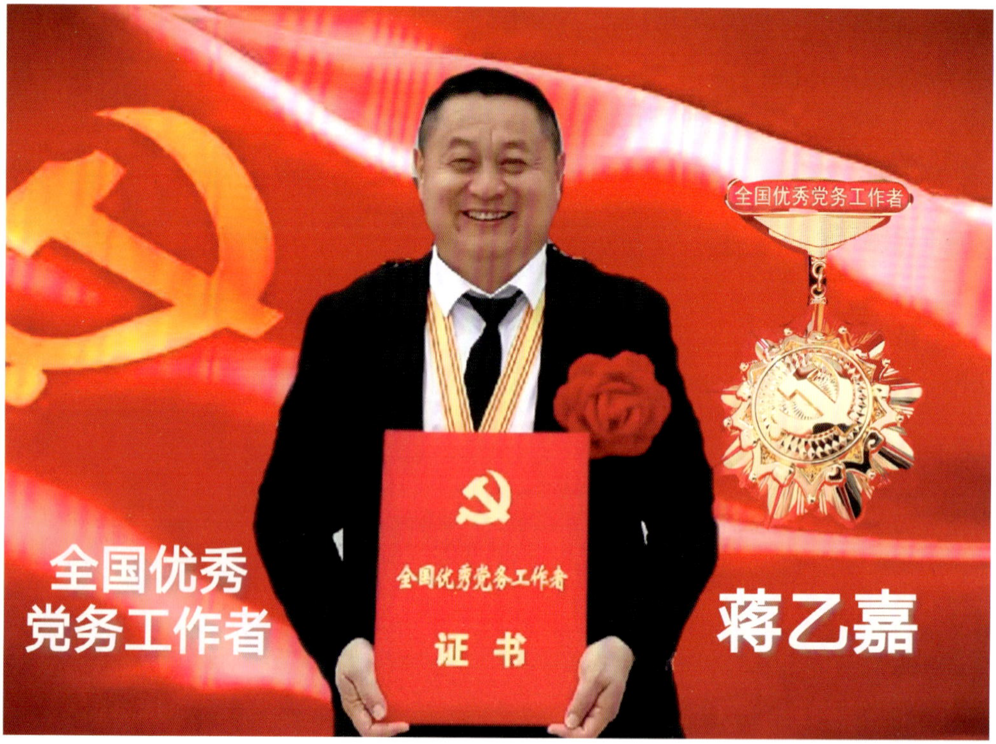

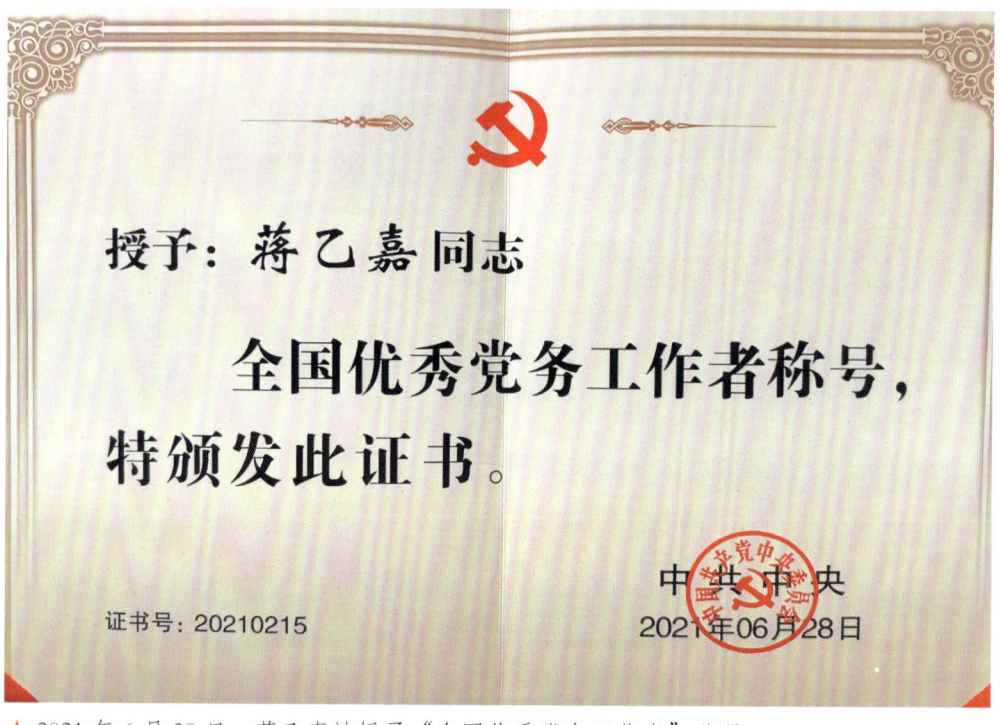

★ 2021 年 6 月 28 日，蒋乙嘉被授予“全国优秀党务工作者”称号

★ 2019年国庆节，蒋乙嘉向袁隆平院士求教后留影

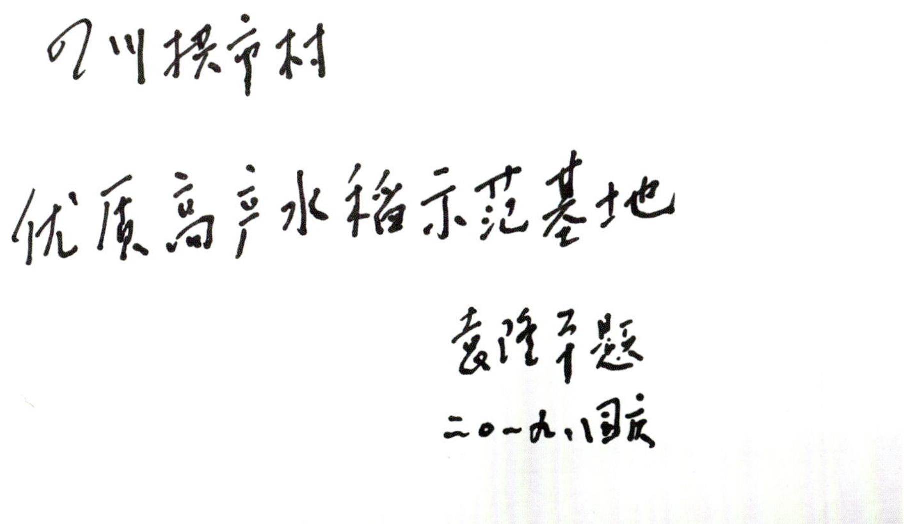

四川拱市村

优质高产水稻示范基地

袁隆平题

二〇一九年

★ 袁隆平院士为拱市村题字

从脱贫攻坚到乡村振兴

★ 来龙山下拱市村

★ 谢觉哉夫人、老红军王定国 103 岁时为拱市村题名

★ 拱市联村村史馆

★ 拱市联村文化大院（乡村艺术馆）

★ 2019年,拱市村被评为"国家森林乡村"

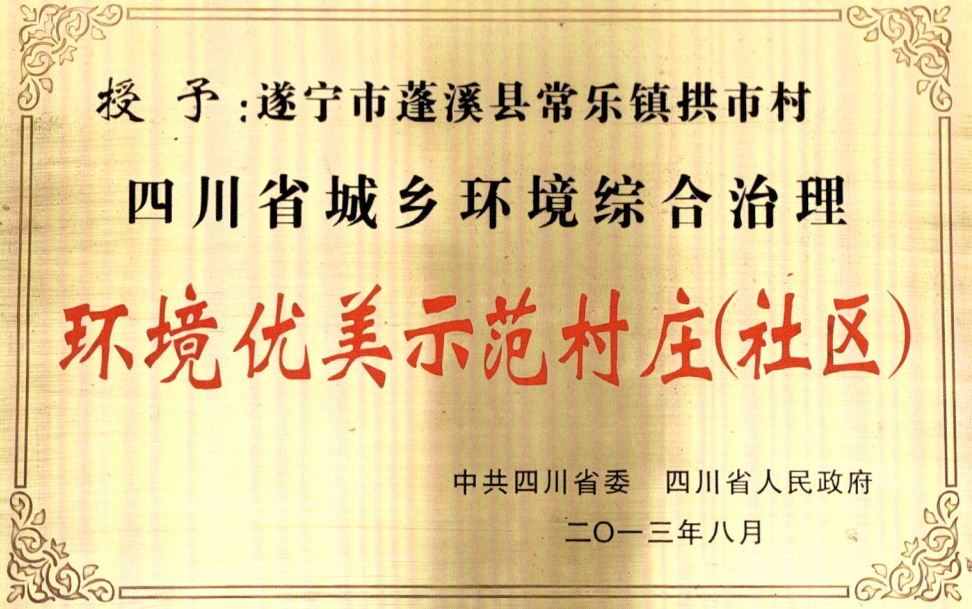

★ 2013年,拱市村被评为四川省"环境优美示范村庄(社区)"

★ 2017年，拱市村被评为四川省"省级四好村"

★ 2015年，拱市村党组织被评为"四川省先进基层党组织"

从脱贫攻坚到乡村振兴

★ 2019年,四川省"遂宁市乡村振兴教育培训基地"在拱市村揭牌

★ 2020年,拱市村被评为四川省"省级示范农业主题公园"

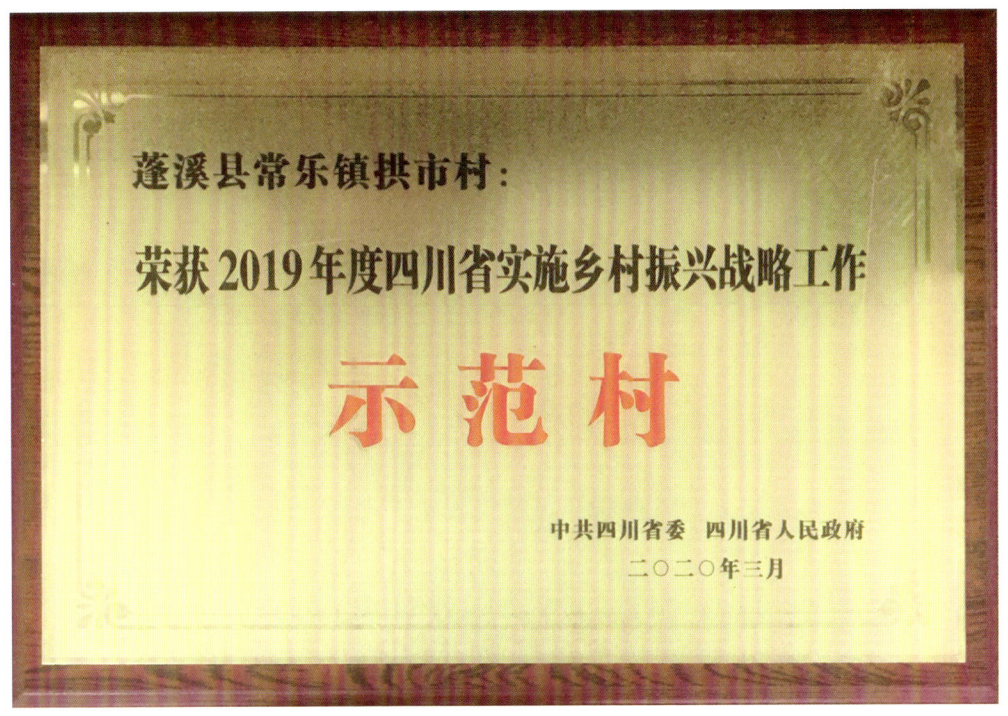

★ 2019年，拱市村佛莲谷被定为"四川省自然教育基地"

★ 2019年，拱市村被评为"乡村振兴战略工作示范村"

从脱贫攻坚到乡村振兴

老兵蒋乙嘉：拱市村脱贫攻坚乡村振兴带头人

★ 2021年，蒋乙嘉被评为"全国脱贫攻坚先进个人"

★ 2019年，蒋乙嘉被评为"全国模范退役军人"

从脱贫攻坚到乡村振兴

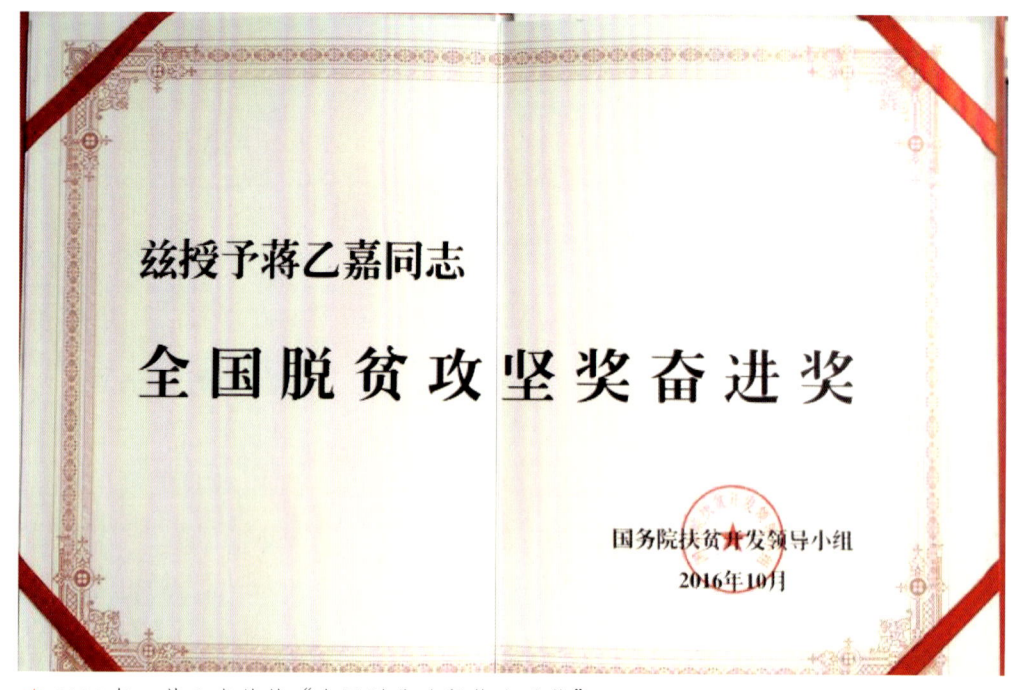

★ 2016年，蒋乙嘉荣获"全国脱贫攻坚奖奋进奖"

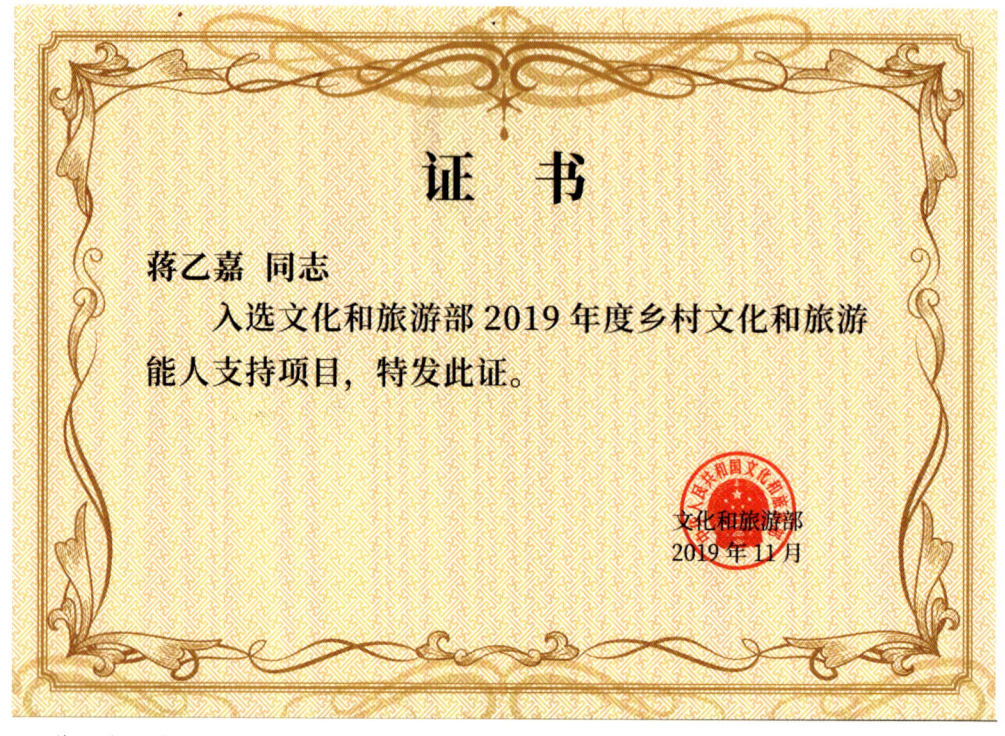

★ 蒋乙嘉入选文化和旅游部2019年乡村文化和旅游能人支持项目

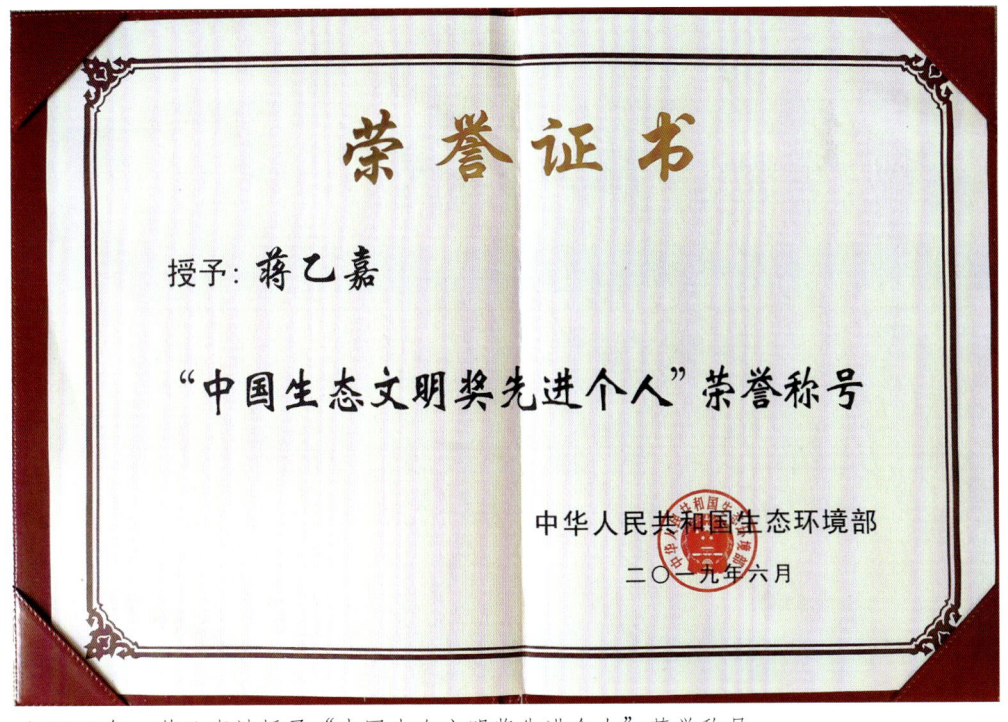

★ 2015年，蒋乙嘉入选"中国好人榜"

★ 2019年，蒋乙嘉被授予"中国生态文明奖先进个人"荣誉称号

从脱贫攻坚到乡村振兴

★ 2018年，蒋乙嘉被评为"全国供销合作社系统劳动模范"

★ 2012年，蒋乙嘉被评为四川省"全省创先争优优秀共产党员"

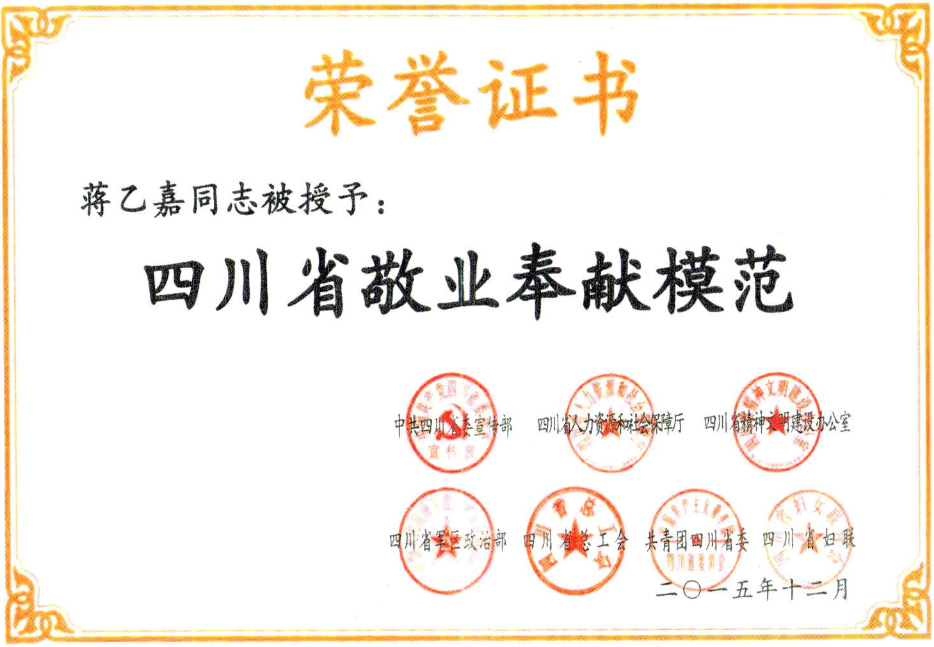
荣誉证书

蒋乙嘉同志被授予：

四川省敬业奉献模范

中共四川省委宣传部　四川省人力资源和社会保障厅　四川省精神文明建设办公室

四川省军区政治部　四川省总工会　共青团四川省委　四川省妇联

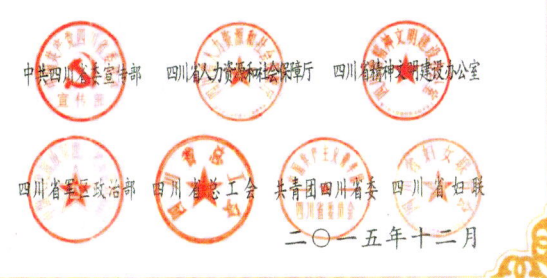

二〇一五年十二月

★ 2015 年，蒋乙嘉被评为“四川省敬业奉献模范”

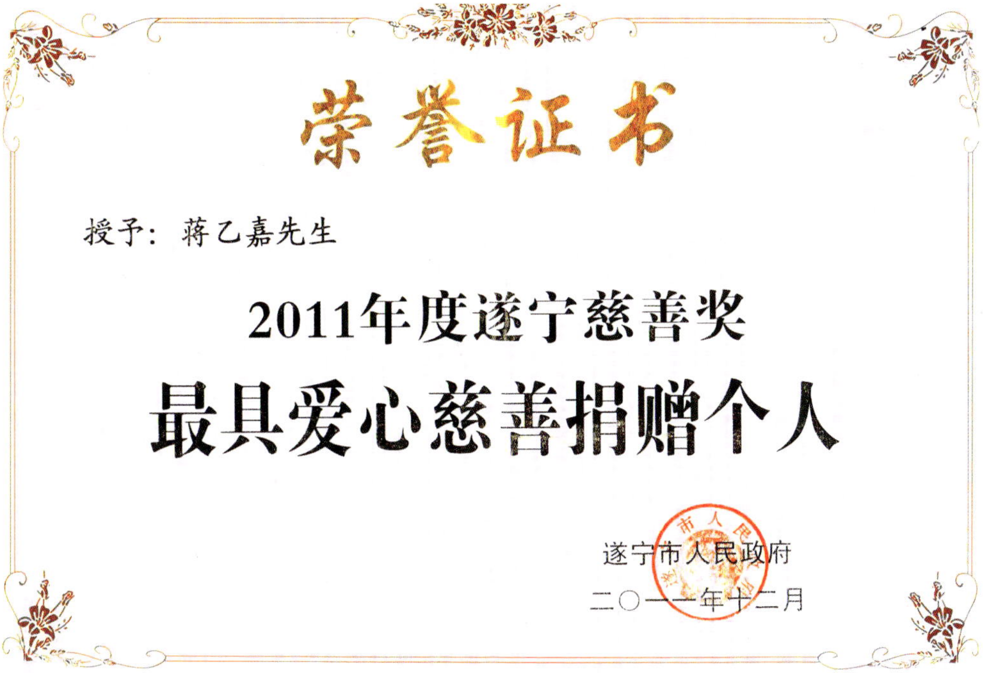
荣誉证书

授予：蒋乙嘉先生

2011年度遂宁慈善奖

最具爱心慈善捐赠个人

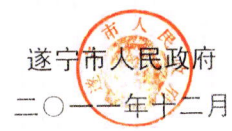

遂宁市人民政府

二〇一一年十二月

★ 2011 年，蒋乙嘉被评为遂宁市“最具爱心慈善捐赠个人”

从脱贫攻坚到乡村振兴

★ 修路

★ 治水

★ 治山

★ 蒋乙嘉和留守儿童一起捡垃圾

从脱贫攻坚到乡村振兴

★ 采摘丰收果实

★ 2013年，蒋乙嘉担任了拱市村党支部书记

★ 2014年，中共中央宣传部组织人民日报、新华社、中央电视台等20多家媒体到拱市村采访"全国最美基层干部"蒋乙嘉

★ 拱市联村首届新春联欢会（钟敏，2019）

★ 拱市村首届啤酒龙虾音乐节

★ 拱市千叶佛莲

★ 拱市千叶佛莲文化艺术节（2019）

★ 竹节堰蓄水灌田

★ 幸福之路

★ 拱市村民宿

★ 拱市村民居

四川省遂宁市蓬溪县拱市联村核心区交通路网示意图

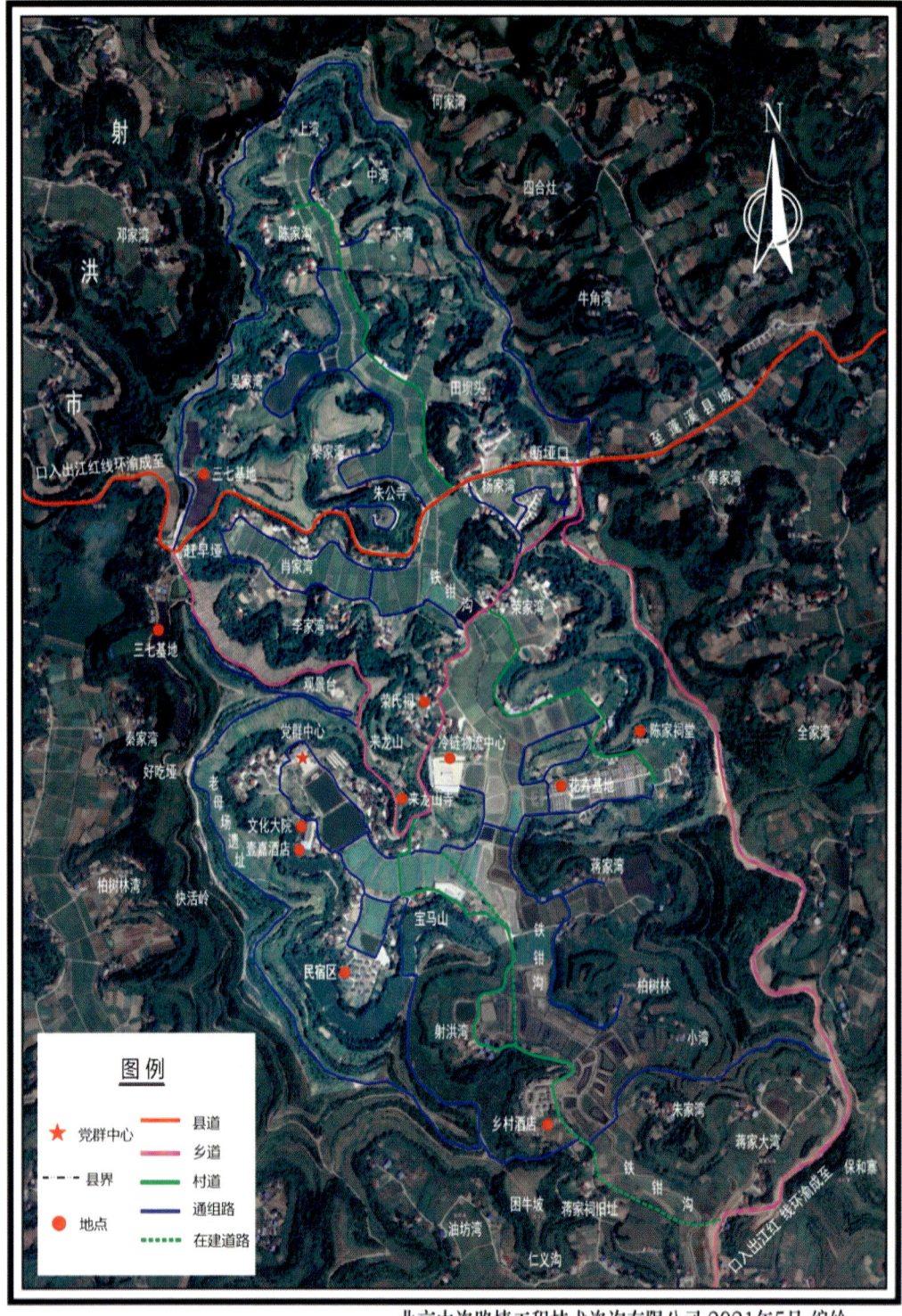

北京中咨路捷工程技术咨询有限公司 2021年5月 编绘

四川省遂宁市蓬溪县拱市联村区域范围示意图

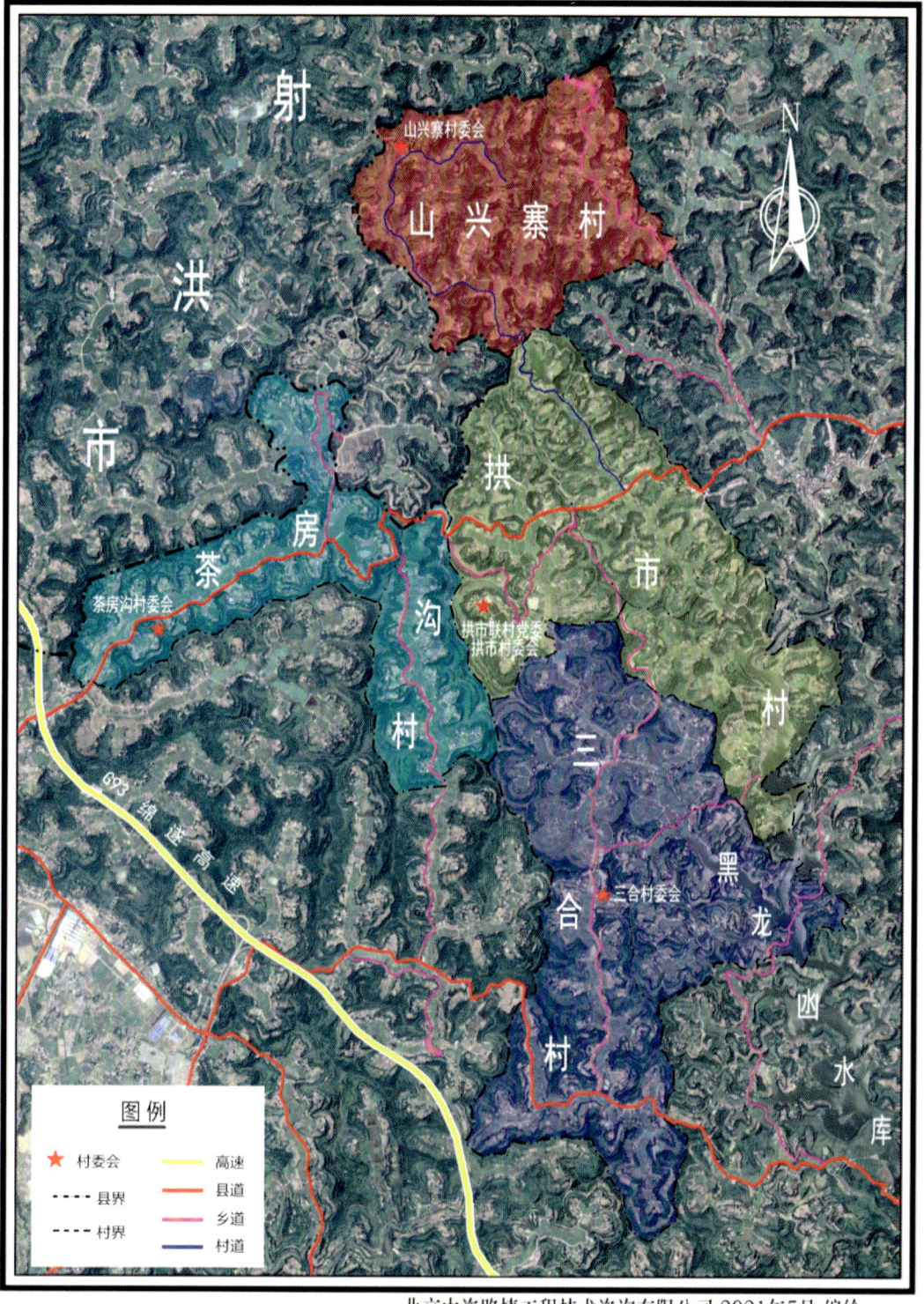

从脱贫攻坚到乡村振兴

★ 龙头企业四川力世康公司董事长蒋乙嘉（左）和总经理蒋国锐在拱市村

《中国拱市：从脱贫攻坚到乡村振兴》编委会

顾　问：车书剑　姚　兵

主　编：罗亚蒙

副主编：蒋国锐　罗万学

编　委：（按音序排列）
　　　　陈国申　金　星　孔德荣　邹艳丽　李　仙　刘　阳
　　　　蒲　波　王利君　席　恺　原　珂

审稿人：赵　锋　冯　波　唐　熙　向吉德

中国拱市乡村振兴课题组

综合访谈组：罗亚蒙　席　恺

产业振兴调研组：蒲　波　李　仙　黄建超　桑文媛　纪思宇

人才振兴调研组：陈国申　李　慧　王俊娜

生态振兴调研组：邹艳丽　吴　思　何春昊

文化振兴调研组：孔德荣

组织振兴调研组：原　珂　刘　阳

资料和保障组：蒋国锐　罗万学　金　星

地图编绘组：青光坤　黎宗新　杨叶帆

课题承担单位：北京中城国建城市规划设计研究院有限公司（中城智库）

让鲜花开满村庄

一家三代，4个老兵，5个村官，70年不忘初心，接力改变山村落后面貌……

本书是庆祝中国共产党成立100周年献礼图书，主要介绍退役老兵蒋乙嘉创业成功后带着两千多万元积蓄回村14年，带领乡亲们把一个贫穷落后的川东北小山村建设成为全国知名的富裕文明美丽新农村的感人事迹。

蒋乙嘉，中共十九大代表、四川省第十三届人民代表大会代表、中共遂宁市委委员、中共蓬溪县委委员、蓬溪县拱市联村党委书记。被誉为"全国模范退役军人""全国最美基层干部""全国优秀党务工作者"。

"让土地充满希望，让鲜花开满村庄，让乡亲们过上城里人羡慕的生活！"这是乙嘉书记50年来不变的心愿。

经过14年的艰苦奋斗，拱市村现在已经成为全国文明村、全国环境整治示范村、全国新型农村幸福社区建设示范单位、国家森林乡村、省级四好村、四川省实施乡村振兴战略工作示范村。

2021年2月25日，中共中央、国务院在人民大会堂召开全国脱贫攻坚总结表彰大会，蒋乙嘉被授予"全国脱贫攻坚先进个人"称号。

本书包括"访谈实录""调研报告"和"附录"三部分。

"访谈实录"部分，为非虚构写作，以问答的形式写人、纪事、说理、论道，融文学性、政策性、学术性、史料性于一体，所有记录忠于当事人口述和原始文件，通过回顾蒋乙嘉人生重要节点的一些生活、工作片段，揭示蒋乙嘉的奋斗历程和精神世界，以便于大家学习乙嘉书记无私奉献的精神和实事求是的工作方法。

"调研报告"部分，为5所大学10多位专家学者在拱市村实地考察调研成果，分为产业振兴、人才振兴、生态振兴、文化振兴、组织振兴五部分，既有拱市村的经验做法，也有未来的发展建议，可供全国各地乡村干部参考。

"附录"部分，包括《中华人民共和国乡村振兴促进法》和《宜居乡村评价指标体系》，是研究、编写本书的法律依据和学术依据。

拱市村作为四川省遂宁市乡村振兴教育培训基地和中共蓬溪县委党校第二校区所在地，本书可以作为培训党员、干部、退役军人的学习材料，也可以作为各级党政机关干部和专家学者研究乡村振兴的参考资料，还可以作为高等院校相关专业教学案例材料。

目 录

序 1

关于乡村振兴几个关键问题的思考——代前言 1

拱市联村概况 1

中国"最美村官"蒋乙嘉 1

访谈实录

第一章　少年梦想

第 1 节　千万富翁回乡扶贫 3

第 2 节　来龙山下，12 岁的少年有个梦想 5

第 3 节　20 岁，提干了！ 10

第 4 节　搏击商海 13

第 5 节　我要回乡 16

第二章　让土地充满希望，让鲜花开满村庄

第 6 节　要想富，先修路 18

第 7 节　治山，治土，治水 20

第 8 节　500 万花光了，1000 万花光了，1600 万花光了，两套房子也卖了 ... 22

第 9 节　乡亲们说：老四，你别走！ 23

第 10 节　柳暗花明 24

第三章　联村连心

第 11 节　第一书记 25

第 12 节　摘掉穷帽子 26

第 13 节　联起来 26

第 14 节　拱市联村经营农村模式 33

第四章　一个好汉三个帮

第 15 节　大哥、三哥和小妹 36

第 16 节　志愿者邓小辉 41

第 17 节　军魂永在 46

第 18 节　"荣誉村民"周炜 50

第 19 节　佛手花开 55

第 20 节　"新村民"画家余水清 57

第 21 节　专家教授们也来了 59

第 22 节　"外交部长"朱泊霖、肖成波 68

第 23 节　锣鼓敲起来 71

第 24 节　群贤毕至 72

第五章　让乡亲们过上城里人羡慕的生活

第 25 节　佛莲谷，佛莲山，佛莲塔 88

第 26 节　乡村酒店为"农旅文融合"奠基 95

第 27 节　文艺家部落 100

第 28 节　薪火相传 103

第 29 节　邂逅年轻人 105

调研报告

产业振兴

产业发展如何铸造乡村振兴的"脊梁"

——四川省蓬溪县拱市村产业振兴的启示与展望 113

人才振兴

头雁引领，外引内培

——四川省蓬溪县拱市村人才振兴的经验与启示 162

生态振兴

"绿水青山"何以成就"金山银山"

——四川省蓬溪县拱市村生态振兴回眸与展望 185

文化振兴

文化建设以及文化融合的乡村建设

——四川省蓬溪县拱市村乡村文化振兴调研与分析 251

组织振兴

组织创新与乡村振兴

——基于四川省遂宁市蓬溪县拱市村的考察 298

附 录

中华人民共和国乡村振兴促进法 311

宜居乡村评价指标体系 326

后记 330

序

欣闻《中国拱市：从脱贫攻坚到乡村振兴》一书即将由东方出版社公开出版发行，我非常高兴，在此表示热烈祝贺！

蒋乙嘉同志是我的老部下，曾在部队服役20年，荣立过二等功、三等功。本来他在部队有提拔的机会，但他放弃了。退役后经过10年创业拼搏，取得丰硕成果，2007年他决心回家乡改变山村贫穷落后面貌。

蒋乙嘉同志坚持退伍不褪色，退役不退志，没有辜负党和军队的培养。经过十多年艰苦奋斗，他带领战友和乡亲们把川东北贫穷落后的拱市村变成"全国文明村"，他本人也受到党中央、国务院和中央军委表彰，荣获"全国最美基层干部""全国模范退役军人""全国脱贫攻坚先进个人""全国优秀党务工作者"等多项荣誉。

我一直关注这个性格倔强的老兵。2012年，他当了拱市村第一书记，要建"常乐镇拱市村文化体育活动中心"，我破例给村里题了字。2019年，我专程到拱市村去看望他，所见所闻让我非常惊喜，就在村里住了两晚。我亲眼看到拱市村实现了他当初的心愿：让土地充满希望，让鲜花开满村庄，让乡亲们过上城里人羡慕的生活。

在拱市村脱贫攻坚的过程中，退役老兵们发挥了重要作用，不仅带头人蒋乙嘉，主要骨干也都是退役老兵。

2021年2月25日，习近平总书记在人民大会堂向全党、全军、全国各族人民发出了"乡村振兴"的伟大号召，我希望蒋乙嘉同志和各位退役老兵，载誉不骄，再接再厉，在"乡村振兴"的新征程中，冲锋陷阵，为人民再立新功！

是为序。

范长龙

2021年9月8日，于北京

（范长龙，2012年至2017年任中共中央政治局委员、中央军委副主席，上将军衔）

关于乡村振兴几个关键问题的思考
——代前言

为响应党中央号召，落实国家乡村振兴战略，鉴于四川省遂宁市蓬溪县常乐镇拱市村的典型性，我组织专家团队，于 2021 年 3 月至 6 月从产业振兴、人才振兴、生态振兴、文化振兴、组织振兴等 5 个方面对拱市村进行全面深入调研，系统总结拱市村脱贫攻坚实践经验，精心谋划拱市村未来乡村振兴发展蓝图。

通过个案调研，结合学习《中华人民共和国乡村振兴促进法》和党中央、国务院有关文件，笔者认为，中国乡村振兴，有几个问题值得特别关注和深入研究。

一是乡村振兴与城镇化的关系问题。

理解中国乡村未来发展趋势，一定要首先明白一个基本道理：乡村的使命，是维护国家粮食安全和生态安全。未来的中国乡村，属于热爱乡村的或肩负使命的职业农民，而不是被计划经济时代捆绑在土地上的现有农民。

年轻人普遍热爱城市，农民城市化的潮流不可能逆转，更不可能改变。这就意味着，一批乡村将逐渐衰落，这是城乡发展规律决定的，是挡不住的。乡村振兴，绝不可能是振兴所有的乡村，而是一部分乡村将在新的城乡关系格局中得以振兴，一部分乡村则逐渐消失。

中国乡村未来的发展路径，依然是农村城镇化和农村现代化两个方向。农村城镇化意味着乡村消亡，农村现代化意味着乡村振兴。在这个历史进程中，所有村庄都将面临以下三种命运选择：

第一种情况是村庄彻底被城镇化，土地和人口都成为城市的一部分。这种情况主要发生在城市周边的乡村。在这种情况下，村庄虽然消亡了，但这是从乡村文明升华为城市文明，是破茧成蝶，是凤凰涅槃，是一种崭新的文明形态的再生。

第二种情况是人口城镇化，土地、房屋废弃。也就是村庄里的人都进城了，不再耕种土地了，宅基地也放弃了。这种情况主要发生在远离城镇且没有优势经济资源的偏僻乡村。这种情况已经普遍发生，并将继续发生。这类村庄绝大多数也没有振兴的可能和必要，只要能够保持土地正常耕种不荒芜就行了。

第三种情况是乡村现代化。这种情况主要发生在距离城镇不远或者有优势经济资源的乡村。他们可以接受到城镇或工矿企业、旅游景区的强辐射，有条件在保证做好农业的前提下发展乡村文旅服务业或特色手工业。

这里所说的乡村现代化，是指农村自身的现代化，包括农民思想观念和生活条件、生活方式的现代化，农业生产工具、生产方式的现代化，农村生产关系的现代化，乡村治理方式的现代化，而不是城镇化。过去几十年，有些人错误地把农村城镇化当成农村现代化，把二者混为一谈，既影响了城镇化健康发展进程，也伤害了农村现代化发展进程。这个历史教训，需要时刻记取。

但是，乡村治理，须有城镇化思维。解决好中国的三农（农业、农村、农民）问题，归根结底需要依靠城镇化，城乡互通，以城带乡。不能搞城乡壁垒。

第一，坚持农村自治，农民自主。政府可以用庭院化农业、庄园化农业、农场化农业引导农民，但不能够强迫命令。

第二，让热爱市镇的农民进城。城市文明更受年轻人喜爱，这是人性，不可阻挡。公共政策应当为农村青年进城提供更多便利性，尤其是要研究建立农村宅基地与城市住宅之间的政策变通关系和实现路径。比如进城农民放弃原有农村宅基地，即可为落户城市增加建设用地指标，并为本人及家人在落户城市获得购房资格，享受所有公共服务市民待遇。

第三，让真正热爱乡村的城里人下乡。有些城里人，有乡村情结，或者有志于农业，公共政策应当允许他们带着梦想、带着资金、带着知识、带着情怀到农村建庭院、建庄园、建农场，只有这样，农村才有可能得以振兴。构建一个城乡人口自由互动的社会生态和支持体系，不仅有利于城市可持续发展，也有利于乡村保持活力。

第四，在乡村治理更新的过程中，要始终禁止房地产业的介入。农业永远是弱势产业，需要政府扶助。农村永远是生态安全的涵养区，需要加倍呵护。房地产业进入乡村，由于资本追逐利益最大化的本性，其破坏性会远远大于建设性。但是，让房地产企业参与乡村土地整治复垦，然后在市镇置换住宅建设用地指标，在政策上的可行性还是有科学研究价值的。

第五，已经城镇化的乡村和城乡接合部地区，要及时建市设镇，按照城市管理的科学规律进行治理。名为乡村，实则市镇，治理水平跟不上，成为城市治理的短板，就容易出问题。

二是乡村振兴带头人问题。

乡村振兴，成败在人，关键在带头人。

乡村振兴，首先是要有人气。有了人，乡村才能振兴。没有人，乡村振兴无从谈起。其次，是要有适应乡村发展需要的治理团队、技术团队。村党组织、自治组织、社会组织健全，治理团队成员人人作风民主、正派，处事公道，乐于奉献，不欺压百姓。技术服务团队，可以通过上级政府公共技术服务和购买专业机构特需技术服务解决。

四川拱市村脱贫攻坚、乡村振兴的经验很多，比如赶上党中央、国务院特别重视三农工作的好时代，比如上级各级党委、政府和各方面大力支持，但如果在拱市村没有蒋乙嘉这样一个好的带头人，拱市村不可能发展得像现在这样好。总结、推广、学习蒋乙嘉的无私奉献的精神和实事求是的工作方式方法，对于推进全国各地巩固脱贫攻坚成果、实现乡村振兴而言，具有普遍意义和科学价值。

乡村振兴的带头人从哪里来？从四川拱市村的情况来看，返乡人才可能是未来的一条主要路径。农村人口发展的总趋势是"逆淘汰"的，农村优秀人才涌向城市的大趋势不会改变，这就导致留在农村的原住民综合能力、综合素质越来越低，从农村本土产生乡村振兴优秀带头人的概率也就越来越低。用乡情、乡愁紧密连接有家乡情结的离乡优秀人才，建立返乡绿色通道，选拔优秀的乡村振兴带头人，是近期乡村人才振兴的可靠路径。

从长远来看，拆除城乡户籍制度藩篱，取消城乡互相歧视政策，让向往城市的公民高高兴兴进城，让喜爱农村的公民快快乐乐下乡，实现城乡人口双向自由流动，实现乡村人才振兴才有根本保障。

三是农业补贴政策调整完善问题。

农业是国家的公益性产业。风险大，效益低，是农业的基本特征，需要政府年年补贴才能维持可持续发展。除少量特产品种外，投资农业基本不赚钱，应该是全社会的基本共识。

乡村产业振兴，应当明确界定其内涵就是种植业和养殖业，其使命是保障国家的粮食安全和副食品供应。所有土地没有撂荒，宜耕土地都种上庄稼了、种好了，水利条件也跟得上，宜粮则粮，宜林则林，宜果则果，宜草则草，宜牧则牧，能够抗旱防灾，收成在平均水平以上，村集体不欠账，村民安居乐业，就算乡村产业振兴了。

乡村产业振兴，绝不能定义为农民家家都靠农业发财了。那是不可能做到的。农民提高收入，改善生活，还是要依靠进城打工、创业。更不能宣传诱导农民重点发展非农产业，那是不务正业。发展乡村文旅和手工业，并不是每个村庄都能做得到，甚至可以说大部分村庄根本做不到。

调研中发现，通过土地流转，实际大规模种地的职业农民，因为没有土地承包权，拿不到国家的农业补贴。拿到国家农业补贴的，实际上是不种地但有土地承包权的流失农民。这就导致投资农业的职业农民生产成本不堪重负。职业农民不仅和原村民一样要承担种子、化肥、农药、薄膜、农机等生产费用，还要承担土地流转费用、雇工劳务费用。原村民因为生产成本低，又有政府农业补贴，维持低收益可持续生存没有问题。职业农民生产成本高，又拿不到政府农业补贴，入不敷出，就难以为继。国家应当尽快调整农业补贴政策，及时给予职业农民合理的农业补贴，维持他们最低的投资利润。否则，新兴职业农民也将流失，更谈不上乡村产业振兴。

四是乡村居住空间优化问题。

从宜居乡村建设的角度看，中国乡村人类聚落未来发展的方向是庭院化、庄园化、农场化，不是"社区化""楼房化"。

（一）关于庭院化

庭院，是中国乡村传统聚落的基本单元，由于特别适合农业生产的特点，已经存续几千年，并将继续存续，发扬光大。

一户农民，一个庭院，可以居住，也可以置放农具、种些果树和蔬菜，还可以养鸡养猪，基本可以满足农家全部的生产生活需要，也是真正的乡村家园形态。

建议农业农村部门、住建部门、建筑院校师生、建筑设计机构多做一些农家庭院方案设计，自然资源行政管理部门也应当鼓励宅基地＋农业生产用地组合设计农家庭院，便于农民统筹生活与生产。庭院设计可以大一些，占地一两亩甚至十亩八亩也未尝不可，让农民真正可以职住一体，诗意栖居。农家庭院再大，生活空间占地也极其有限，绝大部分空间还是用于农业生产，并不浪费耕地。

市镇宜聚居，乡村宜散居(特别是山地丘陵地区)，现在效法50年前"集体农庄"模式或现代城市社区模式治理改造乡村，战略方向是错误的。

政府大力推动乡村"美丽宜居庭院"建设，才是真正的惠民工程，德政工程，政府不用花钱，农民享受实惠，而且有利于乡村生态旅游"农家乐"，这才是乡村振兴可持续发展之道。

（二）关于庄园化

相对集约化生产，是中国农业的必由之路。

如果一户农民有能力耕种几十亩、上百亩土地，就需要建设一个庄园来满足生产生活的需要。

对于乡村庄园建设的土地政策现在还是空白，对于乡村庄园的建筑设计研究，现在也很不够。现在都十分需要政策研究补课和设计研究补课。

（三）关于农场化

地理条件适宜地区，进行大规模、现代化农业生产，也是中国农业发展的必然趋势。

一户农民有能力耕种上千亩甚至上万亩土地的时候，生产组织形式就需要公司化，人类聚落形式就必然农场化。

中国过去有大量的大型国有农场建设经验，为农民中小微农场建设提供公共服务，没有困难，现在需要的是明晰政策支持体系和公共服务体系。

（四）中国乡村聚落发展的方向，不是"社区化""楼房化"

社区化，是城市的基本聚落形态，特点是人口高密度聚集，市政基础设施配套完善。但是不适合乡村农业、农民的生产生活特点。一些地方，合村并居，在乡村就地建设高楼大厦进行"社区化"，战略上、技术上都是错误的。

现实生活中，有的乡村地区已经城镇化了，但依然叫"村"，但实际上已经是市镇，这种情形，"社区化"当然是必需的，但在科学意义上，它们已经不是乡村，也不代表乡村聚落的发展方向，而是代表农村城镇化的方向。这种现象，在城乡接合部比较普遍。

一些在城市打工、创业致富的农民，热衷在家乡农村建一栋楼，有的高达五六层，常年闲置，也是对资源的浪费，应当禁止。

五是乡村综合治理问题。

乡村综合治理，是乡村振兴的重头戏。乡村振兴五个方面，有三个方面都应属于乡村综合治理的范畴，即组织振兴、生态振兴、文化振兴。但不仅限于此。

应该说，保障乡村平安、和谐、稳定，长年坚持不懈扫黑除恶，严打乡村地痞恶霸，永远是乡村治理的头等大事。没有这个前提条件，其他什么都谈不上。

组织振兴，难点是高水平、服务型治理团队的建设。有的村党组织、自治组织被黑恶势力把控，全国已经抓捕过不少，这个要时刻警钟长鸣。拱市村所在的遂宁市，建立了"职业村官"制度，提高了村干部待遇，开通了村干部晋升公务员和事业编制干部的绿色通道，为乡村治理团队后续有人提供了制度保障。拱市村党组织、村民委员会，在蒋乙嘉书记带领下，积极吸收回乡新乡贤和复转军人加入，也是很好的做法。这些都值得肯定。

生态振兴，难点是找到经济发展与生态环境保护的平衡点。前面提过，乡村的重大使命之一就是保障国家生态安全。确保不发生生态灾难，不造成新的水污染、土壤污染、空气污染、山体滑坡、荒漠化等等，应是乡村一切工作的底线。十多年来，拱市村在脱贫攻坚、乡村振兴过程中，把改善生态环境放在第一位，禁止一切污染项目进村，并做好垃圾分类、厕所革命、污水处理等工作，值得各地学习借鉴。

文化振兴，重在自然文化遗产保护和乡村建设风貌的把控。一个乡村，如果有些自然遗产、文化遗产，都是难得的乡村文旅发展资源，要加倍珍惜。乡村建设风貌，是乡村文化的外在综合表现，应当尊重民族文化传统、地域环境和历史建筑风格，赋予现代化的生活设施和舒适的居住设计，全面建设美丽宜居乡村。

乡村综合治理，还要重视移风易俗和改善公共服务。调研中发现，乡村的攀比风导致人情债越来越重，乡村青年结婚成本越来越高，乡村入学、就医、养老越来越难，这些问题都需要在今后的发展中予以解决。

移风易俗，尤其注意要春风化雨，不能雷厉风行，不能暴风骤雨。

六是巩固脱贫攻坚成果、防止返贫问题。

我国之所以能够全面快速脱贫，主要是因为党中央、国务院高度重视，坚强领导，社会各界广泛参与，投入了大量的人力、物力、财力，脱贫模式主要是"输血式脱贫"，或者叫"输血式扶贫"。

我们通过深入调查研究发现，贫困人群实际上是分为两类：一类是可扶贫人群（扶贫对象），一类是不可扶贫人群（救济对象）。

可扶贫人群，是指智力、体力、能力比较正常的人群，通过教育培训和帮助扶持，能够掌握一定的生产技能、找到适当的工作岗位，完成正常的工作任务，获得应有的工作报酬，从而安居乐业。还有的甚至可以成功创业，发家致富，成为乡村能人。

不可扶贫人群，是指智力、体力、能力达不到正常人群平均水平，或者因为智力障碍，或者因为身体残疾、严重疾病，丧失正常的劳动能力。这个群体，无论怎样帮助扶持，都不可能脱贫，只要停止"输血"，立即就会返贫。

可扶贫人群，不可扶贫人群，统在一起，执行统一政策，显然是不科学的，应当区分开来。

可扶贫人群，在巩固脱贫攻坚成果过程中，重点是通过教育培训的方式不断提高其生产技能，为其牵线搭桥创造就业机会，给政策、给资金，以项目为导向，增强造富能力。

不可扶贫人群，应当全国统一全面普查造册建档，并由民政部门建立全国统一在线实时监管的"国家救济基金"，每月按人头发给基本生活费，生病时另全额报销医疗费，让他（她）们能够正常生存。有条件的地区，最好是能够由"福利院"统一收养他（她）们。

全面脱贫，来之不易。乡村振兴，道阻且长。脚踏实地，因地制宜，实事求是，持之以恒，定有收获。

罗亚蒙　谨识

2021 年 7 月 15 日，于北京

拱市联村概况

　　四川省遂宁市蓬溪县拱市联村，包括拱市村、山兴寨村、茶房沟村、三合村，原辖拱市村、花莲村、灯会村、龙滩村、先林村、双合村6个村。2019年建制调整后，原常乐镇拱市村、花莲村、灯会村合并为拱市村；原常乐镇龙滩村、里安村合并为山兴寨村；原天福镇先林村、茶房沟村合并为茶房沟村；原天福镇双合村、三关村、桥木村合并为三合村。

　　联村总辖区面积25.69平方公里，辖52个村民小组，人口13952人，户数4630户，耕地面积12173亩（其中田3882亩，土8291亩），党员312名。联村有贫困户484户、

1100人，已全部脱贫。

拱市村

拱市村村民委员会驻地设在原拱市村村民委员会驻地，辖区面积8.12平方公里，辖村民小组13个，户数1438户，人口4152人，耕地面积3320亩（其中田1048亩、土2272亩），党员100名，贫困户176户、410人。

山兴寨村

山兴寨村村民委员会驻地设在原龙滩村村民委员会驻地，辖区面积4.67平方公里，辖村民小组9个，户数880户，人口2351人，耕地面积1986亩（其中田741亩、土1245亩），党员54名，贫困户94户、180人。

茶房沟村

茶房沟村村民委员会驻地设在原茶房沟村村民委员会，辖区面积4.7平方公里，辖村民小组10个，人口3147人，户数931户，耕地面积2815亩（其中田853亩、土1963亩），党员75名，贫困户66户、170人。

三合村

三合村村民委员会驻地设在芦茅沟新建，辖区面积8.2平方公里，辖村民小组20个，人口4302人，户数1381户，耕地面积4052亩（其中田1240亩、土2812亩），党员83名，贫困户148户、340人。

中国"最美村官"蒋乙嘉

　　蒋乙嘉，现任四川省遂宁市蓬溪县拱市联村党委书记、常乐镇拱市村第一书记，四川力世康现代农业科技有限公司董事长。

　　1959年3月，蒋乙嘉出生在四川省遂宁市蓬溪县常乐镇拱市村。1978年3月参军入伍，1978年12月加入中国共产党，1979年提干，曾荣立二等功、三等功。1997年放弃了部队转业安置的工作，毅然决定到商海打拼。经过十年的创业，2007年7月，蒋乙嘉带着儿时"改变家乡面貌"的梦想和自己全部积蓄回到家乡带领乡亲们脱贫致富，提出了"让土地充满希望，让鲜花开满村庄，让乡亲们过上城里人羡慕的生活"的奋斗目标。为了实现这一目标，蒋乙嘉将自己的全部积蓄2000余万元用到村里撂荒土地整理、村公共服务中心和基础设施建设以及产业的发展上，他的付出赢得了各级党委、政府以及乡亲们的信赖和支持。2011年荣获遂宁市慈善先进个人；2012年4月任命为拱市村第一书记，荣获四川省争先创优优秀共产党员；2013年11月任拱市村支部书记，荣获蓬溪县道德模范、遂宁市最美基层干部；2014年3月中央政治局常委刘云山批示，5月中宣部组织中央、省级、市县等20余家媒体，对"全国最美基层干部"蒋乙嘉个人事迹进行了连续报道；2014年被评为遂宁市优秀村支部书记，同年10月进入"四川好人榜"，11月进入"中国好人榜"；2015年8月被评为四川省第四届敬业奉献道德模范，9月被评为"感动遂宁十大人物"，10月被评为首届四川"十大扶贫好人"；2016年被选为中国共产党遂宁市第七届候补委员，蓬溪县人大代表、遂宁市第七届人大代表，2016年10月荣获首届"全国脱贫攻坚奖奋进奖"；2017年荣获首届"遂宁市人才创新创业奖"，2017年首届"投资遂宁十佳遂商"，四川省"2016川商扶贫优秀个人"，2017年全省脱贫攻坚奖评选委员会委员，2017年4月当选为四川省第十一次党代会代表，2017

年5月当选中国共产党十九大代表，2017年12月当选为四川省第十三届人大代表；2018年被评为四川省农业供给侧结构性改革十大人物、荣获全国供销系统劳动模范、当选为中华全国合作总社第六届理事会理事（2020年连任第七届理事），9月荣获"四川十佳村官"；2019年被评为"2018年度村暖花开·乡村优秀致富带头人""第二届中国生态文明奖先进个人""四川省优秀退役军人""全国模范退役军人""全国乡村文化和旅游能人""遂宁市返乡下乡创业明星"等称号；2020年7月由中国共产党遂宁市第七届候补委员递补为市委委员，11月获得"四川省返乡下乡创业明星"称号；2021年1月担任蓬溪县供销合作社副主任，2月被评为"全国脱贫攻坚先进个人"，6月被评为"全国优秀党务工作者"，7月当选中共蓬溪县委委员。

拱市村在蒋乙嘉的带领下，先后荣获"四川省优秀基层党组织"，蓬溪县第一批"新农村建设示范村"、"文明生态村"、遂宁市"市级文明村"、四川省"新农村建设点示范村"、四川省"依法治村示范村"、"省级四好村"、"百强村"、"文明村"、"四川省森林康养基地"、"四川省实施乡村振兴战略工作示范村"，全国"农村人居环境示范村"、全国"文明村"、全国"农村示范社区"、"全国休闲农庄"、"国家森林乡村"、"全国生态文化村"等荣誉称号。

近两年来，蒋乙嘉多次受邀在中组部，民政部，中国农业发展银行，省、市、县委组织部，省市扶贫局等部门组织的精准扶贫工作会上交流自己带领村民脱贫致富的做法和体会。接待甘肃、陕西、四川、重庆、北京等地到拱市村学习交流精准扶贫的做法和体会10000余人次。同时，还积极参与四川省扶贫开发协会（理事）、四川退役军人创业就业协会（副会长）、四川省生态文明促进会、四川省品牌建设促进会、四川省老区建设促进会、四川村长论坛理事会等社会组织的各项公益活动。

2017年蒋乙嘉引进解放军81081部队为蓬溪县下东乡贫困村——紫槽、花果村捐赠100万元，新建紫槽花果群众文化活动中心，已于2018年10月投入使用。该中心具有开放式阅读、文化活动、便民服务、电商平台等功能。活动中心的建成，极大地丰富了东宁片区11个村万余名群众文化生活，成为军民融合、助力脱贫攻坚的典范。

访谈实录

第一章　少年梦想

蒋乙嘉，小名蒋老四，曾用名蒋海，出生于1959年3月6日，童年吃过芭蕉树根，在年复一年的饥荒中长大。19岁参军，20岁入党、提干，38岁退役自主创业，40多岁成为千万富翁……可是谁也没有想到，2007年7月11日，48岁的蒋乙嘉抛家舍业，带着所有积蓄，回到了贫穷落后的家乡拱市村！很快，这个消息传遍了来龙山下的每一家，每一户。

第1节　千万富翁回乡扶贫

2007年7月11日，川东北小山村——四川省遂宁市蓬溪县常乐镇拱市村，发生了一件"惊天动地"的大事：千万富翁蒋老四回来了！

说起蒋老四，大号蒋乙嘉，那可是拱市村大名鼎鼎的人物。曾经是英俊潇洒的青年军官，现在是腰缠万贯的北京老板。

当蒋乙嘉驾驶着他的奥迪A8豪华小汽车、驰骋千里开进拱市村的时候，乡亲们不知道的是，蒋乙嘉这次是带着1600多万积蓄回来的！乡亲们更加想不到的是，蒋乙嘉这次回乡，不像以前那样来去匆匆，这次回来就不想走了……

2021年4月30日，在拱市到蓬溪县城的汽车上，笔者和蒋乙嘉有一段对话。

笔者：乙嘉书记您好！还记得您14年前刚回村的情形吗？

蒋乙嘉：那是2007年夏天，7月11号。车开到老村委会，只能停在村委会门前，找人看着，然后步行走回家。当时村里都是老人和留守儿童，到处都是撂荒的土地。

笔者：当时家里还有哪些亲人？

蒋乙嘉：当时我二哥在家。我二哥叫朱忠华，1951年8月16日出生，当过村书记，他当书记的时候，拱市村是先进村，就被提拔到镇上工作，当"八大员"，后来因为他离开后村里工作落后了，没有合适的村书记人选，镇党委又安排他回到村里继续当书记。那时候，村干部待遇低，很多人不愿意干。我2007年回村时，正是我二哥当村支部书记。

笔者：二哥欢迎您回村吗？

蒋乙嘉：他当然是欢迎的。我回乡扶贫能够坚持到今天，也离不开二哥的支持。

笔者：您当时为什么要回村扶贫？心里到底是怎么想的？我也看了不少报道，但很多写法和说法我是不大相信的。

蒋乙嘉：这要从我12岁时第一次进城说起……

二哥朱忠华，时任拱市村党支部书记，是蒋乙嘉回乡扶贫的第一个见证人和支持者。2021年5月5日夜，他和笔者在拱市村见面，回忆了蒋乙嘉2007年7月11日回乡时的情形——

笔者：二哥您好！请您回忆一下，2007年7月11日蒋乙嘉回乡时的情形，说说您当时是怎么想的？

朱忠华：我当然是支持他回来扶贫的。作为一个老兵，一个老党员，这个觉悟我是有的。他要回来，我们兄弟也是商量过的。

蒋乙嘉选择2007年那个时间点回来，原因是当时村里要修一条路。当时我们这条路，是县里搞的畅通工程，从断垭口修到来龙山下拱市村里来，长度1.58公里，县里一公里补贴10万块钱。10万块钱肯定不够啊，不够的部分上级允许我们村民集资。当时县里要求的不是修水泥路，修个沙石路，晴天下雨都能走就行。从断垭口进村，过去一直都是泥巴路。村里就把这条路承包给了射洪县的一个老板，姓马的老板。人家马老板修路，做工程，肯定要赚些钱。

蒋乙嘉听说了这件事，2007年7月就开车从内蒙古直接赶回来了。回来后，他就说，二哥，这条路让我来修吧！他说要把这三里多路修成水泥路，不够的钱他来补，也不要村民们集资了。

这三里多路，蒋乙嘉是有心结的。从蓬溪县城到断垭口，50里路，过去几十年一直都是沙石路，晴天下雨都是能走的。从村里到断垭口进村这三里多泥巴路，一下雨就走不得。有一年，蒋乙嘉带着家属回乡探亲，赶上下大雨，就被困到村里了。后来他们两口子换上深筒大雨鞋，踩着泥巴路，很艰难地一步一步走出去，赶车回东北部队。他家属是长春的，大城市的人，他觉得在家属面前很没有面子，家乡这么落后，他觉得很丢人。

2007年，政府搞畅通工程，要出钱帮助村里修路，解决村民行路难问题。他可能是看到改变家乡面貌的机会来了吧，他就要回来自己贴钱把这三里多路修好。

我当时是村里的书记。我当然高兴。我弟弟对家乡有这样的情怀，我当然是支持啊。我就去射洪县找到马老板，把马老板前面做的工程的钱付了，解除了修路的合同。马老板也不情愿，但马老板母亲姓朱，论辈分马老板要喊我一声舅。加上他也是读过书的人，还当过村支部书记，是个通情达理的人。我跟马老板说，你看，我兄弟现在要回来修这条路，他自己贴钱修。村民不用集资了，这是件好事情。就这样，马老板也就同意解除了修路合同。

修了这1.58公里的水泥路，第二年，2008年，他又在我们兄弟四个的宅基地上统一规划设计重修了房子，就是这个四层楼的拱市村文化大院，蒋乙嘉从此就在村里扎下根了，走不了了。

第2节　来龙山下，12岁的少年有个梦想

1971年，12岁的蒋乙嘉步行50多里走到蓬溪县城，第一次看见城市的繁华，在县城照相馆拍摄了人生第一张相片，并暗暗下定决心：长大后，我要挣好多好多的钱，要把拱市村建设得像城市一样美好！

2021年3月19日，在蓬溪县城到拱市村的车上，蒋乙嘉回忆起了他12岁第一次进县城的情形。

笔者：乙嘉书记小时候家里很穷吗？为什么12岁才第一次进县城？

蒋乙嘉：是的。我小时候家里很穷。我出生的时候，正赶上"大跃进"、大炼钢铁，我出生之后就赶上三年大饥荒。我们一家兄弟姐妹8人，老大很小就夭折了。我是老六，一家人生活非常艰难。家里最困难的时候，就是吃芭蕉树根，芭蕉树根耐饿。

我的父亲叫蒋炳生，1920年11月18日出生。2003年去世。1950年任双合村村长，1956年入党。双合村当时叫先林乡四村，后来叫双合村，现在叫三合村。"大跃进"后区划调整，拱市村从双合村分出来，把拱市村划归常乐公社十一大队，他担任大队治保主任兼第一生产队队长。当时的十一大队，就是现在的拱市村。1990年先林乡并入了天福镇。我父亲当了几十年村干部，他总是把方便让给别人，把困难留给自己，加上我们家孩子多，生活比别人家更加困难。

父亲蒋炳生82岁生日与儿孙合影（2001年）

我母亲叫唐玉珍。1921年9月4日出生在拱市村二社。1997年八月十五中秋节去世。我妈是我姥爷最小的一个老姑娘，所以从小比较受宠爱。我姥爷唐祥章，

母亲唐玉珍（右）和三哥蒋国锐1980年在北京天安门广场留影

是个开明乡绅，民国时当过甲长，但侠肝义胆，急公好义，为乡邻做了不少好事，受到乡亲们敬重，1949年后家庭成分评为中农，并没有受过批斗。我姥爷从小就教我母亲读四书五经，从《三字经》《百家姓》《千字文》到《大学》《中庸》，我母亲都能背诵很多。我们小的时候，她还在写东西，后来年纪大了不写了，但是她经常给我们口述很多知识，我们兄弟姐妹从小就跟着母亲背《三字经》《百家姓》《千字文》这些。"但行好事，莫问前程"之类的古训，我们从小铭记在心。

我母亲正是受了我姥爷的影响，对传统的一些观念很坚持，她当年是带着朱家奶奶和3个儿女嫁到蒋家的，那时候老大已经夭折了。她的孝行感动乡邻。我父亲未结过婚，但是把朱家奶奶当成自己的亲娘、把朱家子女当作亲生子女一样对待，甚至更加宽厚。按四川乡下习俗，母亲要朱家两个哥哥、一个姐姐改姓蒋，父亲说，不用改！长大了只要孝顺，改不改姓蒋都一样。朱家奶奶去世时，是我父亲为她养老送终，当时我大哥在射洪县柳树中学上学，不在家。我不知道我父亲、我母亲的爱情故事，但我想一定是不平凡的。

我母亲对孩子的教育很严格，很多规矩都是我们从小在母亲的教育下养成的，比如说吃饭拿筷子不能把食指伸出去，吃饭时不能夹别人面前的菜、不能在菜盘子里翻动，不能在公共场所大声说话。吃完饭收拾桌子，擦桌子，一定都是要求我们把抹布往自己身边划、擦，不能往外推，等等。从小对我们细节要求很严。

虽然当年很困难，家家都一样，但是我母亲会每年给每个孩子做一双新鞋，小孩的鞋在鞋头上都有绣花。孩子们衣服虽然补丁摞补丁，但一定是洗得干干净净的。我母亲手很巧，我们上下队的很多姑娘经常到家里来让我妈妈教她们刺绣、养蚕。

记得6岁那年，我和母亲到4公里外的常乐镇上赶集，那是我第一次走出拱市村。看到常乐镇上的人中午能吃稀饭、咸菜，还有红薯，很羡慕，回家我就哭了。母亲问我为啥哭？我说，我可能投错胎了！镇上的人，吃稀饭、咸菜，还有红薯，我怎么会投胎托生到这么苦的一个地方？我们为什么就只能吃芭蕉树根？

妈妈心疼我们，每次到常乐镇赶集回来，都会带回一个小烧饼，给全家孩子解馋。母亲会用筷子放在烧饼中间，用菜刀把烧饼均匀切开成一些细条，平均分给孩子们吃。如果哪个孩子能吃到一个带肉丁的烧饼条，就会高兴得哈哈大笑。

我们就是这样在妈妈的呵护下慢慢长大，但在12岁之前，我从来没有走出过常乐公社，也没有见过外面的世界。

12岁那年，我第一次到了27公里外的蓬溪县城。第一次看到了城市的繁华。

我大哥是村里的赤脚医生。我从小跟大哥学医，背中药药性歌诀，大哥给人看病时，我跟在一边儿观看。直到现在，我还记得甘草是这样说的：甘草甘温和诸方，品称国老道称王。补脾泻火兼解毒，能协群药引经良。甘草名汤咽痛求，生用一两不多收。莫道此是中焦药，清解少阴效最优。我不喜欢背，也不懂是什么意思，主要是从小没有好好上学啊。我1966年上小学，7岁，就赶上"文化大革命"，老师们跑去串联、武斗，我们哪有机会读书学习呀？跟大哥学背中药歌诀，当时对我来说非常困难。

12岁的时候，我对照相有了兴趣，想学照相。我父亲是大队干部，常把一些旧报纸带回家糊墙，有《人民日报》，有《参考消息》，报纸上的字我认不全，就喜欢看报纸上的照片，然后就对照片有了兴趣，就想去城里学照相。

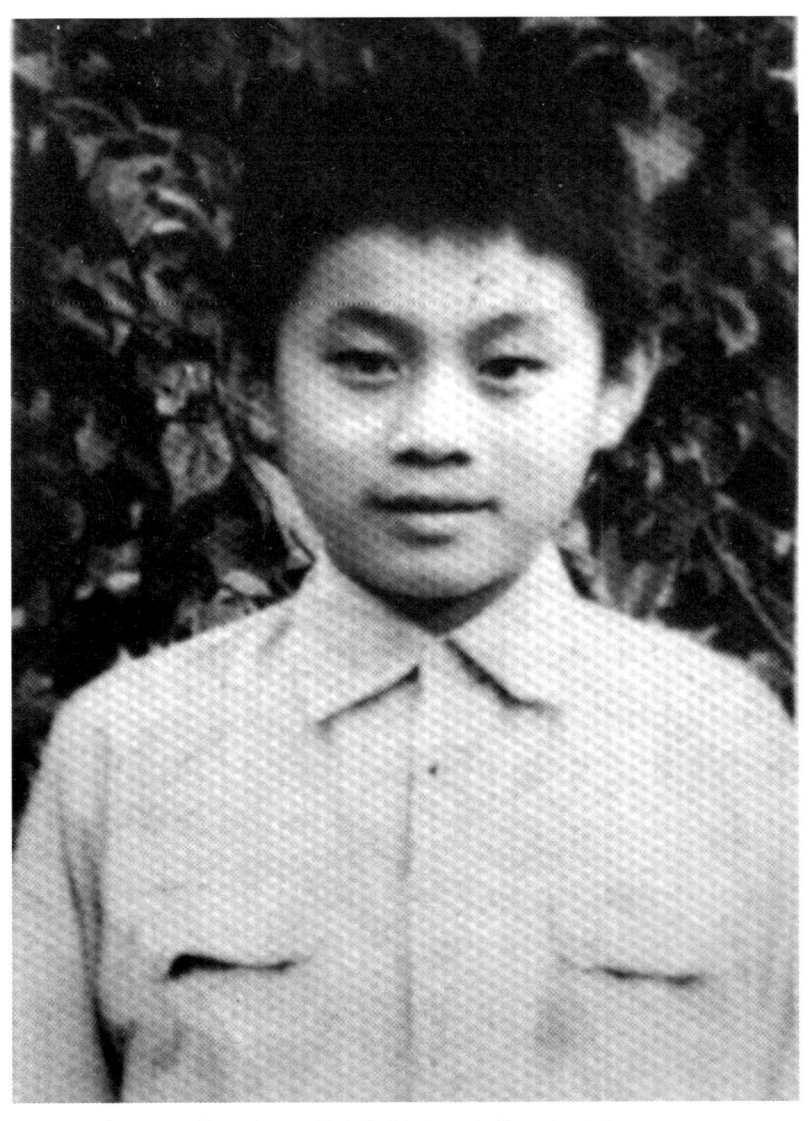

蒋乙嘉12岁时拍摄的人生第一张照片

50多里山路，我是一步一步走到蓬溪县城的。走累了，就歇会儿。一大清早出发，下午两三点才走到县城。

我找到县城的照相馆，人家不要我当学徒。我在县城没地方吃饭，没地方睡觉，肯定不能留在县城里。回家之前，我在照相馆拍了人生第一张照片。这张照片，几十年了，我一直装在钱包里，带在身上。

我走遍了蓬溪县城的几条大街，惊奇世界上还有这么繁华美好的地方。我暗暗下定决心：长大后，我一定要把家乡山村建设得像蓬溪县城一样美好！

几十年来，这个情结一直伴随着我，直到现在。

第3节 20岁，提干了！

1978年2月28日，初中毕业后已打工经商数年的蒋乙嘉光荣入伍，3月6日到达部队，成为一名光荣的中国人民解放军战士。由于表现优良，蒋乙嘉第一年就立功，第二年就入党、提干，成为一名年轻的解放军军官。

2021年3月19日，在蓬溪县城前往拱市的车上，蒋乙嘉回忆了自己当兵的经历——

笔者：听二哥说，您从小就有经商做生意的天赋，1975年16岁时就赚钱买了自行车，当时在农村是很稀罕的，应该说自己的小日子过得不错了，怎么会1978年又放下生意去当兵呢？

蒋乙嘉：主要是受我几个哥哥的影响。我二哥高中毕业以后当了兵，我三哥高中毕业以后也当兵。我二哥1972年到山西定襄当兵，我三哥1976年到北京当兵。我三哥还是在8341部队。小时候，我还看了《英雄儿女》等电影，解放军在我心中很威风。我从小崇敬解放军，就想长大了一定要当兵。

我大哥其实也有机会当兵，但就在换军装的前一天夜里被我母亲阻止了。我母亲对我大哥说，你是老大，下面有6个弟弟妹妹，你要留在家里帮助父母照顾他们。大哥小时候特别听话，就这样留在了家里，安心学医、行医，当了一辈子赤脚医生。

1973年，我初中毕业了，没有上高中。我们那时候是7年制义务教育，小学5年，初中2年。从1966年上学，到1973年毕业，都在"文革"期间，老师不好好教，学生也不好好学，还经常给村里劳动，实话说没有学到多少知识。1973年，我才14岁，回乡干农活，又苦，又累，又穷，还吃不饱饭。我不甘心，就从村里出去谋生。我到川西、藏区国营林场打工，累是累，但是能吃饱饭啦，还能攒些钱。做过砖瓦工，拉过立马锯。1976年春节回到家乡后，又到160多公里外的绵阳把菜运到天福镇卖，骑自行车往返一次要3天3夜，要带上修自行车的全部工具。第一次挣了两块一毛七分钱，等于在家干农活一个月的工资。在家干农活，一天只能挣9分钱。到1977年春节，我已经攒了1100块钱。这在当时，算是一笔大钱了，在村子里我也算有钱人了。

但是，我一直想当兵。刚符合当兵年龄条件，我就报了名，但又有些波折。

体检、政审顺利通过，军装也发了，但是又收回去了，说我们家已经有两个参军的了，不应再占参军名额。经我再三申请、恳求，最后又把军装发给了我。1978年2月28日，一列闷罐子车拉着我们离开了贫穷、闭塞、落后的川东北家乡，奔向辽阔、富饶的东北大地。那时候的东北，还是全国人民羡慕的经济发达地区。

经过7天的长途行驶，3月6号，到达吉林公主岭中国人民解放军81107部队新兵连。

到了部队，我每天都很兴奋。新兵连训练，有人觉得很苦，很累，我不觉得。新兵连的苦和累，和我在农村吃的苦、受的累相比，算什么呢？根本不算啥。夜里，战友们都睡了，我就悄悄起来，把战友们泡在盆子里的脏衣服全都洗干净了，晾好了，直到凌晨才睡一会儿。天不亮，我又早早起来，把院子打扫得干干净净。新兵连几个月，我天天如此。得到了战友们的好评。

到了部队，吃饭、穿衣都不用花钱了，每个月还有6块钱津贴。我从家里带在身上的钱也花不出去，就买了很多豆腐乳、咸菜送给战友们改善伙食。当时部队吃饱饭没有问题，但是没有什么菜，顿顿清汤寡水的。每个战士每天生活费四毛九，天天都吃高粱米，每周能吃一顿大米饭。

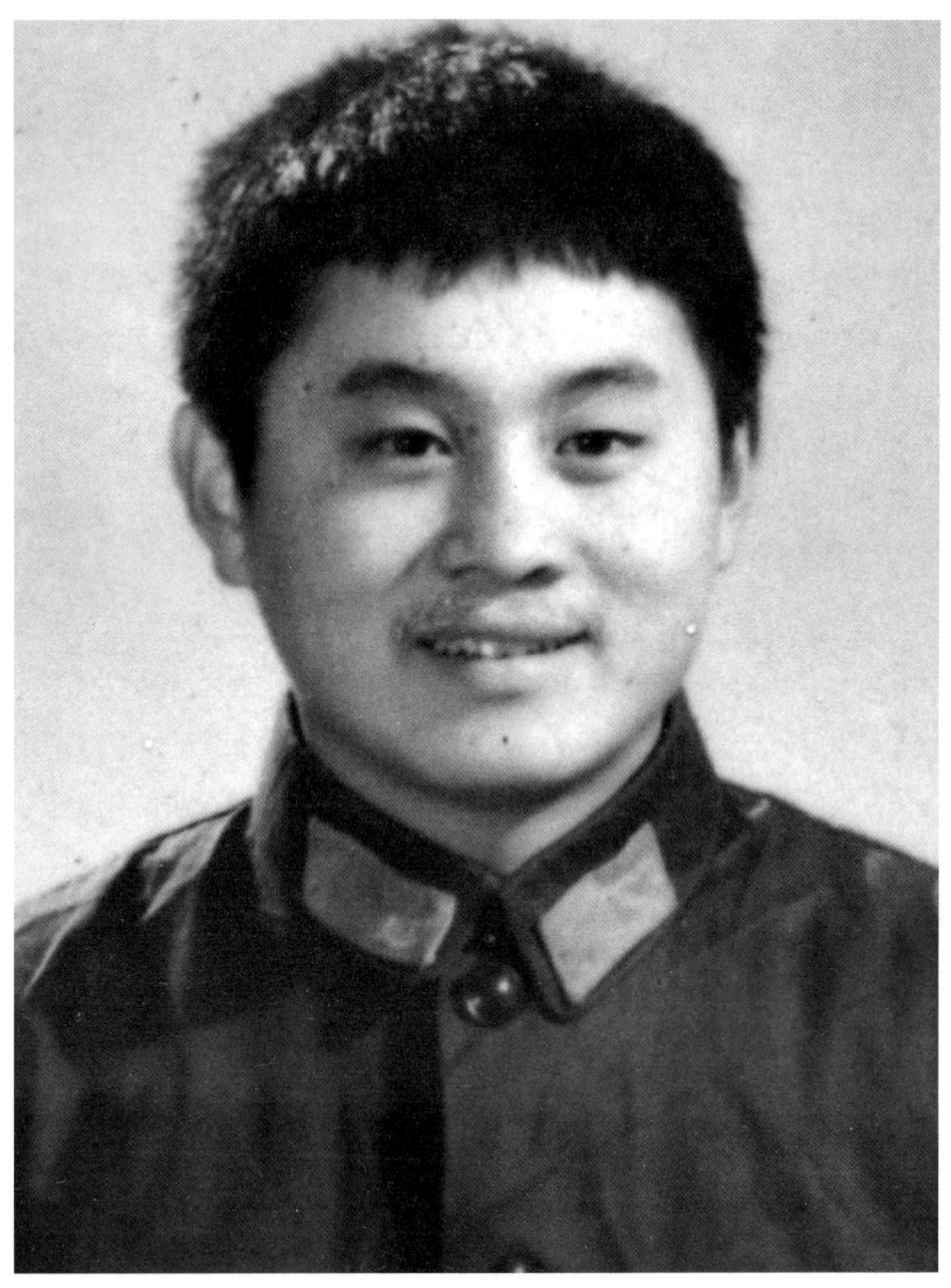

蒋乙嘉参军后拍摄的第一张照片

部队首长和战友们对我的表现给予了好评。新兵连结束后，我就被分到拖拉机班，学开拖拉机，在农场种地。我也是分到拖拉机班的唯一的新兵。能到部队当上技术兵，从农村来的战友们都很羡慕。

笔者：听说，您在部队拖拉机班时遇到了"贵人"？

蒋乙嘉：其实，我的"贵人"，就是当时我们部队的领导。

自从到了部队，我每天都起早打扫院子，天天给食堂帮厨。我们拖拉机班有7台拖拉机，每天晚上我都会把所有拖拉机保养一遍，保养完了才睡觉。冬天，我天天晚上给战友们生炉子。夜里，战友们都睡觉了，我给大家洗衣服，天天如此。

由于表现突出，1979年年初我就从团后勤生产股拖拉机班直接调到师部了，在师部做后勤工作。师部在长春。

调师部之前，1978年年底，我在拖拉机班就立了三等功，1979年4月又入了党，1979年年底我就提了干，当了排长。

笔者：看资料介绍，您在部队立过二等功。和平年代，二等功也很不容易啊！

蒋乙嘉：那是1987年5月6日，大兴安岭发生特大火灾。我们部队接到命令，要参加扑灭大兴安岭大火的战斗。

我本来是可以不去的。当时我刚刚病愈出院。1986年，由于积劳成疾，我突发心脏病，心肌梗死。当时脉搏每分钟只有23次。被送进医院后，几天几夜昏昏沉沉，不能进食。在首长的关怀下，我得到及时治疗，病情渐渐好转。出院那天，医生再三叮嘱说要劳逸结合，按时吃药，需要调整一段时间才能慢慢恢复。

大兴安岭发生特大火灾后，部队奉命集结出发。首长说我刚刚出院，身体虚弱，双腿还发软，就命令我留在家里。我坚决要求跟随部队参加灭火，首长犟不过我，只好同意了我的请求。

我的战友们临危不惧，冲锋在前，终于扑灭了大兴安岭大火，我的脸上手上也被烟火燎伤，人也瘦了30多斤。战斗结束后，回到部队，有人都认不出我了。

就是因为这一次大兴安岭灭火战斗，1987年7月部队给我记了二等功。

第4节 搏击商海

每次回乡探亲，见到家乡山村日渐凋敝，蒋乙嘉心急如焚。他为自己规划了先创业挣钱、再回乡扶贫的路线图。1997年年底，经过再三请求，蒋乙嘉离开生活、工作19年的部队，不要政府安排工作，开始自己创业。由于其商业天赋，蒋乙嘉很快创业成功，至2007年已经积攒下了1000多万现金和一些固定资产……

2021年3月19日，在蓬溪县城前往拱市的车上，蒋乙嘉回忆了自己离开部队后创业的经历——

笔者：乙嘉书记在部队好好的，怎么会想到离开部队呢？

蒋乙嘉：我在部队确实过得很好，我在师部机关工作，可以说衣食无忧。

我下决心离开部队，还是因为心里过不了家乡情结这个坎儿。

我在部队期间，到过很多大城市，北京啊，南京啊，上海啊，看到那些大城市的繁华，我就会想到自己的家乡，心里就会很难受。

当兵期间，如果没有特殊情况，我每年都会回乡探亲。从1978年我离开家乡，到1997年，这19年，家乡变了，不是变好了，是越变越差了。我们小时候在家，虽然穷，但村里人气旺啊！后来，一年一年回乡探亲，发现村里人越来越少了，年轻人都走了，进城了。村里没有人气了。小时候，人们为了谋生，山下的地都被耕种了，山上的柴火也都被砍光了。后来，土地都被撂荒了。山下的田地长满了荒草，来龙山上也长满了荆棘、芭茅。这里缺水，一遇到天旱，就有村民为抢水打架。一想到家里，哎呀，我就头疼。

一年一年过去，我心里终于受不了了。我下定决心要从部队复员。按道理，我是军队干部，应该是转业，由地方政府安排工作。但我想啊，如果转业安置，接受政府安排的工作，我还是没有机会帮助家乡。只有复员，我才能自由创业，才能赚钱扶持家乡发展。

有几次，我给组织申请要求干部复员，都被拒绝了。申请了好几次之后，领导生气了。领导说，你到底想干什么？以前，调整提拔职务你让给别人，应当你得的荣誉你让给别人，几十年了我都没见过你这样的人。你要离开部队，行，也可以干部转业，或者病休，会安排很好啊？你为什么非要选择干部复员呢？

我就跟领导讲，我说我家乡的情况，贫穷落后，我从小就下决心要改变它的面貌，我以前的心愿还没了呢。最后，领导终于答应了我的请求。

说实话，我在部队工作 20 年了，对部队有感情了，领导对我也有感情了。要离开了，我们都舍不得。领导知道我心脏不好，特别担心我复员后身体扛不住。

离开部队之际，我很感谢党和部队的培养，感谢首长的关心。在部队我有了学习机会，弥补了一些小时候落下的学业，自学了高中、中专、大专课程。

笔者：从部队复员之后，创业还顺利吗？

蒋乙嘉：复员以后，我用了三个月时间调整心态。那些日子，我每天反反复复听刘欢的歌儿《从头再来》——

昨天所有的荣誉，已变成遥远的回忆

勤勤苦苦已度过半生，今夜重又走进风雨

我不能随波浮沉，为了我挚爱的亲人

再苦再难也要坚强，只为那些期待眼神

心若在，梦就在，天地之间还有真爱

看成败人生豪迈，只不过是从头再来

刘欢的这首歌儿，陪伴我度过了那段岁月。那段日子，我就坚持一个记住、一个忘记。记住什么呢？要记住党对我的培养，部队对我的培养，还有首长和战友们对我的关心。我是个军人，没有任何人、任何困难能把我打倒。这是一定要记住的。忘记什么呢？要忘记过去所有的荣誉和待遇，从头开始。如果每天都在想过去的荣誉和待遇，心里就不平衡了。

离开部队时，我当时拿了 75000 块钱的复员安家费，加上 5000 块钱医疗补助，一共 8 万块钱，这就是我当时创业的全部本钱。离开部队时，我还带走了一个抢救心脏病的医药包。我有心脏病，部队都知道。直到现在，这个医药包我都要随身携带的。

我先到黑龙江当装卸队长，干了一年多，挣了几万块钱。后来带着这十几万块钱来到北京。1999 年的时候，有战友在北京双桥做钢材生意，要我把钱投给他，结果年底结算时，发现他把钱全赔光了。这真是欲哭无泪呀！

2000年，国家号召西部大开发，我就去了内蒙古，当矿工，到井下挖煤。可以说，随时都有矿难死亡的危险。

那些年，煤炭市场很好。挖煤挣到一点钱后，2002年我就和朋友合伙在内蒙古开了洗煤厂。2003年又开了焦化厂。很快，我就有了超过千万的资产。2005年，国家提倡节能减排，我们就关掉了焦化厂。后来，煤炭市场形势变化，2006年，我们就把洗煤厂转让了。

笔者：听北京的朋友讲，您对房地产也有自己独到的观察心得，这里面有什么故事啊？

蒋乙嘉：这个呀，他们说的是20多年前，我开着车几乎走遍了北京所有的地方。最后选择在通州买了房子。

当时我跟朋友们讲，赶紧在通州买套房子，贷款都买，通州20年后一定会有大发展。这是我看过北京所有地方以后，通过比较分析得出的结论。通州是北京东长安街延长线的东端。后来，北京市委、市政府迁到通州，通州成为北京城市副中心，应验了我20多年前的分析判断。当时听我意见买了房子的，房价涨了几十倍呀！

我当时在通州买的房子，后来也帮了我大忙。2012年，我的积蓄全部投入到了拱市村还不够，我就把通州和东北的房子卖了两套，也投到了拱市村。

2006年那个时候，我已经有些积蓄了，当时最大的心愿就是尽早回到家乡，改变家乡贫穷落后的面貌。这也是我的初心。

第5节　我要回乡

创业致富之后的蒋乙嘉，念念不忘12岁的那个梦想，不顾家人反对、朋友劝阻，2007年7月11日回到四川家乡拱市村。

笔者：乙嘉书记是什么时候下定决心回乡的？

蒋乙嘉：2006年夏天，我回了一次家乡。那次回乡，我再一次登上了花果山顶。我已经几十年没有上山了。我们小时候上山的小路已经没有了。我是带着胶手套、拿着砍刀，开出一条小路上的山。

站在山顶上，我眺望连绵的群山，好像天然的高尔夫球场。俯瞰山下的村庄，回想这几十年我走过的路，感慨万千！我对自己说，我应该回来了！

下山后，我就和大哥、二哥商量，决定2007年回来。

笔者：2007年您要回家乡，嫂子支持吗？朋友们怎么看？

蒋乙嘉：家属一开始不理解，后来慢慢理解了，再后来坚决支持。

六年后，2013年，我家属带着女儿到拱市村来看我。她看到拱市村发生了翻天覆地的变化，很惊讶，很高兴。这是我家属六年来第一次来看我。住了半个月，哭了三次。她心疼我。她说，你对得起党，也对得起乡亲们了。

朋友们大多也是不理解。在北京生意做得好好的，怎么就突然跑回老家去了呢？北京的王局，是我的好朋友，虽然不理解，但十几年来一直坚定地支持我。今年3月，王局到拱市村来看了以后，开始有点理解我了。

我感到幸福的是，虽然自己的亲朋好友有人不理解我，但还是支持我。通过回乡创业扶贫，我又结交了很多新的朋友，现在我的朋友圈子更大了。

第二章　让土地充满希望，让鲜花开满村庄

第6节　要想富，先修路

蒋乙嘉回到家乡后，首先投资把村里几百年的泥巴路修成了水泥路。

笔者： 修好拱市村断垭口（7组）到来龙山（1组）1.58公里、常回路（7组）到上陈家湾（9组）的1.5公里水泥路后，拱市村出村行路难的问题已经基本解决，乙嘉书记为什么还要继续修路呢？

蒋乙嘉： 停不下来了。进村的主路修好了，乡亲们希望把路修到各社，最好修到每家门口。为满足乡亲们的愿望，我后来陆续修通了通社公路、通户公路。

乡亲们希望耕作方便，我就又修了田间作业道，把路修到了田边地角。

乡亲们希望上山方便，我又修了环山路，拱市村周围的每一座山都通了水泥路。山上山下，所有的路互通互联。

就这样，我们年年修路，从拱市村到目前拱市联村已经修了100多公里的路。

笔者： 山上山下的路，我走了好几遍，设计还是挺科学的，是请哪位专家设计的？

蒋乙嘉： 是我自己设计的。也请过专家设计，但是不行，专家是按标准设计，对山体和自然环境破坏太大了。我就自己设计。我从小在拱市村出生长大，了解这里的山山水水、地形地貌。我的设计方法也很简单，就是按照过去形成的路径设计拓宽硬化线路。我知道山上山下的每一条路祖祖辈辈是怎么走的。祖祖辈辈走出来的路径，一定有他的合理性。这样设计，走起来感觉是最好的，对山体和自然环境

蓬溪县交通运输局设在拱市村的宣传标语

的破坏也是最小的。

  笔者：我看到蓬溪县城到断垭口和进村的道路已经是沥青路了，村里的很多路也是沥青路了，这些都是您修的吗？

  蒋乙嘉：村里所有路基都是我修的，所有水泥路也是我修的。但政府有补贴。水泥道路升级为沥青路，都是政府修的。

  笔者：村里修路时政府都有补贴吗？

  蒋乙嘉：有补贴。最初一公里补贴10万，后来一公里补贴十几万、二十几万、三十几万。但还是不够。不够的钱，就由我来投资、补足。

  笔者：修路过程中遇到过什么麻烦吗？

  蒋乙嘉：要说麻烦，就是个别村民不理解，主要是修路占了田边地角，要占地补偿款。但他们不找村委会要，是找我要。村里的道路不同于国道、省道，是修在村里土地上村民自己使用的道路，政府补贴不够，村民应该自己集资凑齐才对，不应该还有占地补偿的说法。再说，我自己投资给村里修路，是做公益性事业吧，是为村民造福吧，要补偿也是村委会补偿，怎么能找我要补偿呢？但为了工程顺利进行，我还是毫不犹豫把补偿款给付了。后来，路修好了，村民都很高兴，拿了补偿款的村民自己不好意思，又把补偿款给我退回来了。

笔者：给村里修路，大多数村民还是支持的吧？

蒋乙嘉：那是当然。到工地上干活儿的村民，我都支付工钱，让村民增加收入。有个退休回村的老工人，义务到工地上帮忙干活儿，不要钱。

第 7 节　治山，治水，治土

治山，治水，治土，流转土地，造福乡亲，把山上变成绿色银行，把山下变成金色粮仓。

笔者：在接受央视采访时，您说要让土地充满希望，让鲜花开满村庄，我看来龙山上也有大幅宣传标语"山上是银行，山下是粮仓"，具体是怎么做的？

蒋乙嘉：一是治山，二是治水，三是治土，四是流转土地，创新经营农村方式。

笔者：怎么治山？

蒋乙嘉：我们拱市村的山，有来龙山、花果山、宝马山、快活岭等。我们小时候，山上一到冬天就是秃山。那时候，农民做饭要烧柴火，山上的柴草、荆棘，年年秋天都被村民砍光，有时连根都被挖出来烧了。年复一年，年年如此。

改革开放以后，年轻人都外出打工、创业去了，村里人越来越少了，烧饭的燃料，庄稼秸秆都用不完了，就没有人再上山砍柴了。这样一来，山上就荒了，长满了荆棘、杂草。春天、夏天，山上看起来也是绿油油的，但没有任何经济效益。到了秋天、冬天，山上就一片枯黄。

治山，首先就是除掉山上的一部分荆棘、杂草，改种桃树、枇杷、柚子、桂花、千叶佛莲、佛手、黄桷树等。通过治理后，山上不仅有了经济效益，而且四季有花，四季常青。尤其千叶佛莲，花期很长，一年开花 200 多天，金灿灿的，很美。黄桷树生命力很强，生长也快，我在山上种了 2 万多株，价值也高，长在山上，就等于是一座绿色银行。

笔者：怎么治水？

蒋乙嘉：拱市村是一个干旱缺水的地方，坐落在来龙山下的山谷里，两边是山，中间是铁钳沟，只有雨水，没有泉水。大雨过后，水就从山谷流走了。正常年景因为四川雨多，还没有问题。一遇到天旱，就少不了为抢水打架的村民。

我想，要想解决天旱缺水的问题，关键是要把雨水留下来。我就顺着河谷从上到下修了35口堰塘蓄水。有了这35口堰塘，遇到天旱的年份，也能保证村民生活和农业生产用水。堰塘外面有排水沟，雨多的年份也不影响排水。荷塘中间种满荷花，夏天荷花盛开，就成为拱市村的一道景观，游客最多时一天超过1万人。荷塘里边我们挖出5米宽水面，环绕荷花，养龙虾，也可以有一些经济收入。我们的龙虾节也很受群众欢迎。

我们在山上也修建了蓄水池，接蓄雨水，天旱时可以用来灌溉山上的树木、花卉、农作物。

笔者：怎么治土？

蒋乙嘉：治土，就是要把最肥沃的淤土利用起来。最肥沃的土在哪里呢？堆积在山根儿下。千百年雨水冲刷，把山上最肥沃的土都冲刷到山根儿下堆积起来，淤土很厚，但是上面都长满荆棘、杂草。

把淤土上的荆棘、杂草清除掉，把这些肥沃的淤土挖出来，一部分运到山上种树、种花，一部分用来改造山上的耕地，也开垦整理出新的耕地，同时还修出生产便道，兼作旅游观光道路。

通过治土，我们把山下建成了粮仓，保证了村民的口粮，不再为吃饭发愁。拱市村耕地面积少，人均只有7分地，还包括山地，水田人均只有2分，粮食种好了，就能保证村民吃饱饭。

笔者：土地怎么流转？

蒋乙嘉：2007年我回村的时候，村里很多土地已经撂荒，我看了心疼。土地是我们农民的命根子，我就下决心把撂荒的土地都整理出来。

怎么整理？这就涉及土地承包权的问题，政策性很强，也很复杂。

我们农村土地归集体所有，也就是归村委会所有，每家每户农民只有土地承包经营权，没有所有权。我虽然是土生土长的拱市村人，但我参军以后户口就到了东北，复员以后户口就随家属户口落在了当地，法律上就不再是拱市村村民，就没有土地承包权。要想在拱市村种地，只能从户口在拱市村的人名下流转。他们可能早就离开拱市村进城打工、创业去了，但因为户口还在拱市村，他们还算拱市村人。这就是想种地的人没有权利承包土地，有权利承包土地的人不想种地。这是农村的现实情况。流转土地的办法，就是要解决这个问题。

和一户一户村民商量，签订协议，最终把5800亩土地流转到公司名下，其中大部分是山上山下的荒地。

笔者：国家对农业有很多补贴政策，比如种一亩粮食国家补贴多少钱，您都能享受到吗？

蒋乙嘉：我享受不到。国家补贴是直接发给土地承包权利人。虽然土地流转了，但实际种粮人拿不到国家种粮补贴。

笔者：国家种粮补贴是为了保持农业可持续发展，保证国家粮食安全，您拿不到种粮补贴怎么化解生产成本实现盈利？

蒋乙嘉：投资农业是很难盈利的。十几年了，公司农业版块投资一直处于亏损状态。流转土地不仅拿不到国家种粮补贴，还要支付土地流转费用，一亩地一年的流转费用根据土地条件不同，少则100多块，多则四五百块。山地农业也不能大规模机械化，村民帮公司耕种，公司还要支付工资。种子、化肥、农药，也都很贵。仔细算下来，种粮的成本都是不够的，年年都亏损。

我们也探索通过特种种植实现盈利。

第8节 500万花光了，1000万花光了，1600万花光了，两套房子也卖了……

笔者：您当初回乡扶贫时，有没有为自己设定一个边界，比如说只投入多少钱，花完为止？

蒋乙嘉：实事求是地说，最初是有个大致想法的。当初我想，我手头儿有1600万元现金，投个500万元给家乡扶贫是没有问题的。2007年，500万元还是很值钱的。

但实际上，一回到家乡，根本是控制不住的，因为要做的事儿太多了。

修路，治山，治水，整理土地，发展产业，都需要大量资金投入，而且短时间内也没有回报，就像把钱扔进水里。很快，500万就花光了，但还看不到明显效果。我就再投，但很快，1000万也花光了，效果还是不明显。于是我接着投，很快，1600万现金又全部花光了，也没有达到理想效果……后来我又卖了两套房子，卖房子的钱也投进去了。

笔者：结果怎么样？

蒋乙嘉：结果不理想。

笔者：最难的时候怎么坚持下来？

蒋乙嘉：最难的时候，我就一个人跑到父亲母亲的坟上大哭一场，一边哭一边跟父亲母亲诉说遇到的一件件难事。哭完了，平复一下心情，下山回家，第二天接着干。

我心里很清楚，我是个老兵，遇到天大的困难，我也不会退缩。我相信，坚持往前走，天无绝人之路。

第9节　乡亲们说：老四，你别走！

乡亲们担心蒋乙嘉走了不再回来，纷纷劝阻、挽留。

笔者：钱花光了，又要回北京，听说当时有很多乡亲挽留您？

蒋乙嘉：是的。当时，乡亲们主要是担心我回北京就不再回来了，不管他们了。其实，我只是暂时回北京赚钱，赚到钱，还会再回来。

回拱市村5年，虽然我没有赚到钱，但乡亲们都赚到钱了。他们得到了土地流转费，得到了务工报酬，还有村里基础设施改善了，山村面貌也改变了。

这5年，我的积蓄全部花光了，但家乡的面貌改变了，乡亲们也得到了实惠。

乡亲们没有能够留住我。我跟乡亲们说，我的钱已经花光了，两套房子也投进去了，我必须回北京继续赚钱，赚了钱再回来。

走的时候，我心里很不甘，但也很坦然。为改变家乡面貌，我已经尽力了。

第 10 节　柳暗花明

就在蒋乙嘉陷入困境、在北京谋划重新启动自己的生意时，蓬溪县政府领导到了拱市村，看到了蒋乙嘉修建的文化大院，了解了蒋乙嘉修路、开荒、种树、挖塘等事迹之后，说：蒋乙嘉做的是好事，政府要支持！从此，拱市村发展进入新阶段……

笔者：我看过您的简历，感觉 2011 年对于您个人和拱市村来说，都是一个重要的转折点，是这样吗？

蒋乙嘉：是的。2011 年，我离开拱市村回到北京以后，正在和朋友们谋划重新启动公司的生意时接到了二哥的电话。

二哥在电话里说，蓬溪县政府领导到拱市村来了，了解了拱市村的真实情况，对我的成绩给予了肯定，表示要给予我大力支持，希望能当面听听我的意见。二哥在电话里催我快点回来。听得出来很激动。

当时，我心里非常高兴，5 年的辛苦付出终于得到地方政府认可。我立即订票飞了回来，见到了县领导。

从此，我的人生道路和拱市村的发展，再一次发生了重大变化。

笔者：和县领导谈了什么？

蒋乙嘉：回来后，县领导热情接待了我，问了我 5 年来投资家乡的经历，问得很细。县领导问我对山区农村扶贫开发有什么意见建议，我说了两条。一是要充分发挥像我这样从家乡走出去、热爱家乡、愿意回乡投资的人的作用，最好是能够安排进入村支部、村民委员会"两委"领导班子。我说，仅作为回乡投资者，不深入乡村治理团队，还是感觉很多事有劲儿使不上。二是县政府要增加对扶贫开发的投入。我们作为一家民营企业，回乡扶贫开发，力量还是太微薄。要想彻底改变山村贫穷落后面貌，没有政府加大投资是不行的。

我的这两条意见，县政府都采纳了。第二年，2012 年，县委就安排我当了拱市村党支部第一书记，我从一个扶贫志愿者变成了拱市村脱贫攻坚的带头人。十八大以后，政府开始对拱市村给予支持。2013 年，拱市村小农水项目得到政府投资，这是我回村后政府支持拱市村的第一个项目。

第三章　联村连心

先富带后富，一村带十村。拱市脱贫攻坚、乡村振兴走出与众不同的发展模式。

第11节　第一书记

2012年4月，蒋乙嘉被任命为拱市村党支部第一书记，从一名扶贫志愿者转变为拱市村脱贫攻坚带头人。

2021年5月3日夜，时任拱市村党支部书记朱忠华回忆起了蒋乙嘉担任拱市村第一书记的情况——

笔者：2012年4月，乙嘉书记开始担任拱市村第一书记时，您是村支部书记，当时你们怎么想到设"第一书记"的？

朱忠华：这个是县委决定的。2011年，县委、县政府重视拱市村、重视蒋乙嘉以后，就想把蒋乙嘉安排进村领导班子。县里、镇里都征求过我们村党支部的意见，我们都赞成。就这样，蒋乙嘉担任村党支部第一书记，把方向、抓项目、抓发展，我担任村党支部书记管日常工作，全力支持他。

笔者：我看村史馆介绍，乙嘉书记担任拱市村第一书记只有一年，第二年，2013年，就改任村支部书记了，是怎么回事？

朱忠华：2013年，蒋乙嘉由第一书记改任书记。我由书记改任副书记，继续协助、支持蒋乙嘉的工作。

我担任村党支部书记、副书记，是有岗位津贴的，最初一月几十块钱，后来涨到几百块钱，最多的时候1000多块钱。蒋乙嘉担任村党支部第一书记、书记，一分钱津贴都没有，2015年他担任拱市联村党委书记后，又兼任拱市村党总支第一书记，还是没有岗位津贴，十几年来纯粹是为党义务工作。

笔者：乙嘉书记，真是一个高尚的人啊！

朱忠华：是啊。他的境界，我们是达不到的。

第12节 摘掉穷帽子

2013年，拱市村农民提前八年脱贫，开始走上快速发展的新阶段。

笔者：乙嘉书记2012年当上拱市村党支部第一书记，2013年拱市村按照当时的标准就脱贫摘帽了，比2021年党中央、国务院宣布中国全面脱贫提前了8年，当时是怎么做到的？

蒋乙嘉：拱市村2013年就能脱贫摘帽，首先是因为十八大以后形势变了，党中央、国务院特别重视三农工作，各级政府对农村的财政投入大大增加了。党员干部发挥积极带头作用，村民群众积极参与。蓬溪县委、县政府又把拱市村作为重点，加大倾斜投入。

其次是我2007年以来的投资开始产生效益，这也增加了村民的收入。

最后是外出村民打工收入增加了。

现在回过头看，如果没有党中央的英明领导，没有各级党委、政府的重视、支持，拱市村2013年脱贫是不可能的。我个人起到的作用，实在是太渺小了。

第13节 联起来

2015年7月15日，中国共产党蓬溪县拱市联村党委成立，蒋乙嘉当选党委书记，兼任拱市村党总支第一书记，开始带动周边6个村共同发展。

2015年9月28日，中国共产党新闻网发表了王姝萍的文章《四川省蓬溪县：跨乡镇联村党委促"抱团共富"》。文章说，今年以来，蓬溪县积极探索农村基层党组织设置模式，以全省先进基层党组织拱市村为中心，组建跨乡镇联村党委，着力打造产业党建示范圈，实现了从"一枝独秀"到"抱团共富"。

以组织共建为抓手，在创新党组织设置上"抱团"。以全省先进基层党组织拱市村为中心，依托花卉等专业合作社为龙头，采取"强弱捆绑"模式组建拱市联村党委，将常乐镇和天福镇周边产业相近、地域相邻的6个村纳入管理，在强弱村联姻、大小村挂靠、好差村互补上形成强大的联合优势，实现6个联村的共同梦想。原村"两委"成员和经济核算体系、集体固定资产和债权债务归属权、人事任免权等六个不变。给予联村党委干部考核评议权、村级班子调整建议权、重要事务初审权等七项权限。建立团结协作的工作机制、公开民主的决策管理机制、科学合理的考核机制，将党建工作、新农村建设等纳入考核范围，考核结果作为联村党委书记、委员表彰奖励和提拔任用的重要依据。

以"党建共抓"为载体，在打造党建示范圈上"抱团"。探索建立党建工作共同研究、党课载体共同策划、党建资源共同享用、组织生活共同开展，以及党建活动互相参与、党建目标互相参照、党建经验互相交流、基层干部互相学习等制度，创新开展党建工作。大力实施农村人才"双引"工程，深入开展"人人争学蒋乙嘉、我为家乡做件事"活动、基层党组织建设"一带四"活动，深入推进六联机制和服务型党组织建设，打造乡村旅游大环线，合力建设党建示范圈。目前，联建村共回引蒋乙嘉式成功人士回家乡创业12人，新修水泥路32.6公里，发展核桃等产业2000余亩。

以"发展共谋"为基础，在形成合力促发展上"抱团"。针对联建村产业发展滞后、党组织覆盖不到边、党员作用发挥不明显、群众增收致富难等突出问题，实施"产业党建工程"，把党组织设置在产业链上，让党员聚集在产业链上，让党员和群众富在产业链上。按照"二年打基础、三年兴产业、四年建新村、五年奔小康"的思路，以拱市村为中心，辐射带动联建村，大力发展千叶佛莲、柚子、仙桃、中药材以及特色花卉产业，打造"山上是银行、山下是粮仓"的立体农业和乡村旅游业。

依托千叶佛莲、矮晚柚、航天水稻、食用菌等产业、农村专业合作社和农业龙头企业，采取支部+协会、支部+公司、支部+基地等模式建好3个产业党支部和8个产业党小组。探索构建产业党组织、党员联系服务群众和产业发展联动共推发展机制，培养党员创业先锋37人，扶持"能人"党员25名，真正让产业党建工程催生产业聚群效应。

以"和谐共创"为目标，在区域联动保稳定上"抱团"。探索建立民情调查分析机制，强化信息互通互联，全面排查解决影响平安、稳定的各类隐患，加强和创新社会管理、深化平安建设。围绕重大项目、自然灾害、突发重大事件等，制定集结队伍、快速应对、及时处置、维护稳定的应急联动预案，加大联防、联调、联处力度，使矛盾及时化解、纠纷妥善解决，确保联村和谐稳定、群众安居乐业。目前，联建村建立6支应急队伍，共调处矛盾纠纷21件。

以"文化共融"为纽带，在强化交流促和谐上"抱团"。蒋乙嘉投资1000余万元，在中心村拱市村建起了1幢4层楼、3000平米的村级文化活动中心，购置了各类书籍和设备，办起了村级图书室、文化室、电教室和篮球场。投资1万多元购买了音响、乐器、服装等，成立了文化艺术团，免费为艺术团成员提供午餐，让村民们在家门口就能饱享快乐的"文化大餐"。以文体活动中心为平台，积极开展爱国主义、公民义务、法规政策、感恩奋进等教育，共同开展"五好家庭""和谐村组"等丰富多彩的活动，促进联村群众团结友爱、共同发展、共同进步。发挥"五老"同志自身优势，围绕"实用技术推广、邻里纠纷调解、结对困难群体、关爱留守儿童、传统文化宣讲"等志愿服务内容，组建了老年兴趣活动小组，带领村民开展书画、歌咏、健身、诗歌等文化活动。组织85名老年志愿者，带动青年志愿者130余人，结对帮扶留守儿童120余名，帮扶孤寡老人27人，资助贫困大学生36人，提供致富信息270多个。

笔者：从拱市村到拱市联村，从1个村到6个村又变成10个村合并为4个村，这是一个怎样的变化的过程？

蒋乙嘉：联村模式是拱市村首创的，但发明权不在我一个人，是拱市周边村群众上门"求"出来的。

拱市村周边村民找到蒋乙嘉要求把他们村流转一起开发

2013年，拱市村脱贫后，周边各村的群众都很羡慕，到拱市村来参观的群众很多。邻村的几位老人就到我家找我。他们说，蒋书记，帮帮我们吧！拱市村的日子过好了，我们也想过上好日子啊。我们双合村和拱市村以前就是一个村，"大跃进"以后才分成两个村，能不能合并回拱市村呢？

这就引起了我的思考。从感情上说，我是希望拱市村带动更多村庄一起发展的。从共产党员的责任上讲，先富带后富，实现共同富裕，是我们共产党人的信念和追求。但具体如何操作，其实很难。拱市村属于常乐镇，双合村属于天福镇，用什么办法才能合在一起发展呢？

就在我思考这个问题的过程中，又有一些村的群众陆陆续续找上门来，还有群众联名写信，请求拱市村带领他们一起发展。我把这个问题给市县领导做了汇报，市县领导也很重视，安排组织部门进行调研。

拱市联村的范围是逐步扩大的。2015年拱市村联了5个村，常乐镇花莲村、灯会村、龙滩村、天福镇先林村、双合村。2019年，上级统一部署村庄合并，常乐镇5个村合并为两个村：拱市村、花莲村、灯会村合并为拱市村，龙滩村、里安村合并为山兴寨村，常乐镇的里安村增加了进来。天福镇的5个村也合并为两个村，先林村、茶房沟村合并为茶房沟村，双合村、三关村、桥木村合并为三合村，天福镇的茶房沟村、三关村、桥木村增加了进来。这样一来，拱市联村的范围，虽然是 4 个行政村，比之前少了两个，但实际上是原来 10 个行政村的范围。此前，蓬溪县赤城镇的大石桥村、唐家沟村 2013 年已经联了进来，一起发展产业。

笔者： 在"拱市联村"党委筹建过程中遇到过什么困难吗？

蒋乙嘉： 筹建"拱市联村"党委应该说是很顺利的，下面有广大群众的热切期盼，上面有省委、省政府领导重视，中间有市县组织部门全面充分调研，基本上没有什么困难。

笔者： 联村组织建设情况怎么样？

蒋乙嘉： "拱市联村"党委书记由我担任，党委副书记由常乐镇党委组织委员陈春艳和天福镇党委组织委员张桂华担任，党委委员 4 人，分别为：常乐镇拱市村党总支部书记朱洪波，山兴寨村党总支部书记何国宝，天福镇茶房沟村党总支部书记杨益，三合村党总支部书记银志明。

各村"两委"班子成员也很健全。

拱市村"两委"成员：朱洪波（书记、主任），何德学（副书记），姜丰明（支委委员），姜朝辉（支委委员），谢耀正（支委委员），何思银（支委委员），李银国（村委委员），李春艳（村委委员），何艳凤（村委委员），王中会（村委委员）。

山兴寨村"两委"成员：何国宝（书记），王爱明（副书记、主任），温荣（支委委员），李吉全（支委委员），王治平（支委委员），顾渐广（支委委员），王洪刚（村委委员），周时伦（村委委员），姚连芳（村委委员）。

三合村"两委"成员：银志明（书记、主任），何永洪（支委委员、副主任），李明（支委委员、村委委员），朱中勇（支委委员、村委委员），孔凡和（村委委员），宋大兴（村委委员），龙宽霞（村委委员）。

茶房沟村"两委"成员：杨益（书记、主任），夏家富（副书记），周青建（支委委员、副主任），张春先（支委委员），肖全蓉（支委委员），王东升（村委委员），唐杰（村委委员），唐玉春（村委委员）。

调研期间，蓬溪县常乐镇党委组织委员兼拱市联村党委副书记陈春艳，也介绍了拱市联村党委的有关情况——

笔者：联村党委是怎样的工作机制？

陈春艳：联村党委成立时，确定了"六个不变"原则：人事任免权不变，行政隶属关系不变，经济合同性质不变，项目资金用途不变，债权债务归属权不变，土地承包政策及土地和林木所有权不变。

联村党委的工作机制，归纳起来说，就是"七联七带"。以全省先进基层党组织拱市村为辐射带动点，强化组织"引"的功能，提升党员"带"的实效，激活群众"跟"的动力，厚植基层党建根基。

一、组织联建，带动区域发展。坚持因地制宜，以党建工作和产业发展为载体，保持原村"两委"成员、经济核算体系、集体固定资产、债权债务归属权、人事任免等六个不变，采取强弱村联姻、大小村挂靠、好差村互补的强大联合方式，探索并推行多种村党组织合建共建，实行强弱结对、强强联合，实现共同富裕、共同进步。将产业相近、地域相邻的纳入管理，在常乐镇6个村组建联村党委，天福镇20村组建7个联村党总支，辐射带动31个乡镇60余个小村弱村强弱结对，实现农村资源大融合，基层党组织的政治功能、服务功能得到有形有效提升。

二、主业联抓，带动全面加强。推行"5+2+2"党建工作机制：制发乡镇党委书记、专职副书记、组宣委员、部门（党委）党组书记、机关党组织书记抓基层党建职责"五张清单"，《蓬溪县基层党建项目化区域化竞进提质办法》《蓬溪县基层党建综合考评办法》"两个办法"，《党支部工作手册》《党委（党组）工作手册》"两个手册"。规范联村党委书记、专职副书记、党委委员抓基层党建职责，建立党建工作共同研究、资源整合享用、经验互相交流等制度，构建"项目推动、区域联动、条块互动、上下促动"的主业联抓工作格局，以党建聚人心、促发展。

三、队伍联育，带动能人汇集。推行乡镇机关、村（社区）党支部与青年人才党支部结对共建机制，统筹区域资源，实行联建村"一张网"的干部队伍培养模式，按照"联合预审、集中反馈、统一办理、全程跟踪"的方式，着力构建干部人才引进、使用、培养、服务"四位一体"工作体系，打造"一站式"服务平台。大力实施人才"双引"工程,深入开展"农村发展蓄力"行动计划,把实用人才聚到产业链、党员干部聚到攻坚点,建立35岁以下重点培养对象储备库,为每个村(社区)确定2名以上后备干部,切实解决基层引人难、留人难、人才匮乏问题。

四、治理联创,带动民风改善。推广运用"省级四好村"拱市村经验做法,突出基层群众生产生活需求,成立联村村民理事会,修订完善"村规民约",建立联防、联调、联处应急队伍,深化"六联机制",推进自治、德治、法治"三治融合"。广泛开展村(社区)党组织和党员"星级争创"活动,启动"红色引擎";全面落实党员干部联系服务群众制度、畅通村情民意反馈渠道,激活"红色细胞";全面推动党群服务中心标准化建设,建强"红色阵地";以党员队伍密切联系服务群众,助推基层治理能力提升,带动民风改善。

五、资源联享,带动服务优化。按照资源变资产、资金变股金、农民变股民的"三变"思路,针对农村撂荒地多、产业经营粗放、农民收入低等现状,采取联村连片开发撂荒地、连片配套农田设施、连片发展农业产业的方式,共赢共享,连片发展千叶佛莲、蜜柚、水产养殖、蜜蜂养殖等产业。通过农民夜校、远程教育平台、党建好声音等学习服务载体,覆盖式共享农机、种植、养殖等实用技术,联村打造农村电商平台,激励各类人才一线创新创业,形成干部示范、全民动手,聚力脱贫奔小康生动局面。

六、文化联培,带动文明风尚。以打造"队伍联盟、组建联手、活动联动、工作联合"高效运作方式的基层党群组织为抓手,围绕"实用技术推广、邻里纠纷调解、结对困难群体、关爱留守儿童、传统文化宣讲"等服务内容,联村联合举办乡村春晚、乡村旅游、书法创作等文体活动,深入推进"诚信、守法、感恩"道德教育,常态开展政策宣传、法规宣讲,集中评选"先进村、文明户、带头人"。全面推广三会一课"四+"模式,每月1号集中开展讲"微党课"、看红色电影、志愿服务等党日活动,着力营造"讲诚信、守法规、懂感恩"的文明风尚。

七、产业联营,带动脱贫增收。探索产业党组织联动共推发展模式,成立联村土地流转、农机合作、产业联盟专业合作社,建立"党组织+合作社+公司+农户

+产业"的利益共享、风险同担机制,通过资产租金、文化产业收入、农业服务收入、财政资金入股分红、整理流转撂荒地收入等方式壮大集体经济,采取土地入股分红、政策兜底收入、外出务工、产业就业、自主创业等方式带动群众增收脱贫。

第14节 拱市联村经营农村模式

2010年9月成立四川力世康生物科技有限公司,负责拱市村土地流转,产业发展。2014年7月成立的四川力世康现代农业科技有限公司,全盘接管生物科技公司的业务,创立了由龙头企业整体经营村庄的脱贫攻坚、乡村振兴模式。

拱市村和国内其他乡村振兴典型有些不同。其他乡村振兴典型或者位于城市附近,或者自身有矿产、文物、景观等核心资源,或受辐射带动,或有内生动力。拱市村地处偏僻,也没有资源优势。拱市村能够取得比较好的效果,靠的是天时(中央重视三农)、人和(蒋乙嘉团队努力、地方各级领导支持和群众参与),没有地利(远离城市,自然人文资源匮乏)。

笔者:我们注意到,四川力世康现代农业科技有限公司是拱市村脱贫攻坚、乡村振兴的龙头企业,请乙嘉书记介绍一下力世康公司基本情况。

蒋乙嘉:四川力世康现代农业科技有限公司于2014年7月在蓬溪县工商局依法登记成立,位于蓬溪县常乐镇拱市村,旗下拥有四川力世康生物科技有限公司和四川千朵佛莲花卉科技有限公司,主要经营各种农作物的研发、种植、销售、进出口业务以及旅游开发、中药材(国家专项规定的除外)研发和种植销售、畜禽养殖销售。公司有全国最大的千叶佛莲种植基地,2016年被评为遂宁市农业产业化市级龙头企业。

力世康公司在拱市联村建立了"公司+农户+集体"的三方利益连接机制,公司投入发展产业基地,农户以土地入股分红,合作社统一组织营销,其收益按公司、农民、集体4:4:2比例分成,最大限度保护农民的土地收益。村集体收益作为公积金,主要用于村公益事业、特困户和风险调节等。

拱市联村乡村振兴龙头企业四川力世康现代农业科技有限公司

笔者：近年来，力世康公司主要做了哪些事情？

蒋乙嘉：近年来，力世康公司主要通过组建种植、养殖、农机专业合作社，发展生态农业产业。在常乐镇的拱市村、花莲村、灯会村、龙滩村，天福镇的先林村、双合村，公司流转土地5800余亩，主要种植、培育特色花卉千叶佛莲和各类绿化花卉、乔木以及绿色、原生态农产品等。现已种植千叶佛莲5000亩，绿色荷塘莲藕300亩，养殖小龙虾和鱼300亩，有机水稻300亩，核桃种植500亩、仙桃种植500亩，佛莲蜜柚1000亩，金薯300亩，三七200亩，发展蜂业260箱。2018年9月，公司打造的佛莲谷森林康养基地被四川省林业厅评为第四批"四川省森林康养基地"。公司种植的"千叶佛莲"在"第三届四川生态旅游博览会"生态旅游商品展中荣获"金奖"。2019年4月天府（四川）联合股权交易中心双创企业板挂牌（证券代码：813385，证券简称：力世康）。

公司不断探索绿色水产养殖、推广特色种植项目、"长线高效产业与短线特色产业"相结合，集中成片产业经济林木套种模式基本成型，吸引成功人士及返乡创业者投资创业，带动村民脱贫、增收、致富，发展壮大村域经济。依托公司在资金、市场、技术等方面的优势，充分发挥公司的龙头带动作用，对促进当地经济发展与社会和谐起到了积极带头作用。

笔者：在今后的乡村振兴战略中，力世康公司有哪些打算？

蒋乙嘉：按照习近平总书记在十九大报告中提出的"产业兴旺、生态宜居、乡风文明、治理有效、生活富裕"乡村振兴战略的总体要求，在各级党委、政府的领导和支持下，我们充分整合各方资源，对家乡的建设发展有了进一步的总体规划。

一是加强党建引领，着力培养年轻后备干部，发挥党员模范作用，把党组织建在产业链上，让党组织更加坚强。

二是大力发展特色产业，建成全国最大千叶佛莲种植基地，让百姓们更富裕。

三是加强产业人才培养，吸引优秀人才返乡创业，让村庄更具活力。

四是弘扬红色主流文化，传承红色基因。组织百名退役军人建设"全民国防教育示范基地"，践行军民融合国家战略，实现退役军人创业，带动退役军人就业，让退役军人为乡村振兴再立新功。

五是传承发展优秀传统乡土文化，建设乡村文化艺术馆，让主旋律唱得更加响亮。

六是坚持生态立村，发展乡村休闲旅游，让村庄更加美丽。

公司力争将拱市联村打造成集特色农业、文化、旅游、康养于一体的田园观光综合体，成为全国乡村振兴战略示范基地。

第四章　一个好汉三个帮

在蒋乙嘉精神的感召下，在拱市村聚集起了一个默默奉献的干事业的团队，其中有蒋乙嘉的家人、亲人，也有影视明星、文化学者、专家教授，还有慕名而来的粉丝、投资人、志愿者，更有从拱市村走出去的成功人士……

第 15 节　大哥、三哥和小妹

打虎亲兄弟，上阵父子兵。

在蒋乙嘉回乡创业的 14 年过程中，全家积极参与了拱市村的脱贫攻坚、乡村振兴工作。

大哥朱忠保，1943 年腊月出生，乡村医生，2007 年开始参与支持蒋乙嘉回乡创业扶贫。

大姐朱忠秀，1947 年五月初二出生，拱市村民，2015 年去世。

二哥朱忠华，退役老兵。1951 年农历八月十六出生，1990 年至 2015 年任拱市村党支部书记（其间在镇上工作过，2013—2015 年改任副书记），2007 年开始参与支持蒋乙嘉回乡创业扶贫。

三哥蒋国锐，退役老兵。1955 年七月初九出生，蒋家长子，1974 年 1 月高中毕业，接替父亲蒋炳生担任生产队长，1975 年初担任十一大队（即拱市村）革命委员会副主任（相当于现在的村委会主任），分管农业，当年 6 月 3 日加入中国共产党。

三哥蒋国锐（1976年）

1976年2月21日参加中国人民解放军8341部队，1977年4月当选中共中央办公厅党代会代表，受到华国锋主席、叶剑英副主席等中央领导同志亲切接见。1978年4月被评为中央警卫局学雷锋先进个人，6月份当选中央警卫师第一次党代会代表、主席团成员。在部队受到嘉奖8次。1981年复员后到长春打工，落户长春。经历了从工人、机关干部、国企高管到下岗自谋职业。通过自学获得中文、财会、书法三个大专文凭。2015年秋，在蒋乙嘉精神感召下，回到拱市村支持蒋乙嘉。

大妹蒋桂英，1960年腊月初八出生，在长春成家立业。也积极参与蒋乙嘉回乡创业。

幺妹蒋素英，1964年十月十八出生，户籍重庆，工人，2018年回村参与支持蒋乙嘉，现在负责经营拱市村壹嘉饭店。

2021年5月5日夜，在拱市村文化大院，笔者和大哥朱忠保进行了长谈——

笔者：大哥您好！您是最早支持蒋乙嘉回乡创业扶贫的亲人之一，当初是怎么想的？

朱忠保：我们这个老弟，蒋乙嘉啊，跟我是同母异父的弟兄。我父亲去世早，留下3个孩子。还有一个老大，死得早。我母亲带着我奶奶和我们三兄妹嫁到蒋家，当时我弟弟朱忠华才两岁。蒋幺爹（蒋乙嘉的父亲）待我们非常好，像待亲生子女一样。我妈妈在蒋家又生了两个弟弟，两个妹妹，我们朱家、蒋家兄弟姐妹一共7个人，从小就像亲兄弟姐妹一样，比有的同父母的兄弟姐妹还亲。我是大哥，蒋乙嘉是家里最小的弟弟，从小我也是宠着他的。从小到大，他想干啥，我都支持。

蒋乙嘉小时候脑壳聪明，但是比较调皮，上学赶上"文革"也没有机会好好读书，跟我学医也没有学成。初中毕业后，他到外地打工、经商，慢慢开始成熟，就懂事了。1978年，他19岁那年参军去了东北。后来听他们部队首长跟我说，他在部队表现很好。

2007年他要回乡，想为老百姓做点事，跟我商量，我当然是第一个支持他。再说，改变家乡贫穷落后的面貌，也是蒋幺爹未了的心愿。蒋幺爹从1950年就开始当村长，后来当治保主任兼生产队长，为村里辛勤付出几十年，2003年去世时，村里很多人走了，田地荒了，他是心有不甘的。如果能完成父辈的心愿，让乡亲们过上好日子，这是一件天大的好事，我也没有理由不支持。当时我已过60岁，有时间帮他。

笔者：这10多年，大哥参与做过哪些工作？

朱忠保：最初几年，我帮忙多一些，最近这些年，我已经不怎么帮忙了。我今年已经78岁了。最初几年，我主要帮蒋乙嘉做了两个方面的事情。

一是修路。头几年修路，我都是在工地上帮着现场指挥，照看工地，不论春夏秋冬、刮风下雨。那时候我只有60多岁，身体还顶得住。这些年，我们一共修了100多公里路。

二是开荒。要把荒山、荒地利用起来，首先要把荒山、荒地流转到公司名下，这就需要和一家一户签订协议，商定土地流转价格。这件事非常烦琐，要一家一户商量。我在拱市村当了几十年赤脚医生，家家户户都和我熟悉，好商量。这事儿只能我出面才行。老二是村书记，他出面群众会感到以官压民，不公平。老四出面也不行，他不了解基层的真实情况，有的村民会把他当冤大头，漫天要价，宰他一把。只有我出面，才能和各家各户平等协商，签订公平公正的协议。也有遇到不愿意流转土地的，我们就不流转他的荒地，都是自愿。这些年，一共流转了5000多亩地。

笔者： 大哥认为乙嘉书记有哪些特点？

朱忠保： 这些年，我也在观察、思考。我觉得蒋乙嘉有三个特点比较突出。

一是有担当。蒋乙嘉有一身的病，尤其是心脏病，很危险。我是医生，我知道的。本来，他做生意赚了钱，应该陪老婆、孩子好好生活，安享晚年。但是他抛家舍业，回到老家来改变家乡贫穷落后面貌。他这些年吃的苦、受的累，我都看在眼里。我经常说，多一些蒋乙嘉这样的共产党员，我们中国就会好很多。现在，他还是天天很忙，不知道爱惜自己身体。作为大哥，我最担心的，是他哪一天突然倒下就再也起不来了。

二是想得远。2007年，他刚回村时就说，农村这样一天天衰落下去，中央不会不管的，将来中央一定会重视农村的。果然，十八大以后，以习近平总书记为核心的党中央就开始重视农村了，提出脱贫攻坚。村里刚开始修路时，上面说修个沙石路就行了，他坚持要修水泥路，他自己贴钱也要修水泥路。修水泥路时，大家都说修3米宽就行了，他坚持至少要修4米宽，条件允许的地方要修4.5米宽。他说，将来外面的人来旅游，大车要开得进来。当时我们都觉得是笑话，那时候拱市村满村都是泥巴路，没有一段水泥路，怎么可能想到十几年以后会有人来拱市村旅游？他就想到了。现在，到拱市村来考察、学习、观光的人，真的是很多。

三是带头干。蒋乙嘉2007年刚回乡时，很多人认为拱市村是不可能脱贫致富的，想看笑话的不少，愿人穷、恨人富的也有。蒋乙嘉就是带头做，默默地干，不和谁争，不和谁吵，慢慢地，拱市村变了，一年比一年好了，大家都心服口服了。

你看我们拱市村到处干干净净，每条路都很干净，这也是蒋乙嘉带头捡垃圾捡出来的。蒋乙嘉刚回村时开回来一辆奥迪车，他有个习惯，就是在后备箱里放一些捡垃圾的工具和垃圾袋。在村里，不论在什么地方，只要看见垃圾，他就会停车把垃圾捡起来放进垃圾袋里，然后送到垃圾箱。在他的带动下，全村老老少少都跟着捡垃圾，已经形成良好的习惯。现在，只要是拱市村人，看见路上有垃圾就会捡起来。

蒋国锐及妻子苑景红、儿子蒋瀚瑭
1997年和父亲蒋炳生、母亲唐玉珍在老家

2021年5月14日，在蓬溪县城，笔者和三哥蒋国锐也进行了一次长谈——

笔者：三哥您好！您是在什么情况下回来帮乙嘉书记的？

蒋国锐：我是2015年回来的，当时我刚过60岁。那时候，蒋乙嘉在全国已经很有名了。2014年，时任中共中央政治局常委刘云山批示，中共中央宣传部组织了20多家新闻媒体到拱市村采访，中央电视台、新华社、人民日报都来了，蒋乙嘉一下子就全国知名了。

2014年的时候他就来找我了，让我回来帮他处理一些事情。从2014年开始，我也偶尔回来看看，了解了解情况。其实，2012年我也回来过一次，回拱市村看过。每次回来待几天，帮他处理些事儿，又回长春。因为那时我在长春经营一家东北参茸特产公司和书法培训学校。2015年他又找我，说拱市村的事情越来越多，涉及面越来越广，太忙了，要我正式回来帮他。当时我很纠结，又绕不开兄弟情，就答应回来帮他。于是，我关掉了参茸特产公司，损失了不少钱，将书法培训学校交给儿子，我就这样回来了。

笔者：三哥回来后主要帮乙嘉书记做哪些方面工作？

蒋国锐：总的来说，回来后我一个人有三个角色：一个是力世康公司总经理，要负责公司经营管理，这个是正式身份。二是拱市联村党委办公室主任，或者拱市联村党委书记秘书，这个没有正式名分，但活儿都是我干，相当于志愿者，没有一分钱报酬。三是拱市村接待员，这个也是没有名分，没有报酬，纯属志愿服务。

笔者：三哥对拱市村未来的发展有什么想法？

蒋国锐：我们考虑，将来设立拱市联村乡村发展基金会，力世康将来赚了钱，每年放一笔钱在基金会，拱市联村的新乡贤们也可以捐助，用于拱市村公共服务，扶危济困。

还有就是省政府国企川发展投资的"乡村酒店"在三合村建好以后，我们把培训做起来，带动文旅产业发展。

第16节 志愿者邓小辉

在蒋乙嘉众多的追随者当中，邓小辉是最突出的一个。

邓小辉，四川省蓬溪县常乐镇人，祖籍蓬溪县天福镇双合村（现名三合村），是成都都江堰市的一位成功企业家，主要从事路桥工程施工、经营医疗器械。经过几十年的市场打拼，邓小辉赚到了"一辈子也花不完的钱"，于是在50岁那一年他决定退出商场，安享晚年。在随之而来的无所事事、百无聊赖中，邓小辉偶然看到中央电视台新闻报道介绍蒋乙嘉的事迹，不大相信现在天底下还有这样的好人，于是他就开着车从都江堰出发，直奔500里外的拱市村当面求证……

关于邓小辉，乙嘉书记是这么说的——

笔者：邓小辉是您身边最亲近的志愿者之一，您可以介绍一下邓小辉的情况吗？

蒋乙嘉：邓小辉呢，他祖籍是天福镇双合村的，出生地在常乐镇大路沟村。后来离开村子，到都江堰去定居。他可能听别人说到我，就回来看。又多方了解，最后找到我，说愿意做志愿者来帮我。我看他说得很恳切，就留下了。

刚开始，他开了一辆60多万的车来，我说不行，太扎眼。后来他就换了一辆便宜的车，尼桑。尼桑烧天然气，烧天然气便宜些。就这样，他出着人带着车一干就是4年啊！用现在时髦一点的话说，他就是我的粉丝吧。

2021年4月30日上午，笔者和邓小辉在蓬溪县城进行了一次访谈。

笔者：邓总您好！从2021年3月17日我们第一次见面开始，我就对您四年来连人带车坚持给拱市村做志愿者感到不可思议。您最初是怎样和乙嘉书记认识的？

邓小辉：那是2017年夏天，不是6月份就是7月份，我在家闲得无聊，就看了一眼电视，当时中央电视台新闻重播，好像是13频道，正在介绍蒋书记的事迹。我经常讲，我说中国不可能还有这种好人，我一定要亲自看看这个人到底是不是真的。我觉得，中央电视台播的，一般不可能是虚假的。就这样，我开车去了拱市村，第一次见到了蒋书记。

笔者：去之前有没有和乙嘉书记预约？

邓小辉：没有预约，看完电视我直接开车就过去了，直接导航拱市村，走了500多里。

笔者：邓总还记得第一次和乙嘉书记见面的情形吗？

邓小辉：我还记得很清楚。我过来的时候，天气很热，特别热，当时他正在接待客人。他穿着短袖在陪一群人参观，边走边讲解。我看到他这个人，一眼就认出来了。因为来之前我在电视上看到过他的样子，特别憨厚，笑起来特别慈祥。

笔者：那您怎么会想到要来拱市村做志愿者呢？

邓小辉：一见到蒋书记这个人，听他讲解，和他交流以后，我就认定他是个好人，电视对他这个人的报道绝对是事实。他为了家乡脱贫，自己的1000多万血汗钱花光了，北京的房子也卖了。我说这个人太好了。当时到拱市村参观学习的人很多，他还要到处作报告，实在忙不过来。那时候来之前我是这么想的：我看到的如果真是像电视上报道的这么好，那我就给他当志愿者。结果来后看到的，都是真的。就这样，通过慢慢接触、交谈、了解，我下定决心来做志愿者。就这么回事。

笔者：您到拱市村来做扶贫志愿者，老婆不反对吗？

邓小辉：当时是反对得不得了，太反对了，真的反对，她说你也辛苦了几十年了，也有五十几岁了，现在家里面什么都有了，没必要再去他那里。

笔者：听说您生意做得很好？赚的钱一辈子花不完了吧？

邓小辉：正常过生活，赚的钱一辈子也花不完了。我之前的生意经营情况都很好。汶川地震过后我就开始做工程，地震灾区很多板房的基础都是我在做，上海援建走了以后，我就进入四川路桥，在西昌那边修了整整一条路，有32公里，还修了5座桥。所以这些年也确实挣了钱。在去蒋书记那儿以前，说实话我也不准备再出去干了，就在家里面，准备后面几十年耍一耍，好好陪老婆孩子把这辈子过了，没想到无意间通过电视看到乙嘉书记这种情况。

我跟老婆说，蒋乙嘉他那么大岁数的人，都还在为村民谋幸福，为村民做那么多好事，我觉得这样的人太难找了，就想到他那里为他做一点事情。

他几千万拿到这里来，我们跟他比算什么，说实话，我们算不了什么嘛！我是挣了点钱，但如果你让我拿几千万块钱出来给村民，我肯定做不到，这是我的真话。真的，可以说大部分人都做不到。

笔者：邓总来了之后主要做哪些工作？

邓小辉：我主要的工作是帮他开车，现在也帮他解决一些公司的事情。我刚来的时候，拱市村的客人多，蒋书记自己开车，为了帮他减轻一些负担，我就跟他说，我帮他开车。我是自己开车到村里来的，这4年连车带人，全部都为他服务，接送他到处活动、讲课，还要接送客人。

除了春节，平时我都跟他在一起，一年至少300天在外面。忙的时候，我记得一个月起码有28天都在外面，每天在村里面接待或者出去招商。节假日基本上都在搞接待。游客、领导还有外地来学习参观的，人特别多。他为人热情，接待人的时候精神特别好，当人走完了以后，他就支撑不住了，我真的佩服他那种精神。

他有时候到北京、成都开会，一上车说不了两句话就睡着了，我开车他就睡。

除了当司机我也当厨师。他现在住的房子是在蓬溪县城里头租的，我跟他住在一起。这房子也不大，可能有100平方米左右，有时候我会做饭。村里面有接待没有厨师了，也是我上场。3种菜5种菜，就是我自己做出来，这个很正常。跟着他也算是啥都学到了，没有人我就上。他有时候是真的舍不得我上去，他知道我平时也很辛苦。

蒋书记身体不好，有心脏病，几十年了药品随时带在身上。有时候他觉得身体不好了让我给他拿药。看到他生病的那种样子，说实话，真的让人很心酸，很心疼，真的怕他出啥事情。

笔者：您这个志愿者，又赔人，又赔钱，一做就是4年，中间动摇过吗？

邓小辉：干满第一年，我真的差点坚持不下去了。以前做生意我每年还能给家里拿一些钱回去，现在一年到头不仅没拿一分钱回去，还要从家里面拿钱出来。

我以前在家里面，从工地上回来打牌喝茶，一早就睡觉了。现在跟着他一天一天特别累，忙不完的事，时间完全不够用，早上一起来根本不知道今天星期几，也不知道是多少号。我跟他在一起有什么办法？因为他忙，我必须跟他跑。

笔者：为啥子又坚持下来了呢？

邓小辉：时间久了，真的有感情了，我不好走了。真不是吹牛，有时候说到他，我就想流泪，我把他当成我自己的大哥。以前我接触了很多的老板，大量的企业，从来没有这种感受。如果我走了，谁给他开车？我也想过，他这么劳累，这么奔波，电话也特别多，万一他自己开车出个什么事情，说老实话对国家是个损失，所以说我最后还是坚持到现在。几年来我们都是住在一起，我能够帮助的，能够帮他分担的，我都跟他分担。

我跟他真的就像亲兄弟一样，无话不说的好兄弟。有时候他也心烦，就跟我说说话。他经常晚上出去开会，有时候他有啥烦心事，就在车上跟我说一说，说完他心里好受一些。

笔者：跟随乙嘉书记4年来，您学到些啥子？

邓小辉：跟他在一起，他做的事情我都看在眼里，记在心上。我从他身上学到了很多做人的原则和精神。有的我真的做不来。我的文化程度不高，很多时候都是在默默地跟他做一些事情。

他为人、对人特别和蔼，特别特别和蔼可亲的那种。他的度量特别大，村里个别人对他不好，刁难他，他都是面带微笑，心平气和地跟大家说。

对我影响最大的，是跟蒋书记学会了好好待自己的爱人。以前我的脾气不好，又因为挣了一些钱，稍不顺心就跟家里面吵。以前我爱人跟我经常吵架，说实话我闹得特别凶。跟蒋书记一起后，觉得有啥吵的，本来我爱人在家里面带娃娃就很不容易了。

现在我很理解我爱人，这都是跟蒋书记学到的。他的老婆跟他两个人吵架，他都不发脾气。他经常跟我说，老弟，我们是男人，女人在家不容易，带娃娃，她对我们不满，就让她发泄一下。现在我爱人说我的脾气改了很多，我都不好意思了，真的感觉太好了。

蒋书记他教我很多，我这说的是真心话，我从蒋书记身上学到的真的太多了。他自己特别节俭，对外面的人却特别大方，他为了拱市村花了那么多钱。以前我们衣服穿旧了一般就把它丢掉了，但他呢？他的衣领穿坏了，还把衣领翻过来，缝好，再接着穿。他的裤子、衣服基本上都是旧的。我有时候看不下去了，过春节的时候就想给他买身新衣服穿，但都被他拒绝了。我让他买稍微好一点的衣服，他也不同意。比如有时候出去开会要穿正装，他200多元的衬衣穿起就去开会。我以前一年穿衣的开支起码在20万，现在我跟着他，我不骗你，除了该开支的开支，我的衣服跟他一样的，晚上到酒店洗了，第二天一穿。我跟他4年很少买衣服，我这些衣服都是好多年前的了，你看都穿变形了。以前，我进店里面一次买个几万元的衣服太正常了，但我现在穿的这些鞋子，都是几十元钱的鞋子，我以前从来没穿过这么便宜的鞋，没有1000多的鞋子我不会穿。现在几十元钱的鞋子我都能够穿，因为他的皮鞋都破了他还在穿，我们有啥子资格讲究穿得怎么样？我比他有钱，但他的境界比我高。

笔者：到拱市村做志愿者四年了，您后悔过吗？还会继续做下去吗？

邓小辉：我作为志愿者4年了，我无怨无悔！我愿意为他一直这么坚持做下去。说实话，好想让他身体好。他这种人，我希望老天爷能让他多活好多年。真的，中国有他这样的好人，确实太好了，真的。

来了这儿的几年里，我真真正正地感受到蒋书记这个人的胸襟，真的让人佩服。我最佩服他这一点，所以我一直坚持跟他做志愿者。他说过，当他哪一天干不动了，我们两个就一起出去转一转，走一走，他说这是他对我最大的回报。

我自己的资产确实不少。但钱这个东西，赚这么多了，我又不想做事了，就没得意思了。以前我不做生意回家后无所事事，现在跟着他，真的有用不完的劲，天天找人、做事，跟他一起到处跑，到处转，好像觉得很有意义。

还有你们这次来调研，我说实话也特别感动。书记跟我说，你看，专家教授硕士博士来那么多，为拱市村乡村振兴。我说实话，真的，我也感动。我真的感动。

第17节　军魂永在

在拱市村脱贫攻坚、乡村振兴的过程中，退役军人发挥了特别重要的作用。带头人蒋乙嘉是退役军人，老书记朱忠华是退役军人，现任村书记朱洪波是退役军人，力世康公司总经理蒋国锐是退役军人，骨干员工刘奎、王朝辉、陈应松等也是退役军人。还有全国各地一大批退役军人以不同方式支持蒋乙嘉脱贫攻坚、乡村振兴事业。

辽宁朝阳人刘奎，退役军人，2014年在《党支部书记》杂志看到蒋乙嘉的事迹后，千里迢迢从东北沈阳来到大西南的拱市村做志愿者，一干就是7年。他，只是拱市村63位退伍老兵中的一员。

2018年7月24日，遂宁新闻网有一篇题为《发挥"头雁"效应，带领63名退役军人建设乡村》的文章这样写道：

2014年年底，辽宁的刘奎在一本杂志上看到蒋乙嘉的新闻，同为复员干

2014年第6期《党支部书记》杂志，改变了刘奎的命运

部的他当即决定来四川。"自己单干不如跟着战友一起干。"此前，他与蒋乙嘉彼此并不认识。3年多来，刘奎跟着蒋乙嘉扎根拱市联村，负责农机设备的管护维修。

"头雁"带着"群雁"飞，刘奎仅是雁阵里的一员。2014年年底，复员返乡的朱洪波也找到新方向。"返乡探亲时就看到村庄的变化，蒋书记这些年的努力让我感慨良多。"朱洪波现在已是拱市村支部书记，正着手调整村里的产业结构和发展村文化产业：2020年下半年发展了3000亩清脆李、举办首届千叶佛莲文化节、打造农耕文化体验区……这一件件大事小事，都让他充满了活力。

随着越来越多退役军人的加入，蒋乙嘉也有了新动作，"退役军人创业带动退役军人就业。"今年3月，蒋乙嘉通过资源合作，启动"拱市戎华实训基地"项目。目前团队人数63人，既有亲属又有朋友，远至黑龙江近至蓬溪县。

"基地的办公室、宿舍区域、训练场地初步完工，预计9月份投入使用，可解决320名退役军人就业。"蒋乙嘉表示，基地将以遂宁为中心辐射全省，瞄准学校和企事业机关单位开展拓展培训，教官既可走出去拓展就业渠道，又可将参训学员引进来实训，也可参与到乡村产业发展中，"三条腿"走路持续带动乡村发展。

调研过程中，乙嘉书记特别说到了刘奎——

笔者： 刘奎远在东北大城市沈阳，怎么会跑到大西南拱市村这个小山沟里来呢？

蒋乙嘉： 这个说来话长。

2014年的一天，是夏天，我突然接到一个电话，对方说他叫刘奎，在沈阳打工，他在辽宁省委组织部主办的《党支部书记》杂志上看到了我的事迹，很受感动，想要辞职来跟我干。我问他怎么知道我的手机号码，他说是从蓬溪县委、常乐镇党委一路问下来问到的。他表示马上就要辞职过来，我说你别着急，我家也在东北，在长春，我啥时候回家，咱们约个时间见面聊聊，互相了解一下，如果双方都觉得合适，你再过来不迟。我自己知道，我当时的经济情况，是给他发不起工资的，我不能害了人家刘奎。

笔者：后来见面都谈了些什么？

蒋乙嘉：2014年年底，我们相约在沈阳见了面。我们聊得很好。

刘奎说他也当过兵，也算是战友吧！他出生在农村，时刻不忘乡村。到沈阳打工以后，他经常看《党支部书记》杂志，关注那些优秀党支部书记是怎么干好的，2014年夏天就看到了我。那一期，封面上大照片是我。当时我正担任拱市村党支部书记，他就动了心思，想来跟我干。

我跟刘奎说，如果坚持要过来跟我一起干，只能做志愿者。刘奎二话没说就同意了。2015年，过完春节刘奎就过来了，到现在已经7年了。

笔者：这7年来，刘奎表现怎么样？

蒋乙嘉：刘奎是个好战友，也是个优秀志愿者。7年来，刘奎很少回东北老家，他任劳任怨，无私奉献，从来没有星期天，没有节假日，圆满完成了交给他的每一项工作任务，为拱市村的发展做出了重要贡献。我非常感谢他。

为支持蒋乙嘉事业发展，退役军官宋隆焰正谋划在拱市村建设国防教育基地"拱市戎华实训基地"项目。

宋隆焰，1969年4月出生于辽宁抚顺。1986年入伍，1989年考入大连陆军学院，1992年毕业，历任解放军某部红军连排长、政治指导员，1995年至2006年，在某集团军政治部宣传处负责文教工作。宋隆焰在部队期间多次立功受奖，中校军衔，全国体育工作先进个人，现为自主择业干部。

宋隆焰是北京戎华文化产业发展有限公司创始人，《军民融合全民国防教育体系》总策划，曾制作编撰由国家新闻出版总署、人民出版社、解放军总政治部联合出版的大型文献纪录片《中国共产党历史》音像版，建军八十周年出版《中国人民解放军历史》音像版，曾担任廉政片《清白人生》统筹，全国第九届冬季运动会解放军代表团副秘书长，2022北京申冬奥宣传片监制，火箭军文工团副团长陈思思音乐作品《雪恋》监制（该曲目登上2016猴年央视春晚舞台），2016年苏州城市宣传片监制。

2021年5月，笔者通过微信联系上了宋隆焰。

笔者：宋总是怎么和蒋书记认识的，为什么愿意到拱市村投资项目？项目有何意义？

宋隆焰：早年我和蒋书记就在同一个部队工作过，相互比较了解。之所以愿意把项目落在拱市村有两个原因。

第一，戎华公司95%的核心成员都是退役的干部，部队出身的蒋书记，他的人品和精神感召着我们团队的每一个战友。

第二，通过公司团队五次去拱市村调研，我们见证了蒋书记建设拱市村的决心和实际成果，更加坚定了我们落地的决心。

这个项目很有意义。全民国防教育是百年大计。目前党和国家非常重视爱国主义教育和国防教育，法律、法规越来越健全也给予了我们更大的发展空间。拱市村作为一个标准、标杆，具有特殊的全国示范性效应。

笔者：项目建设过程中，得到过蒋书记哪些方面的支持和帮助？

宋隆焰：蒋书记在政策、资金、土地、生源上都对项目给予了全方位的支撑，团队在拱市村更是感受到了回家的感觉。

笔者：项目进展情况如何？未来有何打算？

宋隆焰：目前项目标准和体系已经完成，试训成果显著，已经完成了标准制定的任务。通过与正华集团混改之后，《军民融合全民国防教育体系》下阶段的工作定位是开展"义务国防教育"，顺应国家战略，逐步落地。

笔者：祝愿项目早日在拱市村落地建成。

第18节 "荣誉村民"周炜

著名演员周炜，应蒋乙嘉邀请，成为拱市村"荣誉村民"，为拱市村代言。

关于周炜，公开资料是这样介绍的——

周炜，1975年4月14日出生于天津市，相声演员、国家一级演员、主持人，

第二炮兵政治部文工团团长，中共党员，中国曲艺家协会理事会理事，中国文艺志愿者协会理事会理事，中国关心下一代公益形象大使，北京演艺集团首席运营官、天津北方演艺集团有限公司总经理。曾是唐杰忠的学生，后拜姜昆为师，成为姜昆的第二十六个弟子（关门弟子）。多次给党和国家领导人、军委首长汇报演出，多次参加文化部举办的大型晚会。获全军曲艺比赛创作一等奖；荣立二等功1次、三等功4次。

2006年获第三届相声大赛专业组"最佳逗哏奖"。2006年在央视《周末喜相逢》举办周炜相声小品专场。2009年9月5日在北京民族文化宫举办相声专场"炜炜道来"。2010年5月29日在第三届华鼎奖中国演艺名人公众人物形象满意度调查发布盛典上荣获年度曲艺最佳表现男演员奖。2014年参与录制央视综艺《非常6+1》非常星发布，并在声乐方面拜蒋大为为师，在主持方面拜朱军为师，举行了正式的拜师仪式。2015年4月25日在中央电视台总部大楼录制《回声嘹亮》个人专场。2019年，作为节目探访人参与了老兵情怀探访纪实节目《本色》。

据《人民日报》2020年1月2日第20版载文（作者徐剑）介绍：

> 老兵探访纪实节目《本色》，我把它作为10篇构思奇巧、完成度高的非虚构短篇研读，它煽情不矫情，该留白处没有一句赘述，却能让观者动容，时而开怀大笑，时而沉默遐想，时而潸然泪下。这是周炜为10位退役老兵量身定制的10种特殊致敬，每个故事都深深吸引我、打动我，当片尾曲《一眼就认出你》响起时，我更加读懂了本色。

> 在10集系列片中，周炜不停变换出行方式，或汽车或高铁，或板车或公共汽车，无论平坦的通途还是崎岖不平的山路，抑或是拥堵的城市交通，探寻的背影一直行进在路上。在第二集《风和蒲公英的约定》中，周炜在扎根四川省凉山彝族自治州美姑县瓦古乡扎甘洛村支教的退役军人谢彬蓉面前，坦陈自己的困惑，他说："我将要退役，不知道要面对什么样的生活方式，该怎么办？"

如何告别熟悉的环境，适应未知的陌生，恐怕是每一位退役军人都不得不面对的人生考题。《本色》的10位主人公无一例外交上了优秀答卷。

《我们的父辈》的张富清，深藏功与名，一辈子坚守初心，不改本色；《风和蒲公英的约定》的谢彬蓉在四川大凉山支教，一待就是6年；《钢枪与玫瑰》的毛云清带领战友集体创业，4年实现质的飞跃；《飞驰吧三轮车》的板车哥张明洪质朴无华，找得准自己的人生定位，印证着幸福是奋斗出来的；《开满鲜花的村庄》的蒋乙嘉带领拱市村的乡亲们走在希望的田野上；《心中的妈妈楼》的王贵武"老吾老以及人之老"，践行拥军深情；《希望之光》的按摩师纪德勇身残志不残，自强不息；《北京四环的春天》的公交车司机孙崎峰踏实工作，以工匠精神刻苦钻研本职业务；《照亮星星的光》的于文静奉献社会，关爱智障儿童；《我和我的祖国》中的于海以文化自信和家国情怀成为国歌的守护者……

他们当中，有战斗英雄，有指挥家，有高级知识分子，但更多的是普通人，没有惊天动地的事迹，也没有可歌可泣的壮举，不论在哪里，都对党忠诚、听党指挥，为了国家和人民奉献青春与韶华。

2018年4月16日，退役军人事务部挂牌成立。退役军人事务系统改革梯次接续、前后衔接，2019年，县级以上退役军人事务厅局挂牌运行。伴随这一历史性步伐，退役军人工作迈入新的发展阶段。全社会形成了尊崇英烈、关爱退役军人的风尚。在这样的契机下，纪实节目《本色》应运而生。

《本色》使用洗练、准确、干净、畅达的镜头语言讲述故事。在湖北恩施州来凤县探访老英雄张富清后，周炜带着老人的嘱托前往陕西蒲城县永丰烈士陵园祭奠老人昔日的战友。画面中出现了一条长长的甬道，远处是一个跳动的光斑。镜头平稳滑过，甬道犹如时光隧道，这边是喧闹的红尘世相，穿过甬道就是永丰烈士陵园一座座静寂的无名烈士纪念碑。《本色》可圈可点的转场镜头不胜枚举，在相对短促的拍摄和制作周期里，能将高质量的镜头语言、恰到好处的现场同期声、出色的配乐以及主题曲集合在《本色》中，作为艺术总监的周炜一定经历了诸多考验。

我所熟悉的周炜是备受观众喜爱的相声演员，在《本色》中，我看到更多的却是"白头翁"周炜的泪水，即便是笑，也多是笑中带泪。《本色》结尾时，他走在一座长长的桥上。这是一座生活中真实存在的桥，更是一座跨越职业分水岭通向心灵彼岸的桥。带着"我该怎么办"的困惑上路的周炜，在别人的故事里，找到了想要的答案。老兵毛云清说："老部队是什么样，我们还是什么样。只要组织需要我们，我们随叫随到。"老兵谢彬蓉说："我把那种战斗精神、奉献精神发挥到新的战场来了。"老兵张明洪说："你不管走到哪里都是一个兵，永远不要失掉军人的本色。"

这就是《本色》的力量，这就是老兵的本色。征程万里，初心如磐。期待《本色》第二季带来更多精彩与感动。

周炜和蒋乙嘉、和拱市村结缘，正是从《本色》开始。

笔者：乙嘉书记是怎么和周炜认识的？

蒋乙嘉：2019年7月19日至22日，由周炜带领的《本色》节目摄制组，来到拱市村开展为期4天的录制。周炜是探访人，我是主人翁，我们就这样认识了。

《本色》是国内首档老兵生活探访纪实节目，由国家退役军人事务部思想政治和权益维护司指导，北京演艺集团具体承拍，并由周炜亲自担纲制作人。该片以探访体验者的身份带领大家探寻那些本色不改的老兵，体验和致敬他们转型不转志、退役不褪色的本色人生。这次拍摄，我以一名退役老兵的身份，讲述自己不忘初心、回乡带领家乡人民共同致富奔小康的老兵生活。

我们都是老兵。这次节目以后，我们就成了朋友。

笔者：我印象中在中央电视台还看过您和周炜在一起的节目，你们是不是还录过别的节目？

蒋乙嘉：是的。2020年，我们在央视还录过一个节目，叫《时刻准备着》，周炜和朱迅主持，我是11位嘉宾之一。

2020年是中国人民抗日战争暨世界反法西斯战争胜利75周年，在这特殊的历

拱市村"荣誉村民"周炜

史节点，央视综艺频道（CCTV-3）于9月6日19:30播出特别节目《时刻准备着》，展现老兵"退役不褪色，建功新时代"的磅礴力量。节目邀请了来自全军不同历史时期、不同岗位，在部队、在地方做出杰出贡献的退役军人，讲述"退役不褪色，建功新时代"的动人故事。

通过这次节目，我俩更熟悉了。在此之后，我们感情也更深了。

笔者：没有看到周炜受聘拱市村荣誉村民的公开报道，这事儿是真的吗？

蒋乙嘉：肯定是真的。我亲自邀请的他，周炜亲口答应的，荣誉村民的聘书是我亲自送到周炜办公室的。

笔者：周炜是德艺双馨的艺术家，在全国人民心目中形象很好，有周炜为拱市村代言，一定会促进拱市村更好发展。

蒋乙嘉在周炜、朱迅主持的节目上说：我的三个愿望就是让土地充满希望，让鲜花开满村庄，让乡亲们过上城里人羡慕的生活

第19节　佛手花开

受蒋乙嘉影响，上海商人何明中来到拱市村发展佛手产业。

何明中，又名何明忠，1976年1月28日生于四川省射洪县天仙镇双鱼村。1995年高中毕业，1996年外出务工。2003年成立上海中雷贸易有限公司，是多个日化品牌的上海总代理。曾担任品牌厂家"江、浙、沪"市盟会会长职务多年，多次获得多个品牌全国优秀经销商奖励。2017年入党。2019年3月自创四川盖文商贸有限公司"盖文共享商城"实体。2019年8月于蓬溪县蓬南镇同乐村承包开荒土地560余亩种植中药材"佛手柑"。2020年9月在蓬南镇扩展佛手种植面积700余亩。现长期居住在蓬溪县拱市村。

调研期间，笔者多次与何明中见面，深入交谈。

笔者：听说何总先在蓬溪县蓬南镇种佛手，怎么发展到常乐镇拱市联村来了？

何明中：2020年11月，在蓬南镇党委杜志凌书记的一次聚会上，通过杜书记的引荐，了解到蒋乙嘉书记对家乡的深厚情怀、对家乡土地的热爱，让老百姓过上幸福富裕生活。我非常感动。在与蒋书记的初步沟通后，我立即决定把我的佛手产业在拱市村开花结果，体现我们对家乡的这片深厚情怀。

笔者：嗯，杜志凌书记我也认识，现在同时担任蓬溪县乡村振兴局、蓬溪县教育体育局两个局局长。何总在拱市村种植佛手，还顺利吗？

何明中：决定在拱市村种植佛手后，3天时间内我就喊来挖机开荒腾地。蒋书记看到我的积极性和决心，立即安排专人为我移花移树、水利设施安装及全程跟踪现场服务。到现在已经在拱市联村种植佛手200余亩，预计2021年底再增加佛手种植面积800余亩。

笔者：佛手到底有什么用处？预期经济效益还好吗？

何明中：佛手又叫佛手柑、佛手香橼、蜜筒柑、蜜萝柑、福寿柑、五指柑。功效是疏肝理气、和胃化痰，能治肝气郁结胁痛、肝胃不和、脾胃气滞、脘腹胀痛、久咳痰多。阴虚有火、无气滞症状者慎服佛手。

佛手的药物价值成就了它的经济价值，多年来均供不应求。按照目前市值计算，树龄达3龄后最低平均亩产8000斤鲜果计算，每斤鲜果收购价3元，每亩地一年所有运作成本1200元，即：8000×3-1200=22800元。佛手树3龄后的丰产期最低达15年。

笔者：何总今后怎么打算？

何明中：根据目前的可观市值，我们计划后期陆续不断地增加佛手种植面积，带动老百姓一起种植，一起致富。回到家乡创业，也是我多年的梦想，能为家乡发展添砖加瓦是我一生的理想。

利用在外多年的经验，我决定将余生扑在拱市村与道地中药材的种植与产品开发上，努力拼搏，脚踏实地。这是我的信念！

第 20 节 "新村民"画家余水清

余水清，职业画家，祖籍内江威远，2008 年定居遂宁。他被蒋乙嘉的精神感动，被拱市村的乡村新貌吸引，把自己的户口迁到了拱市村，成为拱市村的"新村民"。

调研期间，余水清因在外地活动，接受了笔者的在线访谈——

笔者：余老师您好！是什么力量把您吸引到拱市村来的？

余水清：2012 年 8 月，在一个偶然的机会下，我认识了蒋书记。也许相聚是一种缘分吧！他为人真诚，随时面带笑容，给人很随和舒适的印象，我们当时便一见如故。当蒋书记得知我是一名画家，他非常开心，我们促膝长谈，各抒己见，聊得非常投机。他向我详细介绍了拱市村，并邀请我到拱市村写生创作。

2012 年中秋前夕，我给蒋书记打电话，说要带我的合作伙伴到他村里面去参观参观。他说拱市村太偏僻了，就派了专人来天福镇接我们。在来人带领下，我们就驱车前往拱市村。进拱市村只有唯一一条不宽的水泥路，进村之后映入眼帘的就是村委会办公楼（现在的文化大院）。蒋书记在这里热情地接待我们。通过这次充满激情的交流，我们突然发现眼前这位蒋书记不是一般人。他的言语里面充满着对当地乡亲们的责任和大爱。蒋书记的事迹和他对乡亲们做的贡献深深感动了我。虽然这条水泥路最宽处只有 4.5 米，但是在当时来说，已经是让老百姓非常便利了，就像城市里面通了高速和高铁的感觉。

蒋书记带领我们参观了他的工作环境并阐述了一些想法，跟我们做了一些深入的交流，我们非常感慨。然后我突然萌生了一个想法，我真诚地对蒋书记说："如果有机会的话，我想为拱市村的文化和我们拱市村的发展做出一点自己贡献，比如说我们对文化的挖掘，以及我们创作一些和拱市村的发展相关联的画卷，来充实拱市村的文化建设，我愿意成为拱市村的荣誉村民，希望能够得到蒋书记的同意。"

蒋书记非常高兴地接受了我的建议，立刻开始行动起来，在很短的时间内我们就达成了合作意向。拱市村的第一批荣誉村民正式出台了，当时一共有 8 位，其中包括策划人士，还有文化专家，我成为拱市村的第一个荣誉村民。

笔者：听乙嘉书记讲，余老师为拱市村文化建设做了很多工作。

余水清：为了挖掘拱市村的文化和工程建设，我们对拱市村进行了摄影绘画的创作，包括艺术工作室的建立等。

蒋书记对我们的工作也非常支持。我们基本上是住在村子里面创作，当时条件很艰苦，夏季炎热蚊虫多，空调也用不上。蒋书记亲自为我们买了蚊香和风扇，有时他出差还打电话回来关心我的情况。就这样我们几乎就扎根到拱市村，每个星期都要过去一两次甚至更多。看到蒋书记对公司的付出，没日没夜地劳作的时候，我们也会协助他做一些村民的工作或者在他的领导下做一些对公司最有益的事情。

说实话，我们真是很佩服蒋书记，他能够做的事情我们真做不了，我们能做到的是将我们的想法、资源带到拱市村去，让他们为拱市村添砖加瓦，共铸辉煌。

2014年5月4日，中宣部组织了人民日报、新华社、中央电视台、光明日报等20多家主流媒体对蒋书记的事迹进行报道。我们真的看到了拱市村更大的希望，也看到了各级领导对拱市村发展的关心。

在蒋书记领导下，我们也确实找到了自我，找到了自己的定位，也找到了自己的希望，认为自己所做的一切都值得，所以拱市村的成就也成就了我们自己。拱市村有了属于自己的文化产业发展中心，我也被委任为中心主任，来负责这个文化创意和文化发展，而后推进了拱市村"中国诗歌万里行""千叶佛莲艺术节"等系列文化艺术写生活动。

笔者：余老师什么时候想到要把户口迁到拱市村来？

余水清：一次，我们在和蒋书记规划未来、描绘拱市村发展前景的过程中，我有了一点自己的想法，我不想只做荣誉村民了，我想要成为拱市村真正的一员。在蒋书记的鼓励和精神带领下，我已渐渐地把自己当成拱市村真正的村民。

蒋书记当时听了也非常高兴，并同意在条件允许的情况下让我落户到拱市村。在蒋书记的关心指导和各级领导的关怀下，我成功落户，成为拱市村的一员，这使我感到无比骄傲和自豪。虽然我来自外地，但我把拱市村当作第二故乡。

笔者：余老师在拱市村工作生活还好吗？

余水清：我在拱市村的生活和工作都得到了蒋书记的关爱和照顾，我们也看到了蒋书记对我们的期望与希望，所以在工作中也特别有干劲。2016年，由于我在拱市村里做了一点微薄的工作，被选为蓬溪政协第十届常委，参与到参政议政中来，并且在2017年10月加入了中国致公党。

笔者：我们在拱市村调研时，想拜访一下余老师，但是没有找到余老师在拱市村的家。

余水清：我在拱市村没有获得宅基地，只是把户口迁入到拱市村。但在拱市村得到的关爱关照和工作学习机会，对我的艺术发展有特别大的推动力，让我开阔了视野，也找到了人生的定位和发展的方向。未来我想通过自己手中的画笔，创作更多有意义的艺术作品。不忘初心，牢记使命，为未来、为我们拱市村乃至我们整个中国文化的发展，做出自己应有的贡献。

现在由于工作和发展的关系，我几乎都住在成都。但是拱市村作为我的故乡，只要拱市村做活动或者有需要我的地方，我将义无反顾，一定参与。现在我正在参与创作大型国画系列山水长卷《中国城市山水画件传世工程》，致力于为每一座有文化底蕴的城市创作像《清明上河图》一样的画卷来宣传中国的传统文化，发扬传统文化精神。拱市村的精神在我的画卷里一定会绽放新的光彩。

笔者：为新村民、新乡贤解决宅基地问题，看来是关系乡村振兴的一个大问题，应当从中央层面出台政策，统一解决。拱市村也应当积极争取上级支持，率先探索。

第21节 专家教授们也来了

被蒋乙嘉精神感动，一批教授、博士来到拱市村，为拱市村的发展贡献智慧和力量。中国科学院昆明植物研究所博士邓德山在拱市村开辟了三七种植园，四川传媒大学教授刘燕成了拱市村的"发言人"，写了很多报道蒋乙嘉的好文章，中国农业大学教授翟留栓、四川农业科学院水稻研究所所长蒋开锋，也成了拱市村的"高参"……

2021年5月3日下午，笔者在拱市村文化大院遇到了邓德山博士——

笔者：邓博士您好！您是中国科学院的博士，天之骄子，怎么会跑到山沟沟里来种三七呢？

邓德山：我的专业就是这个，研究三七，种三七。

我是本地人，我老家就是邻县大英县，我是1968年10月14日出生。我们大英县原来是蓬溪县的几个乡镇，所以说我们大英县蓬溪县啊，自来就是比较亲近的。我小的时候就是在蓬溪上初中、高中，我现在的身份证地址都是蓬溪县，还没改过来。我上高中，考大学，都要集中到蓬溪县来考。1997年大英县才从蓬溪县分出去，成为一个独立的县，而我是1986年考大学，所以当年还是在蓬溪县考。

我1986年考上山东大学，1990年毕业。大学毕业以后，就分配到青海去了，在中国科学院西北高原生物研究所。我在青海工作了七年，在那里结了婚，我爱人是青海省环保局的干部，她父亲是我在中国科学院的同事，嫁鸡随鸡，嫁狗随狗，她后来辞了职，跟着我到了广西、云南、四川，现在是家庭主妇。

1997年，我考上中国科技大学研究生院的硕士，来到了北京，在北京公主坟那里，还是在中科院系统。中国科技大学在合肥，研究生院在北京。上完学，我又被分配到广西去了——中国科学院广西植物研究所。

在广西工作了一年，当时我觉得这个地方环境不太适合我，我就考博士去了中国科学院昆明植物研究所。博士毕业后，我到云南白药做了两年博士后，然后就离开体制内，到云南一家民营上市公司做高管，任职技术中心主任，做了七八年，年薪有60万。我在云南工作到2012年，之后我回到四川，我的老家大英县。

我本科学的是植物学，硕士还是植物学，博士是植物地理学，博士后和工作期间一直研究参类植物。人参、西洋参、三七都属于参类植物。植物地理学，简单说就是研究哪个地方长的是什么植物，什么植物它应该长在哪里。

三七是很娇贵的植物，怕水淹，只要水淹一次就绝收。三七是最适合山地种植的。在云南，我也是经常到山沟里去指导农民种植三七，做技术咨询。

笔者：邓博士在云南上市公司年薪60万，工作也是专业对口，学有所用，应该算是非常理想的人生状态了，怎么会想到辞职回四川种三七呢？

邓德山：三七原产广西、云南、四川，原产地文献上讲是这样，但是我们四川的三七早就没有了，绝种了。中华人民共和国成立的时候，只有广西有三七，后来云南慢慢也搞起来了。我觉得我作为一个四川人，应该回老家来做这件事情：第一个就是把我们这里这么多丘陵荒地盘活，第二，它是一个纯农业的项目，不管怎么说，也算我为老家做点小贡献，我自己也可以在事业上有所发展，实现自己的人生理想，是不是？就这样，我2012年就辞职回来了。

我老婆骂我吃饱了撑的，跑回来种三七。想想当时在云南好像没什么生活压力，过得舒舒服服的，天天好吃好喝，就觉得要有点理想。

和蒋书记一样，我主要也是有家乡情结。家乡情结割不掉啊，岁数大了我就想着衣锦还乡呢。还是有点理想主义吧。我们四川人是恋家的，在外面功成名就了，总想在家乡做点事业。我们农民子弟，总是放不下自己老家，放不下这山山水水。确实是这样。

当时我在云南，了解到云南三七产业的投资人有三分之一是本地的，三分之一是江浙的，三分之一是四川、重庆的。有些四川、重庆人，把三七引种到家乡，按照云南的方法栽培，全部绝收，赔得很惨。四川、重庆到云南投资三七的老板，很多也是非常懂技术的。从二〇〇几年开始，四川、重庆的一些老板就开始回家乡种植三七，始终不成功，全部赔光。我知道的就有好多起：有三台的，有江津的……广安那边，我亲见过70多亩啊，惨得很。他们的成本不能按四川的成本算，而是按云南的成本，云南技术，一亩地成本是8万块钱，一下子赔掉500多万，都赔光。还有我们大英县、江油，以及成都的金堂县，反正这几年我都知道好几起。成功的就我这一例。异地引种栽培三七是个专业活儿，不是谁都能干得了的，一定要专业。三七种植技术有地域限制。云南那个三七的种植技术拿到四川不行，四川的技术拿到云南也不行，云南的技术拿到广西也不行，广西的技术拿到云南还是不行。这也是我回四川的一个原因——四川有需求。

我是在中国科学院昆明植物研究所读的博士，我的导师是杨崇仁研究员，我的博士后是在云南白药集团做的。云南白药有一个主要成分就是三七，在云南白药我就做三七种植技术研究。我是本世纪初接触三七这个品种，2002年接触的吧，就这样进入了这个行当，一干就这么多年了。我就想着，我对这个品种比较了解，这是一个比较大的品种，而且又是一种名贵药材，前景非常广阔。

其实四川、重庆一带的土壤、气候条件很适合三七种植。我相信，我回四川种植三七可以成就更大的事业。

笔者：请邓博士科普一下三七的基本知识。

邓德山：三七是我国一种历史悠久的名贵中草药材，与人参同科，根茎形状也与人参相似。原产地四川、云南、广西。可以药用制成中成药片，也可以食用制成三七粉。三七粉呢，用白开水一冲就能喝，只要过了35岁就可以喝，一天3克就可以了。

三七主要的功效就是调节三高。它是双向调节的，比如说高血糖、高血脂、高血压啊，还有高尿酸啊，高了调降，低了调升，它是双向调节。此外，它还可以控制尿酸，我的这个尿酸高就是坚持用三七治好的。心脑血管这些疾病也都可以用三七调理。三七是个好东西，一天喝3克，每天早晨冲服。

1949年后，已经没有野生的三七，都是人工栽培。但三七很娇贵，怕强烈阳光辐射，怕水淹，病虫害多。栽培三七属于精细农业、特种种植。鸟、鼠、病、虫、草，都会影响三七正常生长，要避鸟、灭鼠、除虫、治病、除草。

三七上一个周期的价格巅峰是2013年，然后就开始断崖式下降，它每次回价都是断崖式的，然后慢慢起来，然后下去，九年一个轮回。为啥是九年一轮回？因为三七是三年生长周期，就是三年一茬儿。三年前种下去，三年后才能够开始收获。

三七的分级，60头至80头是质量相对好的。太大的不行，太小的也不行。大的就是膨大剂打多了，小的意味着病态多，或者是虫害多。

种植三七只能用减温棚，不能用增温棚。棚子内部的温度必须低于棚子外面的温度，棚子里面要凉快。所以呀，三七大棚都是黑色的材料，白色塑料大棚就不行，它是增温的。增温的话，三七就受不了。冬天三七休眠，也不需要增温的。

笔者：邓博士是怎样找到乙嘉书记的？

邓德山：我 2012 年回到四川老家后，开始在大英县试种三七，当时只种了两亩地做实验，2013 年又扩大了十几亩。很艰难。主要是需要政府支持和大量资金。土地流转、科学实验都需要钱。四川有许多种三七绝收的先例，大家都不相信四川能种三七。从云南回来时，也有能赚到钱这个信心，但没想到一回来就有生活压力，我哪想得到赚钱这么难啊？在昆明我有 4 套房子，4 套房子啊，就为了回四川种三七，我把 4 套房子都卖了，现在在遂宁租房居住。

2014 年，我听说了蒋书记的事迹，就开始找他，到拱市村找了几次，蒋书记都不在，都没遇到。后来找到蒋书记一个亲戚帮着联系，2016 年年初，我们终于见面了。

我还记得，我是到这儿找到他的。2016 年年初的时候，就是在文化大院中间那个屋，那个屋原来是个图书室，周围全是书架，摆了一圈图书，主要是农村方面的一些书，现在是个会议室了，我们就在那个屋子里交谈。

交谈中我觉得蒋书记有很多理念跟我很契合。为什么呢？因为我也是辞了公职回乡，我也是农民出身。我看到我们老家这个丘陵啊，原来都是非常肥沃的良田，都撂荒了，很心疼。我跟蒋书记说，我也是做农业的。我想为自己的家乡做点事情。我不是一个大款，我也不是一个多有社会资源的人，但是呢，我是做特种种植行业的，尤其是几十年集中精力研究参类的，人参啊，西洋参啊，三七啊。

蒋书记听了我的情况介绍和对四川三七产业发展的构想，当即表示支持。他当时说，那你现在就过来吧。我说三七是有季节的，要到秋天才能真正开始干。

蒋书记呢，也是一心要把三七在本地搞起来。中间我还来了两趟呢，来了以后蒋书记很积极，他带着我到拱市村到处看，看地盘，看哪一个地盘适合种三七，看哪一个地盘比较好，最后我们就选中了赶早垭。

选了地盘以后，2016 年秋天，我们就过来一起做，当时是第一批，有 40 亩。后来连年扩大，现在有 200 亩。

笔者：5 年过去了，三七在拱市村种植算是成功了吗？有哪些技术上的创新？

邓德山：成功了。我和蒋书记联合，在四川的大地上种出了已经绝种很多年的三七。技术上的创新主要有四个方面：

一是突破了高产技术。云南三七，一般亩产量是80公斤至100公斤。我们四川三七，亩产量能达到120公斤到150公斤。这也和四川土地肥沃、光照时间少有关系。光照时间少，对于很多农作物是缺点，但对于三七是优势。

二是突破了三七不能连作的死结。云南三七是不能连作的。什么叫连作呢？就是人参、三七、西洋参啊，它都有连作障碍，就是一块地种了三七以后就不能再种了，几十年都不能再种了，几十年不能再种就已经相当于永远不能再种，要重找地方。因为三七连作成活率低啊，严重的甚至绝产。我们突破了连作技术，在国内我们是首先突破。

连作成功不成功有两个标准：第一个标准就是你在老地上种的话，产量和质量都不低于第一次种。第二个标准是，你在老地上种的成本不得高于第一次种。四川种植三七，一亩地三年的成本大概就是3万元钱，平均一年一亩地投入1万元钱，包含所有成本，比云南种三七便宜很多。我们现在可以连作了，成本降到一亩1.6万元。

三是突破了农药大规模减量使用技术。云南三七3年一个生长周期需要喷洒农药170次，四川三七3年一个生长周期只需要喷洒农药50多次。

四是突破了高成本瓶颈。云南三七为什么普遍使用膨大剂？因为云南三七成本高、产量低。云南一亩三七的种植成本是8万元钱。现在，我们四川三七一亩种植成本只需要3万元，连作一亩成本只需要1.6万元，一般亩产100多公斤。

三七它很娇贵，打了膨大剂它就变形。不打膨大剂的长得像人参一样，打了膨大剂的，疙疙瘩瘩，很难看。是不是打膨大剂的三七，老百姓看一眼就明白，不一定要专家来看。我们的三七种植技术已经在申报专利。2020年11月份已经申报了。

拱市村试种三七和科学实验所需土地和所有费用都是蒋书记投入的。做科学实验要花很多很多钱，他实际上是把钱丢到地里面，看都看不见了。我们原来在中国科学院做研究搞项目，国家给钱，报个账就结束了。我们这个三七科研项目纯粹就是自己拿钱出来，不是简单地在这儿种植，是做科学实验，蒋书记把投资风险全部承担了。

笔者：在四川三七种植技术上有这么重大的科学技术创新，您和蒋书记岂不是都要发财了？

邓德山：本来我也是指望靠这个技术发财呢，可是蒋书记说不收技术转让费，四川、重庆所有农业投资人都可以免费使用三七种植技术。他的格局实在是太大了！

这几年，在市场力量推动下，我们已经在四川省的遂宁市安居区、蓬溪县、大英县、射洪市、南充阆中市、德阳绵竹市、中江县、重庆市荣昌区发展到近2000亩三七种植面积，年产值可以达到六七千万元。我的技术服务都是免费的。我们有个微信群，我会根据季节提前把种植技术发到群里，什么时候该施什么肥，什么时候该打什么药，我都讲得清清楚楚的。请我现场指导的，负责接送，管个食宿就行了。

笔者：云南已经有年产值二三百亿的种植量，在四川大面积种植三七会不会造成市场过剩？或者造成区域恶性竞争？

邓德山：不会啊！三七需求量很大，全国种植面积大约70万亩。川渝现在加起来才不过2000亩，四川、重庆就算种上几万亩三七，对市场影响也很小。

中国三七市场大致是这样的，一年种植业产值大约300亿，广西、四川产量极少，基本上都在云南。前些年在云南种植其他农作物都是政府补贴的，但种植三七政府是收税的。这几年三七价格低落，目前云南也不收税了。三七市场大约9年一个市场周期，价格涨涨跌跌，循环往复，现在是价格最低迷的时候，接下来应该抬头了。即使三七价格最低的年份，一亩地也能挣几千块钱。

历史上，中药材产地其实是一直在不断变化的。比如人参，原产地在河南、山西，历史上上党的人参最好啊，上党就是现在的晋城、长治那一带。太行山上有一个山头叫紫团峰，上党人参里面最好的一种是紫团参，苏东坡在诗里面都写过紫团参。明朝以前，河南、山西的人参比黄金都贵，大家就拼命挖挖挖，就挖绝了，以后就慢慢挖到关外去了。关外满族是怎么崛起的？就是靠跟关内交易人参，它才有这个经济力量崛起。现在东北野生人参也快挖绝了，只有俄罗斯的人参基本是野生的，国内人参大多是人工种植的了。

中草药材种植，区域竞争是正常的，这样才能提高中药材品质。一个中药材产品要保证质量，一定是多产地。如果只有一个产地，有产地保护或者是有行政命令的话，那最后一定就是质量很差，肯定是这样的。比如白芷，原产地本来在四川，但安徽白芷品质更好，现在基本上是安徽白芷一统天下。三七原来也是广西产量最大，后来云南三七比广西质量好、价格低，就把广西比下去了。20世纪80年代以前三七的主产区在广西的田阳、田东两县，所以三七前期叫田七。但是呢，20世纪90年代以后三七主产区转到云南了，在云南就叫三七。

现在看来，四川三七比云南三七品质更好，今后四川三七种植面积逐年增加，云南三七种植逐步减少，可能也会成为趋势。云南很多土地已经种过三七，他们还没有突破三七连作的技术难题，可以种植三七的土地也在逐年减少，可种植三七的土地质量也在逐年降低。四川本来就是三七的原产地，大力发展三七产业在情理之中。

笔者：作为农业专家，邓博士对拱市这样的山村实现产业振兴有什么看法？

邓德山：真正的农业就两个产业：一个是种植业，一个是养殖业。但农村要靠其他产业赚钱补贴农业才能够可持续，光靠种养是不可持续的。全世界，农业都是依靠政府补贴才能够持续发展。

像拱市这样的山村，山下要种粮食，要养鱼，就不用说了，我说说山上的种植业。山上的种植业，一要选择种植山区依赖性品种，二要因地制宜，三要抢早。

我搞农业技术咨询服务几十年，看到太多投资农业的老板砍树走人。为什么？做不下去。只要是能在平原地区大规模机械化种植的植物品种，都不适合在山区产业化。山区小块分散种植，没有竞争力，竞争不过平原地区。三七为什么适合四川山区呢？因为三七种植不能机械化，必须人工精细化管理，而且平原地区水患多，淹一次三七就绝收。近10年来，由于种植技术的突破，我没有在川渝产区看到一个种三七的老板倒下，为什么？就是因为三七对山区有依赖性，不能够在平原地区规模化、机械化生产。三七需要精细化管理，而且要住到田头管理。一个劳动力，在云南只能管理 30 到 40 亩，不能再大了，管得面积再大了以后，管理质量就下降。我们这儿，自动化程度高，一个劳动力管 100 亩到底，也不能再大。三七种植门槛比较高，这样的话，对中小资本和个体才有投资机会，如果像玉米、红薯这种没有种植门槛的品种，大资本一来，就没你的事儿了。

考虑农业问题的时候，任何一个地理条件它都不一定是优缺点的问题，而是适应不适应的问题。四川咖啡种植技术开发出来，就是中国最好的咖啡，这个产业绝对比三七最少大十倍。中国以外的地方主要喝咖啡，而且普通老百姓也主要喝咖啡，市场有多大？你要做产业，不要光看高端消费群体，你要看底层人民消费，只有是底层人民都消费的，才是最巨大的市场。中国老百姓主要消费茶叶，是不消费咖啡的，但全世界的人口大多数是主要消费咖啡的，是不消费茶叶的。如果在宜宾至重庆的长江两岸种植百里咖啡带，就能够成为一个很大的产业。川渝地区雨雾多，光照少，恰恰是咖啡喜欢的。

四川柑橘也曾走红，但湖北、江西的柑橘大量上市后，四川柑橘就不行了。为什么呢？四川雨雾多，光照少，水果甜度低，和湖北、江西的水果相比就没有竞争力。安岳的柠檬还能够生存，是因为柠檬是不需要甜度的。

非山区依赖性植物品种，如果抢早，抢在平原地区规模化、机械化之前，也能赚到钱，但是不可持续。看别人赚钱，跟在后面种的，必赔无疑。

以上这些，都是针对农业产业投资人而言。农民家庭生产，没有土地流转成本，没有劳动力成本，自家地里零星种植，自己食用为主，也不图赚钱，种啥都行，都无所谓。总的来说，平原地区农业是赚规模化、机械化的钱，山区农业是赚特色化、精细化的钱。

笔者：现在农业"专家"特别多，真真假假，鱼龙混杂，很多"专家"打着乡村振兴的旗号，向农民推销各种品种、技术、项目，作为农业专家，邓博士能否说说如何避免上当受骗？

邓德山：农民避免上当受骗的办法，其实不难，就看"专家"自己敢不敢投资亲自干。如果"专家"自己投资干，一般都是靠谱儿的。比如我推广三七，我就自己投资在大英县种了100亩,还和我哥在阆中市投资种了200亩,在大英县我有20%股份,在阆中市我有50%的股份,有这两处投资,我一年可以挣到100多万。如果"专家"只鼓动别人干,自己不投资干,一般可能就要警惕。

笔者:我有个想法,如果由乙嘉书记以四川省党代表、省人大代表的身份向省委、省政府建议,在拱市成立"四川省三七科技产业发展研究院",设立三七产业基金,成立三七产业集团,带动四川省三七产业发展,邓博士以为如何?

邓德山:政府支持一下就好了。有政府的支持,四川就能把三七这个产业推开。任何一个农业种植项目,政府不支持你永远搞不起来。

咱们四川的水土气候是适合三七的,四川本来就是三七的原产地,这是文献上记载的,不是我吹的。你查任何一个权威文献,比方《中国植物志》《中国高等植物图鉴》《中医药大辞典》,都记载三七的原产地有三个省区:广西、云南、四川。

如果有四川省委、省政府支持推动,四川省三七产业可以做大做强,能够为四川省乡村产业振兴做出很大的贡献,让更多农民走上共同富裕的道路。

笔者:如果将来有一天,四川省真能把三七产业做起来,一年为农民挣一二百亿,邓博士您功德无量,是第一大功臣啊!

第22节 "外交部长"朱泊霖、肖成波

朱泊霖、肖成波都是川东北走出的成功企业家,同时也是拱市联村业余"外交部长",分别兼任拱市联村名义上的北京、成都办事处主任,志愿为拱市村内引外联义务服务。

朱泊霖在拱市村出生、长大,现在北京经营一家企业,与笔者在北京曾有一面之缘。当时参加聚会活动的人多,没有机会深谈。记得他开着一辆奥迪车来参加聚会,人高高瘦瘦的,很潇洒。乙嘉书记给我介绍说,朱泊霖在北京常年志愿为家乡服务,是不拿工资的拱市村"驻京办主任"。

在拱市村调研期间,笔者有机会和肖成波较长时间交流,有较多了解。

肖成波，1975年8月29日出生，遂宁本地人。毕业于成都中医药大学，副主任医师，民革党员，民革遂宁市委祖国统一委员会委员，2000年至2008年曾任遂宁市原船山乡天宫庙村四社社长。曾获民革遂宁市委优秀党员等荣誉称号。现在成都经营企业。

笔者：肖总是怎么和乙嘉书记结缘的？拱市村"成都办事处"实际上是虚拟的，干活儿也没有工资，肖总为何愿意赔钱提供志愿服务？

肖成波：我是通过中水六局遂宁办事处主任蒲东国认识乙嘉书记的。听了乙嘉书记的感人事迹，觉得当今浮躁的社会还有乙嘉书记这种活雷锋，内心深处被乙嘉书记感动了。加之医生出身的我，看到乙嘉书记在多种疾病缠身的情况下，还天天不辞辛劳全国各地为村里的发展奔走，看在眼里，痛在心里，发自内心想给乙嘉书记分点忧，想为拱市村做点有益的事情。

笔者：肖总主要帮助拱市村做些什么工作呢？

肖成波：在成都，最开始是乙嘉书记安排什么我就做什么，被动地做了一些志愿者应该做的事情，比如替书记开开会、送送文件资料、联系一下相关单位等。

经过了一段时间，我发现这种被动的态度就是一种机械地执行。随着时间的推移，我也逐渐深入了解了拱市联村的一些需求和存在的短板，开始主动思考村里到底怎么发展，怎么补短板强弱项。

笔者：肖总对拱市村巩固脱贫攻坚成果、实现乡村振兴有何看法？

肖成波：作为遂宁本土人，我深知丘陵地区出产的农产品没有非常明显的特点，创造不出什么经济价值，加之拱市联村没有明显的地域优势，所以虽然拱市联村在乙嘉书记的带领下发生了翻天覆地的变化，基础条件已经明显改善，但正因为如此，拱市联村要在现有的基础上再发展、再上一个台阶难度会更大。拱市联村已进入了改革开放的深水区。拱市联村不发展了吗？不！经过若干次和乙嘉书记的沟通交流，拱市联村应该探索适合自己发展的创新模式，应该"走出去，引进来"，应该加强和央企、国企包括政府平台公司深度合作提高村里的投融资和抗风险能力，探索创新经营农村新模式。

在蒋书记这些思路的指导下，我在成都尽我最大的努力整合资源，实施"引进来"战略。引入成都市武侯发展集团多次考察村里，初步达成了一些投资意向。现武侯发展集团在改制中，合作暂时搁浅。引入四川省供销科技集团和村里混改，将会形成省级投资平台＋市县供销社＋村集体＋合作社＋农户的利益链接机制，实现村里引进国有投资平台公司混改的创新模式。引入四川中援应急公司合作，补齐村里基层应急教育培训的短板。

实施拱市联村"走出去"战略。拱市联村以股东身份和四川兵者实业集团、四川壹家易环保科技有限公司在成都组建新的公司，打造智慧生态绿色产业链项目，实现从田间地头到餐桌的产业闭环，将会实现智慧城市＋乡村振兴＋退役军人创业就业新模式。将引入四川省乡村振兴基金等资本方为项目保驾护航，乙嘉书记作为项目的首席创始人和全国模范退役军人，将会引领退役军人打造退役军人乡村振兴的可以输出、可以复制的拱市联村模式。

笔者：按照联村的发展构想，应该有个团队才行啊？

肖成波：受乙嘉书记精神的激励，我身边出现了如张勇奇、唐兴全、向勇军、孙建华、李拓、罗中银、王海波等志愿者，在默默地为拱市联村无私奉献。兵者实业集团积极主动帮退役老兵创业，在成都市茶店子横街16号协调了约50平方米的门面。我和书记商量，我们准备把这50平方米的门面用于拱市联村在成都对外宣传和农产品展示销售的窗口，而且还要把拱市联村和农科院、多个农业公司合作产出的绿色无公害可以溯源的特色农产品带出来展示销售，现已经和兵者实业集团下属兵弹子（鸡蛋）线上营销平台达成了初步合作意向，把拱市联村的特色农产品用线上线下相结合的方式推销出去。我们的初衷就是要"走出去"。当然这是基于"办事处"发展的一个初步想法。目前，"办事处"的团队就现有的志愿者就可以了。至于前面所提到的组建新公司运行的项目，那是严格按照公司的要求组建专业的团队，两者之间并不矛盾。

第23节 锣鼓敲起来

在蒋乙嘉书记精神感召下，射洪市老干部梁荣华志愿到拱市村，创办拱市佛莲文化艺术团，活跃在川东北农村大地。

梁荣华现任四川省射洪市老年大学校长，兼四川省老年志愿理论研究中心常务副主任，《四川老年志愿》执行主编，拱市佛莲文化艺术团团长。

在拱市村调研期间，笔者多次偶遇梁荣华，也和他有过交谈。

笔者： 梁校长怎么会从射洪市到蓬溪县拱市村来创艺术团呢？

梁荣华： 我喜欢艺术，我们老年大学本来也有一些文化艺术活动。在新闻上看到蒋书记的先进事迹报道后，蒋书记的事迹深深感动了我，他致富不忘乡亲，以花为媒，以文兴村，打造美丽富饶的拱市村，让我深受感动。

2016年年底，我怀着十分崇敬的心情，来到拱市村拜访蒋书记，谈了我用文艺形式宣传拱市村的想法，蒋书记很支持，这样就开始了我们的合作，创办了"拱市佛莲文化艺术团"。

笔者： 我在优酷网上看到过拱市佛莲文化艺术团的一些演出视频，很接地气呀！

拱市佛莲文化艺术团在街头演出

梁荣华：我们就是把蒋书记的先进事迹和拱市村的新面貌，以群众喜闻乐见的文艺形式传播出去，让更多蒋乙嘉式的乡村带头人带领亿万农民脱贫致富奔小康，为振兴乡村做贡献。

我们的节目都是自编、自导、自演，比如《唱佛莲花》《拱市新村喜洋洋》《美丽的拱市村欢迎你》《神奇的佛莲花》《开门红》等，说的都是身边人、身边事儿，也都是乡亲们自己演，很受群众欢迎。

笔者：艺术团参加过一些重要演出吗？

梁荣华：拱市佛莲文化艺术团在蒋书记的直接领导下，为打造拱市文化产业和乡村文化振兴做出了一定贡献。连续三届佛莲文化艺术节、每年的拱市春节联欢会都是佛莲文化艺术团具体承办，深受各级领导和群众好评。

笔者：艺术团将来有什么打算？

梁荣华：目前，艺术团还处于初创时期，全靠蒋书记支持帮助，我们很多的活动都是志愿服务。但我相信，以后有党和政府的关心支持，再加上各方努力，一定会发展得更好。

第 24 节　群贤毕至

在蒋乙嘉书记倡导下，拱市联村新乡贤联谊会成立，凝聚 100 多位从拱市联村走出去的各行各业成功人士，共同为乡村振兴贡献力量。

中共四川省委统战部官方网站"四川统一战线"2020 年 10 月 20 日发布蓬溪县委统战部供稿的消息说，近日，遂宁市蓬溪县举行拱市联村新乡贤联谊会成立大会。县委常委、统战部部长杨军出席会议并讲话，县委统战部、常乐镇、天福镇、拱市联村有关负责人及联谊会全体会员参加会议。

会议选举产生了联谊会第一届理事会会长、常务副会长兼秘书长、副会长，任命了副秘书长，进行了授印、授牌仪式，拱市联村党委书记蒋乙嘉当选为联谊会第一届理事会会长并作了表态发言。随后，还举行了拱市联村新乡贤恳谈会、为贫困群众献爱心募捐活动、书法创作赠送活动、"走走家乡路、看看新变化"等主题活动。

会议指出，拱市联村新乡贤联谊会是蓬溪县进一步加强新时代乡贤统战工作的探索，也是为了不断巩固壮大统一战线事业、着力完善大统战工作格局的重要举措，更是对党中央决策部署的贯彻落实，标志着全县新乡贤人士统战工作进入了新阶段。会议要求，广大乡贤要在助力家乡发展上有新作为。要一如既往地宣传家乡、支持家乡、关心家乡，当好重点事务监督员、助推发展智囊员、社情民意信息员、助人为乐慈善员、乡村治理勤务员等"八大员"，主动参与乡村振兴，将更好的资源引进拱市，将更多的产业项目留在拱市。新乡贤联谊会要在服务乡村发展上有新作为。要按照《章程》，加强自身建设，发挥好集体协商、集体决策作用，明确联谊会提升乡村文明感召力、乡村经济发展力、乡村社会共建力、基层社会治理力"四项职责"，把联谊会建成为一个维系故土的"同乡会"、一个共谋蓝图的"群英堂"、一个相互支持的"老友圈"。常乐镇、天福镇党委政府要在强化保障打造品牌上有新作为。要关心和支持乡贤工作，畅通知情明政渠道，搭建参政议政平台，做好活动场所、经费等保障工作，建立健全乡贤联络联谊机制、镇村两级乡贤工作网络、政治引领和教育培训制度等，以"乡贤资源"助推乡村发展，以"乡贤力量"助力乡村治理，让拱市联村成为大家施展才华的舞台、成就事业的平台、温馨生活的家园，把新乡贤建成基层统战工作的一道亮丽风景线。

据悉，拱市联村新乡贤联谊会是蓬溪县成立的首个跨乡镇的联村新乡贤联谊会，旨在把心系乡土、有一定声望和影响力的经济能人、社会名人、文化达人等"新乡贤"组织起来，布好亲情网、建好朋友圈、谱好发展曲，进一步激活乡贤资源、凝聚乡贤智慧、汇集乡贤力量，新乡贤人士成为推动乡村振兴发展的"领头雁""主力军"，实现"让土地充满希望，让鲜花开满村庄，让乡亲们过上城里人羡慕的生活"的乡村发展目标。

调研期间，拱市联村新乡贤联谊会会长蒋乙嘉、副会长蒋国锐向笔者介绍了联谊会的更多详细情况——

笔者： 我们注意到，拱市联村成立了"新乡贤联谊会"，这是个什么组织？是怎么成立起来的？

蒋乙嘉： 蓬溪县拱市联村新乡贤联谊会，是按照蓬溪县委统战部的工作要求，经过蓬溪县民政局注册备案，依法成立的。

联谊会由蓬溪县拱市联村新乡贤组成，主要是心系乡土、有一定声望和影响力的经济能人、社会名人、文化达人等，是本地具有统战性、民间性、亲善性的非营利性社会团体，是县委、县政府联系新乡贤的桥梁和纽带，是开展现代乡村统战工作的重要载体。

联谊会会长由拱市联村党委书记蒋乙嘉担任，常乐镇党委委员、宣传统战委员蒋瑜担任常务副会长、秘书长，遂宁市扶贫开发局原副局长蒋华琼、四川力世康现代农业科技有限公司总经理蒋国锐、拱市村党总支书记朱洪波、三合村党支部原书记龙金华、茶房沟村党支部书记杨益、山兴寨村党支部书记何国宝等担任副会长，蓬溪县原蚕桑局局长荣远炳、拱市村党支部原书记朱忠华、三合村党支部书记银志明、茶房沟村党支部委员张春先等担任副秘书长。秘书处设在长乐镇党委。目前，联谊会常务理事有 14 人：

庞　颖　蓬溪绿科农牧有限公司董事长

黄三月　四川三月文化公司董事长

伍英秀　万和鑫集团公司董事长

肖名兴　四川王力安防产品有限公司总经理

余德怡　四川省川中线缆有限公司车间主任

张　华　四川之江高新材料股份有限公司董事长

龚建成　蓬溪县亿联置业有限公司副总经理

张红梅　蓬溪港华燃气有限公司财务副总监兼董事会秘书

王　洁　蓬溪县德惠超市百货经理

吕雄林　蓬溪县工程建设监理有限公司总经理

刘一平　蓬溪县光明纺织有限责任公司董事长

杨朝辉　蓬溪县芝溪酒业公司董事长

何　强　四川瑞天泰电子董事长

蒋乙嘉　四川力世康现代农业科技有限公司董事长

笔者：联谊会现在有多少人参加？

蒋乙嘉：目前，登记在册的联谊会成员有102人（一个单位多人的，只写单位负责人）：

庞　颖　蓬溪绿科农牧有限公司董事长

黄三月　四川三月文化公司董事长

敬华兵　路鲲道路有限公司董事长

伍英秀　万和鑫集团公司董事长

肖名兴　四川王力安防产品有限公司总经理

马祥武　蓬溪港华燃气有限公司总经理、党支部书记

李佳颖　四川东雨农业开发有限公司董事长

余德怡　四川省川中线缆有限公司车间主任

王　嵩　赤城大酒店董事长兼执行总裁

曹　梅　蓬溪县万和大酒店总经理

李　梅　蓬溪县赤城大酒店总经理办公室主任

左　冕　水井湾综合市场负责人

张　华　四川之江高新材料股份有限公司董事长

姜传军　春韵饮食文化城总经理

吕　焕　达美门业总经理

龚建成　蓬溪县亿联置业有限公司副总经理

曾　军　金果子农业开发科技公司董事长

蒋乔华　四川万成农业开发有限公司董事长

杨　斌　和平商贸有限公司总经理

陈次清　华丽酒店总经理

袁德辉　金利来电子有限公司总经理

施如意　金太阳门业董事长

李学军　美立方门业董事长

张红梅　蓬溪港华燃气有限公司财务副总监兼董事会秘书

胡晓兰　蓬溪河冶高科有限责任公司董事长

徐林通　蓬溪林通门业有限公司董事长

张　毅　蓬溪万商贸公司总经理

王　洁　蓬溪县德惠超市百货经理

王定春　蓬溪县定春实业有限公司董事长

吕雄林　蓬溪县工程建设监理有限公司总经理

刘一平　蓬溪县光明纺织有限责任公司董事长

覃天秋　蓬溪县佳园建筑设计公司执行董事长

陈　坤　蓬溪县坤宏牧业有限公司董事长

徐光远　蓬溪县琪英菌业有限公司财务总监

王克华　蓬溪县兴鑫天然气有限责任公司董事长

杨朝辉　蓬溪县芝溪酒业公司董事长

宋　强　琪英菌业总经理

蒋佳峻　秦韵工品有限公司经理

张雪松　任隆镇粉条厂厂长

李家强　四川俊成生态农业开发公司总经理

程德浩　四川林皓门业董事长

唐永凡　四川蓬禾现代农业有限公司董事长

何　强　四川瑞天泰电子董事长

杨春梅　四川飘香远大食品有限公司包装车间主任

何　凤　四川飘香远大食品有限公司董事长

柳文涛　四川王力安防产品有限公司 SAP 专员

于洪刚	四川新新门业有限公司总经理
陈良勇	四川之江高新材料股份有限公司品管部部长
林　碧	四川珠穆朗玛集团总裁
任明刚	蓬溪宏飞汽贸公司董事长
叶　斌	中绿集团总裁助理兼资产运营总经理/高级工程师
傅华东	鼎世科技公司总经理
何　静	蓬溪县弘桥实业有限公司董事长
蒋乙嘉	四川力世康现代农业科技有限公司董事长
梁高翔	蓬溪博裕医院院长
王可斌	蓬溪县博裕医院副院长、法人代表
杨宗伦	安科医院院长、医师
何志宏	蓬溪县长江医院院长
罗青松	蓬溪绿然学校（原外国语学校）执行校长
谭容华	大石镇滨河路小学校校长
龙虹材	翰林艺术幼儿园园长
唐淑红	蓬溪县蓬南喜洋洋幼儿园园长，蓬南镇宏志教育培训学校校长
范俊威	蓬溪中心教师、芝溪书画院法人代表
查勉林	常乐镇蓝精灵幼儿园法人代表，赤城镇锦绣阳光城幼儿园法人代表
李尚喜	赤城镇金钥匙文化艺术培训学校法人代表
李亚玲	赤城镇锦绣国际城幼儿园园长
李玻式	标榜职业培训学校校长，遂宁市美发协会副会长
敬　春	四川诚中成律师事务所主任
任本刚	四川诚中成律师事务所专职律师
李大明	中衡安信会计师事务所蓬溪分所所长
杨　浩	蓬溪县益民社会工作服务社社长
赵　兵	梨园幼儿园园长，新希望社会工作服务中心法人代表

肖　莉　心连心社会工作服务中心法人代表

兰　柳　壹心社会工作事务所、百行源养老服务中心法人代表、理事长

冯作芝　蓬溪总工会职工技能培训学校校长，老来乐养老服务中心法人代表，光明职业介绍所所长

张益山　北斗星社会工作事务所所长

聂逢春　人民银行蓬溪支行普惠金融信用信息中心法人代表

唐学坦　蓬溪县药学会会长、蓬溪芯汇通药业总经理

敬燕春　蓬溪县吉星泰米种植专业合作社理事长

郭　佐　蓬溪裕丰农作物种植合作社理事长

杨远兵　鸣凤耀华香桂种植专业合作社理事长

郭家辉　蓬溪县郭家湾养殖专业合作社理事长

李培明　蓬溪县民富蔬菜专业合作社理事长

唐向前　向前养羊专业合作社理事长（蓬南）

赵运强　金信物业总经理　蓬溪县物业管理协会法人代表

颜　鹏　蓬溪县新宏商贸有限公司总经理、问陶诗社社长

岳凤娟　蓬溪城市在线网络工作室编辑

肖　湘　《蓬溪微视》编辑

周　鹏　蓬溪发布官方微博编辑

佳　平　书乡蓬溪官方微信编辑

梁小兵　蓬溪县冶心斋书法院院长、书法家

柏　波　蓬溪县柏波麦秆画专业合作社社长、麦秆画画家

蒋诗红　蓬溪县高坪镇土陶厂厂长、土陶艺人

赵德阳　非物质遗产传承人、石雕艺人

余水清　蓬溪县常乐镇拱市村文化产业发展中心主任，四川圣合文化旅游发展有限公司艺术总监

陈茂森　蓬溪县原蚕丝公司经理助理，作家

肖坤金　蓬溪县乡下农夫家庭农场主

笔者：拱市联村真是人才济济呀！新乡贤都为家乡做些什么呢？

蒋乙嘉：初步统计，拱市联村在外有所成就的企业老板和其他专业人才有200多人，目前已经联系上的有100多人。资产千万以上的老板也不少。联系新乡贤，发挥新乡贤的作用，也是我们拱市联村人才振兴工作的一部分。

如何发挥新乡贤的作用呢？我们有4句话：有钱出钱，有力出力，有智出智，有资源出资源。新乡成立大会当天就有不少人为家乡捐了款，都是自愿。有的老板比我还有钱，但人家不愿意的，也不勉强。

笔者：联谊会怎么运行呢？

蒋乙嘉：我们有《蓬溪县拱市联村新乡贤联谊会章程》，所有工作按《章程》办理。《蓬溪县拱市联村新乡贤联谊会章程》共5章48条：

第一章　总　则

第一条　本会的名称：蓬溪县拱市联村新乡贤联谊会。

第二条　本会的性质：由蓬溪县拱市联村新乡贤组成，主要是心系乡土、有一定声望和影响力的经济能人、社会名人、文化达人等，是本地具有统战性、民间性、亲善性的非营利性社会团体，是县委、县政府联系新乡贤的桥梁和纽带，是开展现代乡村统战工作的重要载体。

第三条　本会的宗旨：拥护中国共产党的领导，遵守国家宪法、法律、法规、党和国家政策，遵守社会道德风尚。在中共蓬溪县委统战部的指导下，认真贯彻统一战线工作政策，按照"充分尊重、广泛联系、加强团结、热情帮助、积极引导"的方针，团结新乡贤爱国、敬业、创新、诚信、守法、贡献，围绕中心、服务大局，为蓬溪加快建设乡村振兴示范区，决战决胜全面小康、建设"三县一城"和打造川渝毗邻地区城乡融合发展示范区聚智献力。

第四条　本会接受业务主管单位中共蓬溪县委统战部、社团登记管理机关蓬溪县行政审批局、蓬溪县民政局的指导和监督管理。

第五条　本会的办公场所设在蓬溪县常乐镇拱市联村办公室。

第二章　业务范围

第六条　本会的业务范围：

（一）组织会员认真学习贯彻习近平新时代中国特色社会主义思想和中国特色社会主义理论体系，践行社会主义核心价值观，学习贯彻党的路线、方针、政策和统一战线理论、政策，以及县委、县政府重大决策部署；

（二）组织会员致力于蓬溪经济社会发展，为助力乡村振兴、决战决胜全面小康，建设"三县一城"和打造川渝毗邻地区城乡融合发展示范区作出积极贡献；

（三）组织会员发挥智力优势，广泛开展调查研究，了解县情、民情和社情，围绕中心工作建言献策；

（四）密切与会员的联系，了解、掌握、关注拱市联村新乡贤的基本状况、发展变化、利益诉求，畅通反映其意见建议的渠道；

（五）加强同拱市联村新乡贤的密切联系，了解和反映他们的意见和要求，加强同拱市联村新乡贤比较集中的行业协会及团体组织等的联谊交友活动，加强会员之间、统一战线各种组织之间的联络、交流、学习，促进合作与发展；

（六）积极开展多种形式的社会培训、科技咨询、科技开发、技术创新以及外引内联、招商引资、开展社会服务、改善民生等活动。

（七）加强和改进拱市联村新乡贤的思想政治工作。做好拱市联村新乡贤的政治、社会安排等推荐工作，表彰宣传先进典型；

（八）加强与有关方面的联系与协调，维护会员的合法权益，提供服务，排忧解难；

（九）加强自身建设，体现特色，提高履行职责和发挥作用的能力，增强凝聚力、向心力、执行力。

第三章　会　员

第七条　本会的会员种类为个人会员。

第八条　申请加入本会的会员，必须具备下列条件：

（一）拥护本会的章程；

（二）有加入本会的意愿；

（三）在新乡贤所从事的行业和领域中具有一定的影响和代表性。

第九条　会员入会的程序是：

（一）提交入会申请书；

（二）经理事会讨论通过；

（三）由本会发给会员证。

第十条　会员享有下列权利：

（一）本会的选举权、被选举权和表决权；

（二）参加本会的活动；

（三）获得本会服务和培训教育的权利；

（四）对本会工作的批评建议权和监督权；

（五）入会自愿、退会自由；

第十一条　会员履行下列义务：

（一）遵守本会章程，执行本会决议；

（二）维护本会声誉和团结，维护本会合法权益；

（三）完成本会交办的工作，积极参加本会活动；

（四）热爱本会，按规定交纳会费；

（五）向本会反映社情民意，提出意见建议；

（六）广泛团结拱市联村新乡贤，增进相互联系和沟通，凝聚力量助推蓬溪经济、社会发展。

第十二条　会员退会应书面向本会提出申请，并交回会员证。会员如果一年不交纳会费或三次无故不参加本会活动的，视为自动退会，经理事会批准同意后，报主管部门备案。

第十三条　会员如有严重违反国家法律法规和本章程的行为，经理事会表决通过，予以除名，并报主管部门备案。

第四章 组织机构和负责人产生、罢免

第十四条 本会的最高权力机构是会员大会，会员大会的职权是：

（一）制定和修改章程；

（二）选举和罢免理事；

（三）审议理事会的工作报告和财务报告；

（四）制定和修改会费标准；

（五）决定终止事宜；

（六）决定本会的主要任务和重大事项；

（七）决定其他重大事宜。

第十五条 会员大会须有2/3以上的会员出席方能召开，其决议须经到会会员半数以上表决通过方能生效。

第十六条 会员大会每届任期5年。因特殊情况需提前或延期换届的，须由理事会表决通过，报业务主管单位审查并经社团登记管理机关批准同意，但延期换届最长不超过一年。

第十七条 理事会是会员大会的执行机构，在会员大会闭会期间领导本会开展日常工作，对会员大会负责。理事人数一般不超过会员数的1/3。

第十八条 理事会的职权是：

（一）执行会员大会的决议；

（二）选举和罢免会长、副会长、秘书长、理事；

（三）筹备召开会员大会；

（四）向会员大会报告工作和财务状况；

（五）决定会员的吸收或除名；

（六）决定设立办事机构、分支机构、代表机构和实体机构；

（七）决定副秘书长、各机构主要负责人的聘任；

（八）领导本会各机构开展工作；

（九）制定内部管理制度；

（十）决定其他重大事项。

第十九条　理事会须有 2/3 以上理事出席方能召开，其决议须经到会理事 2/3 以上表决通过方能生效。

第二十条　理事会每年召开 2 次以上会议。

第二十一条　本会的会长、副会长、秘书长必须具备下列条件：

（一）坚持党的路线、方针、政策，政治素质好；

（二）在本会业务领域内有较大影响；

（三）会长、副会长、秘书长最高任职年龄不超过 70 周岁，秘书长为专职或兼职；

（四）身体健康，能坚持正常工作；

（五）未受过剥夺政治权利的刑事处罚的；

（六）具有完全民事行为能力。

第二十二条　会长、副会长、秘书长人数一般不超过理事人数的 1/3。

第二十三条　本会会长、副会长、秘书长如超过最高任职年龄的，须经理事会表决通过，报业务主管单位审查并社团登记管理机关批准同意后，方可任职。

第二十四条　本会会长、副会长、秘书长每届任期 5 年，任期不得超过两届。因特殊情况需延长任期的，须经会员大会 2/3 以上会员表决通过，报业务主管单位审查并经社团登记管理机关批准同意后方可任职。

第二十五条　本会会长为本会法定代表人。本会法定代表人不兼任其他社团的法定代表人。

第二十六条　本会会长行使下列职权：

（一）召集和主持理事会；

（二）检查会员大会、理事会决议的落实情况；

（三）代表本会签署相关文件；

（四）其他重大事项。

第二十七条　本会常务副会长负责本会日常工作，副会长协助会长、常务副会长工作。

第二十八条　本会秘书长行使下列职权：

（一）主持办事机构开展日常工作，组织实施年度工作计划；

（二）协调各分支机构、代表机构、实体机构开展工作；

（三）提名副秘书长以及各办事机构、分支机构、代表机构和实体机构主要负责人，交理事会决定；

（四）决定办事机构、代表机构、实体机构专职工作人员的聘用；

（五）处理其他日常事务。

第二十九条　本会符合建立党组织条件的，应按相关规定设立党组织。

第五章　资产管理、使用原则

第三十条　本会经费来源：

（一）会费；

（二）捐赠；

（三）政府资助；

（四）在核准的业务范围内开展活动或服务的收入；

（五）利息；

（六）其他合法收入。

第三十一条　本会按照国家有关规定收取会员会费，每名会员每年不低于300元。

第三十二条　本会经费必须用于本章程规定的业务范围和事业的发展，以及理事会决定的支出范围。

第三十三条　本会建立严格的财务管理制度，保证会计资料合法、真实、准确、完整。

第三十四条　本会配备具有专业资格的会计人员。会计不得兼任出纳。会计人员必须进行会计核算，实行会计监督。会计人员调动工作或离职时，必须与接管人员办清交接手续。

第三十五条 本会的资产管理必须执行国家规定的财务管理制度，接受会员大会和财政部门的监督。资产来源属于国家拨款或者社会捐赠、资助的，必须接受审计机关的监督，并将有关情况以适当方式向社会公布。

第三十六条 本会换届或更换法定代表人之前必须进行财务审计。

第三十七条 本会的资产，任何单位、个人不得侵占、私分和挪用。

第三十八条 本会专职工作人员的工资和保险、福利待遇，按照国家有关规定执行。

第六章 章程的修改程序

第三十九条 对本会章程的修改，须经理事会表决通过后报会员大会审议。

第四十条 本会修改的章程，须在会员大会通过后15日内，经业务主管单位审查同意，并报社团登记管理机关核准后生效。

第七章 终止程序及终止后的财产处理

第四十一条 本会完成宗旨或自行解散或由于分立、合并等原因需要注销的，由理事会提出终止动议。

第四十二条 本会终止动议须经会员大会表决通过，并报业务主管单位审查同意。

第四十三条 本会终止前，须在业务主管单位及有关机关指导下成立清算组织，清理债权债务，处理善后事宜。清算期间，不开展清算以外的活动。

第四十四条 本会经社团登记管理机关办理注销登记手续后即为终止。

第四十五条 本会终止后的剩余财产，在业务主管单位和社团登记管理机关的监督下，按照国家有关规定，用于发展与本团体宗旨相关的事业。

第八章 附 则

第四十六条 本章程经2020年10月19日第一届第一次会员大会表决通过。

第四十七条 本章程的解释权属本会的理事会。

第四十八条 本章程自社团登记管理机关核准之日起生效。

笔者："四川在线"网上有介绍拱市联村新乡贤联谊会"5G工作法"，是怎么回事？

蒋乙嘉： "5G工作法"是蓬溪县委统战部领导总结出来的。按照县委统战部文章的说法，新乡贤"5G工作法"是指共联、共聚、共叙、共育、共办"五共"助力乡村振兴，把心系乡土、有一定声望和影响力的经济能人、社会名人、文化达人等"新乡贤"组织起来，布好亲情网、建好朋友圈、谱好发展曲，进一步激活乡贤资源、凝聚乡贤智慧、汇集乡贤力量，着力打造基层统战工作示范点。

一是乡贤人士共联，汇好一个朋友圈。全面摸清"家底"，编撰《拱市在外乡贤名录》，分门别类建立新乡贤数据库，成立"拱市联村新乡贤联谊会"，细化联谊会"四个提升"职责和新乡贤"八大员"职责，建立"乡贤卡"服务、乡贤联系等"五必访"机制，做到"六有""四上墙"，着力把乡贤联谊会打造成乡村发展的助推器、招才引资的资源库、社会和谐的润滑剂。

二是乡贤阵地共聚，建好一个"新娘家"。依托联村党群服务中心设乡贤工作室、乡贤议事厅、乡贤活动室、名嘴大讲堂、村史馆、产品展示厅等功能室。根据乡贤人才构成情况设置建言献策"智囊组"、纠纷调解"和事组"等功能小组，增强乡贤统战工作实效。举办"新乡贤讲坛"，广泛宣传新乡贤先进事迹等，搭建乡贤"议事、联谊、宣传、展示"平台。

三是乡缘乡愁共叙，打好一张感情牌。以乡情、乡愁为线索，采取送上一封家信、开展一次走访、召开一场座谈、征集一个好故事、举办一轮活动"五个一"搭建沟通联谊平台，与乡贤共话乡音、共叙乡情、共谋发展，强化乡贤与家乡的感情纽带。

四是乡风文明共育，讲好一批新故事。大力弘扬优秀传统文化，建成文化长廊、农耕文化体验园、同心·书画创作室等，成立同心文艺演出队，举办拱市村首届春晚、千叶佛莲文化艺术节、乡村旅游节和农民丰收节。设立"乡约银行"，鼓励乡贤整理、完善家(谱)训、村史、村规民约，编撰拱市村志，开展好家风好家训"最美家庭"评选等活动，促进文明乡风的培育和提升。

五是乡事协商共办，谱好一篇发展曲。采取"乡贤+资本+智力+人才+和谐"

模式，成立同心·乡村振兴专家服务团，建好新乡贤统战工作创新实践基地，回引蒋乙嘉等27名经商优秀人才和蓬溪籍在外成功人士返乡创业，以乡村振兴建言献策"智囊团"、产业发展"致富团"、纠纷调解"和事团"、乡风文明"督导团"、公益慈善"志愿团"、助学兴教"助学团"助推乡村全面振兴。目前，建成4A级佛莲谷景区、佛莲生态公园(四川省第二批省级示范农业主题公园)、佛莲特色小镇，农民人均年纯收入由2007年的2300元增加到2020年的21838元，90%以上的农户建起了"小洋房"，实现了"让土地充满希望，让鲜花开满村庄，让村里人过上城里人羡慕的生活"目标。先后荣获全国环境整治示范村、全国文明村、全国新型农村社区示范单位、省级市级环境优美示范村庄等荣誉称号，建成遂宁市绿色发展学院现场教学点、遂宁市乡村振兴教育培训基地、省农科院乡村振兴讲习所蓬溪工作站等荣誉称号。

笔者：我感觉新乡贤已经成为乡村振兴的重要力量，是这样吗？

蒋乙嘉：是的。这是肯定的。偏僻落后的山村是留不住年轻人的，他们一定会到城镇去闯荡一番，有的打工，有的创业，有的求学，有的当兵。等他们在外面有所成就之后，有一批人还是对家乡念念不忘，希望有机会为家乡做些贡献。新乡贤对乡村振兴的作用会越来越重要。

笔者：新乡贤返乡有什么障碍吗？

蒋乙嘉：现在各级党委统战部门对新乡贤很重视，新乡贤返乡基本上没有障碍。听说浙江省有的县已经允许新乡贤在家乡有宅基地，这一点我们还没有做到，应该向浙江省学习。早年离乡的新乡贤，很多人户口已经进城了，老家也没有房子了，如果没有宅基地，就失去了家乡的归属感，这需要土地政策创新。至少应该允许划一块土地建几栋"乡贤楼"，供新乡贤返乡时居住。

第五章　让乡亲们过上城里人羡慕的生活

调研期间，遂宁市一位老领导招呼专家们一起吃工作餐。餐叙时，老领导说，蒋乙嘉书记在中央电视台一句"让乡亲们过上城里人羡慕的生活！"传遍川中大地，振奋遂宁人民，我印象深刻。

据说，在蓬溪，在遂宁，甚至在成都，在重庆，在那里打工的拱市村年轻人，只要说一句"我是拱市村来的"，立马就会被高看一眼，被羡慕不已。

让土地充满希望，让鲜花开满村庄，让乡亲们过上城里人羡慕的生活！蒋乙嘉14年前回乡时的美好愿景已经基本实现。

本来，乙嘉书记已经年逾花甲，又劳病缠身，应当功成身退了！但乙嘉书记说，他还要在拱市村继续干下去！

第25节　佛莲谷，佛莲山，佛莲塔

千叶佛莲，是拱市村村花，已成为拱市村的特色产业。拱市村也已成为北师大中华国学院佛莲文化产学研总部基地。乙嘉书记说，拱市村要把佛莲文化产业进一步做大做强。

拱市联村，如今已经成为"佛莲谷"景区。拱市联村"佛莲谷"是四川省森林康养基地、四川省自然教育基地。走进拱市村，山上路边，田头地脚，房前屋后，无处不是金灿灿的佛莲花。北京宋庄画家李柏默，把千叶佛莲称作"金莲花"，还画"金莲花"出了名，作品供不应求，明年拱市联村将举办"千叶佛莲书画展"。

调研期间，专家们在蓬溪县农业农村局三楼会议室座谈时，蓬溪县扶贫开发局局长杜志凌说，县里拟支持拱市村打造一座佛莲山，提升佛莲的景观效果、观光价值，成为拱市村"农旅文"品牌。有专家提出，从中国传统文化的角度看，佛莲山上应当有一座佛莲塔，也得到了杜志凌局长的积极回应。

调研期间，关于千叶佛莲的过去、现在、未来，笔者和乙嘉书记聊了很多——

笔者：请乙嘉书记先给我们科普一下千叶佛莲基本知识吧！

蒋乙嘉：千叶佛莲，又名地涌金莲、千瓣莲花、地金莲、地母金莲、地涌莲，集观光、盆栽、绿化、采蜜、食药用、编织等功能于一体，堪称"综合功能最齐全的花卉"。

千叶佛莲系我国特产花卉。千叶佛莲丛生，植株矮小，一般高1米以下。地上部分由叶鞘层层重叠、形成螺旋状排列，如树干状，称之为假茎。叶片浓绿色，长椭圆形，顶端锐尖，形似芭蕉叶，长约50厘米，宽可达20厘米。花期较长，可达250天左右，六枚苞片为一轮，顶生或腋生，金光闪闪，形如花瓣，层层由下而上逐渐展开，能保持较长时间不枯萎，且鲜艳美丽而有光泽，恰如一朵盛开的莲花，而真正的花清香、柔嫩、娇小，黄绿相间，包藏在苞片里面，苞片展开时才展现出来；又因其假茎低矮而粗壮，先花后叶，于早春开花时忽从地下涌冒而出，悄然绽放，使人惊奇，故有地涌金莲之称谓。花卉多以美、香、色取胜，而地涌金莲以奇压倒群芳，它不仅花冠硕大，奇美，还有更令人拍案叫绝之处：当它生长旺盛时，在假茎的叶腋中也能开出众多的小花朵，形成"众星捧月"的奇观。

千叶佛莲被佛教寺院定为"五树六花"（即佛经中规定寺院里必须种植的五种树，六种花）之一，所以广泛种植。在丰富灿烂的傣族文学作品中，千叶佛莲作为善良的化身和惩恶的象征，多有出现。在千叶佛莲产地，民间利用其茎汁解酒醉及草乌中毒，假茎作猪饲料。花入药，有收敛止血之效，可治白带、红崩、大肠下血等。

千叶佛莲喜温暖环境，不耐寒（但长江中下游地区露地稍加保护仍能越冬）。

喜阳光充足、夏季湿润、冬春稍干燥的气候。土壤要求排水好、肥活而疏松。千叶佛莲常用分株法繁殖。于早春或秋季，把根部分蘖长成的小株带上匍匐茎，从母株上切下另行种植。也可用播种繁殖，种子不易久藏，宜随采收随播种。

千叶佛莲由于其花期长，花粉量大，花色鲜艳夺目，容易招引蜜蜂，是最好的蜜源植物之一。民间还常作药材利用，其花入药有收敛、止血等功能，假茎汁液用作解除酒醉、解除草乌中毒等解药。千叶佛莲的假茎在开花以前四季生长，肥壮鲜嫩，且富含淀粉和多种维生素，所含淀粉特别易于消化，可做蔬菜食用，兼有减肥、保健等功用，是待开发的野特菜种类，目前主要作猪饲料使用。千叶佛莲生长快，生物产量高，适应性强，能快速恢复植被，涵养水分，保护水土流失，保护农业生态环境。

千叶佛莲还可用于家中摆放和园林绿化及城市景观，对净化环境和提高空气纯净度作用比较明显。千叶佛莲的叶片和叶柄纤维发达、柔韧性好，是优良的编织材料，可编织多种家庭用品，如坐垫、绳子、篮子和竹筐的背带等。

笔者：千叶佛莲如何栽培呢？

蒋乙嘉：栽培千叶佛莲很容易。栽培技术主要有六个方面。

（1）选地：千叶佛莲根系是好气性肉质根系，选地时要注意选择未种过芭蕉科作物、排灌方便、土层深厚、疏松肥沃的土地。

（2）繁殖技术：千叶佛莲采用直播法、分株法和组培法进行繁殖，但以分株繁殖较为便捷，大规模繁殖可用组织培养。

1）分株繁殖

采用分株繁殖时，由于地下茎每年可萌发许多新株，可于春末或夏初气温稳定回升至20℃以上时，结合松蔸，把根部分蘖长成的小株带上匍匐茎，截掉两端，带须根挖起，另行栽植，即可长成新株。一般不经苗圃育苗，直接带地下茎的幼株上盆或地植，成活率达98%。

2）种子繁殖

用0.1%—2%的高锰酸钾溶液清洗种子，在40℃左右的温水中浸泡5小时，

蒋乙嘉（中）讲解千叶佛莲栽培技术

再在20℃常温水中浸泡2周，每日换水2—3次，待种子皮柔软时取出沥干，在阴凉处阴干即可进行播种。采取在室内进行育种，株行距2厘米×2厘米，窝深约1厘米，每窝放3粒种子，播种后用0.2%的甲基托布津进行表面消毒，采用空调恒温至30摄氏度，经过70天左右，待叶长至10厘米左右在室内进行移栽，在室内炼苗2周后转入室外进行种植。通过一系列的实验，这种方法比传统育种方法种子成活率提高40%—50%，生长周期提高10天左右。

3）组培法

以千叶佛莲吸芽为外植体，再在增殖培养基和生根培养基中培养，达到苗数后进行育苗再移栽到大田。首先从田间挖取刚冒出地面的吸芽，用自来水冲洗2—3小时后，剥去外部的部分苞片，然后在MS+BA 1.0毫克/升+NAA 0.5毫克/升的培养基上培养30天后产生幼芽，用解剖刀剥除芽鳞片，每剥一层鳞片，无菌水冲洗5次，直至剥至露出生长点为止。接种时切取小茎（5—10厘米）左右的带生长点的组织块接种到启动培养基MS+6-BA 2.0毫克/升+NAA0.5毫克/升，一般30天左右为1

个继代周期，生根率可达98%以上。试管苗长至4—5厘米高时，转移到自然光下炼苗10天，再将其从玻璃瓶中取出，洗净根部的培养基，移入泥炭加河沙的混合基质中，保持适当通风和足够的湿度，1周左右试管苗可恢复生长，移栽的成活率均可达90%以上。

用苗床育苗。苗床宽1.0—1.2米、长20—30米；株行距为：10厘米×10厘米。育苗基质主要采用泥炭土、珍珠岩、腐殖土等。

将千叶佛莲从无菌苗过度实生苗，在大棚里经过3—5个月培育成小壮苗再转移到露地栽培。

（3）露地栽培

在深耕培土起垄后，施足有机肥，在大田进行移栽，以秋末和早春时为佳。

1）采用九宫格栽培法。

2）选择有机质丰富的土壤，忌植于低洼积水处。

3）定植3周后，在假茎基部培以肥土，保证正常生长发育。

4）及时除去分蘖：保证植株2—3个分蘖。

（4）肥水管理：每个季度施一次有机复合花肥，每个月向植株喷浇一次磷酸二氮钾或活力素液肥。秋末或早春施以腐熟有机肥作为追肥。夏季注意适当浇水，保持土层湿润，大雨后注意排水，防止积水泡根。

（5）病虫害防治：定植前可每亩用敌可松、百菌清1千克，拌细河沙50千克进行土壤消毒。

（6）其他方面：保护植株不受侵害。冬季若气温较低，应加盖塑料薄膜防寒，夏季高湿天气（35℃左右），可搭遮光网防止烈日灼伤叶片、叶芽。

笔者：走进拱市村，处处都是千叶佛莲，的确很美。但是比较零散，看不到大面积种植，游客享受不到一望无际的花海的视觉盛宴，不能给人留下刻骨铭心的难忘印象。

蒋乙嘉：这是拱市村特殊的地理环境造成的。拱市村是山村，两边是来龙山、宝马山，中间是铁钳沟，拱市村就在铁钳沟山谷里，要把千叶佛莲种出花海的效果不容易。不过，市县正在规划拱市村建设佛莲谷景区，选一座山丘去除荆棘杂草，全部种上千叶佛莲，视觉效果可能会好一些，可以更好地满足游客到拱市村观赏千叶佛莲的审美需求。

笔者：千叶佛莲并不是拱市村的乡土植物，怎么引进来的？会不会影响生态安全？

蒋乙嘉：把千叶佛莲引进拱市村有一定的偶然性。当年我提出"让鲜花开满村庄"后，就时时留心哪些花卉品种适合拱市村，不仅要好看，最好还要有经济价值。20多年前，我就在关注培育千叶佛莲，2008年就引回了拱市村。

千叶佛莲一是好看，二是花期长，三是吉祥，四是生命力强，五是有经济价值，完全符合我对花卉品种的选择理想。经过培育、驯化，千叶佛莲已经完全适应拱市村的土壤气候条件，我们就大面积栽种，成为拱市村的一大特色。

千叶佛莲是一种很温顺的植物，虽然自身易种好活，但对其他植物没有侵略性，不会有生态安全问题。力世康公司与浙江省农科院开展合作，组建了千叶佛莲科研室，加强对千叶佛莲的科学研究。我们想利用现代科学技术手段，将千叶佛莲这种奇花进行多种生物分析和食用、药用的测试。用试管、克隆等高科技手段培育出五颜六色的花卉，大大增加它的观赏性，进而测定它的叶、茎、花冠内的对人体有益的稀有元素，开发出它的各式产品。

笔者：除了千叶佛莲，我们在山上山下还看到各种各样的花卉，拱市村有没有一个花卉产业的规划？

蒋乙嘉：花卉产业是新兴、绿色、朝阳产业，是新时期现代林草产业的重要组成部分。发展花卉产业，对美化环境、丰富人民生活、陶冶人们情操、增加农民收入、促进乡村振兴和脱贫攻坚具有重要意义。2019年，拱市村力世康公司编制了《四川省蓬溪县花卉基地建设方案》，有17000多字。基地建设地点为蓬溪县拱市联村，包括常乐镇拱市村、花莲村和天福镇双合村、先林村。

方案的建设内容包括：通过土地租赁，完成清林、整地、栽植、施肥、病虫害防治、抚育、管护等，新建千叶佛莲花卉苗圃、千叶佛莲花卉基地、大棚、作业道、生产便道、蓄水池、灌溉管网、花卉交易市场、生产管理用房、宣传碑等。

建设规模：新建千叶佛莲花卉基地2000亩；新建花卉苗圃50亩；新建大棚40个；新建作业道10公里、生产便道15公里；新建蓄水池20口、灌溉管网2000米；新建花卉交易市场6000平方米；新建生产管理用房（钢架结构）500平方米；购置旋耕机4台、洒水车2台、箱式货车2台；设立宣传碑2座。

项目实施坚持五个先行：

（一）坚持规划先行。规划是前提、是基础、是关键。加快编制出台《四川蓬溪县千叶佛莲产业发展规划》并由四川力世康现代农业科技有限公司组织实施，打造"千叶佛莲特色产业示范园"建设项目。根据不同的生态环境、立地条件、造林项目、社会经济状况和兼顾城乡旅游、药用价值等特点，选择千叶佛莲适宜的种植区，全面统筹，合理布局。统筹使用农业综合开发资金、财政扶贫资金、农业专项资金、农业产业化贷款财政贴息资金等，加大发展千叶佛莲产业的投入。力争千叶佛莲产业化体系初步形成，整体影响力和竞争力明显增强。

（二）坚持种苗先行。培育良种壮苗是发展千叶佛莲产业的重要基础。设立财政专项资金，对发展千叶佛莲产业实行以奖代补，重点扶持种质资源保护、优良品种选育与繁育、骨干苗圃、良种繁育基地建设等项目。进一步加强千叶佛莲种质资源的保护和优良品种繁育的研发工作，积极推广适生性强、产量稳定和抗病虫害的优良品种，建立骨干示范苗圃和良种繁育基地。严格实行"三证一签"管理制度，确保种苗质量安全。制定千叶佛莲苗木培育、丰产栽培技术规程，更好地指导千叶佛莲产业的发展，夯实物资基础和技术基础。

（三）坚持示范先行。发展千叶佛莲产业要稳步推进、示范带动。积极争取中央政策、资金和项目支持，由四川力世康现代农业科技有限公司组织实施打造"千叶佛莲特色产业示范园"建设性项目，并将四川省纳入全国千叶佛莲产业发展试点省份。根据千叶佛莲资源现状、种植技术、经营管理水平和不同立地条件等，选择有代表性的地方先行试点示范。抓好不同立地条件区域的典型示范，以示范带动千叶佛莲产业的发展，用典型来调动农民、企业和社会各方面力量发展千叶佛莲产业的积极性。

（四）坚持科技先行。提高千叶佛莲产业发展的质量与效益关键要靠科技。通过开展多种形式的技术培训和技术服务，真正让农民掌握优良品种繁育、丰产栽培、抚育管理和病虫害防治等配套技术并运用到生产中去，切实提高千叶佛莲集约经营水平。建立实验室加强千叶佛莲培育工艺的科技攻关，积极鼓励、支持企业与高等院校、科研院所联手开展千叶佛莲产品的深加工研究。

（五）坚持市场先行。充分发挥市场在资源配置中的决定性作用，引导市场主体参与千叶佛莲产业发展，大力推广"公司＋合作社＋农户"的模式，实现农户连基地、龙头带企业的良性双赢发展目标。运用财税、金融等杠杆作用，扶持千叶佛莲产业化发展。鼓励龙头企业做大做强，完善和延长千叶佛莲产业链，将千叶佛莲深加工产业发展到医药制品、日用化工、食品保健、旅游观光、畜牧养殖等众多领域。

通过项目的建设实施，我们希望将拱市联村千叶佛莲基地打造成集旅游、休闲、体验、科研于一体的观光型生态农业种植基地；千叶佛莲提取的胎盘素适用于美容、保健；莲叶可编织成工艺品；花蕊可制作蜂蜜、蜂胶。结合拱市村现有蜂蜜园，通过引进投资和合作，形成工艺品制造厂、精油厂、药厂、茶叶厂、编织厂等千叶佛莲系列产品加工基地，发展千叶佛莲第二产业，大力提升其产品附加值，进而使拱市联村第一、二、三产业融合发展。

第26节　乡村酒店为"农旅文融合"奠基

为扶持拱市发展，四川省政府国企川发展投资5000万，与蓬溪县人民政府合作，在拱市联村三合村建设乡村酒店，已完成选址、方案设计等前期工作。

据遂宁新闻网2021年3月23日报道，3月8日上午，蓬溪县与四川发展国弘现代服务业投资集团有限责任公司举行拱市村乡村酒店建设项目签约仪式，蓬溪县委书记张智勇和四川发展国弘现代服务业投资集团有限责任公司党委书记、董事长付闰波出席签约仪式，蓬溪县委副书记、县长黄亚军主持签约仪式，县领导熊琳、森霖、唐明星、刘定华及县直相关部门、审查专家等参加签约仪式。

拱市村是蓬溪县实施乡村振兴战略的"排头兵"和示范窗口，项目签订必将推动拱市村特色乡村旅游发展迈上新台阶、取得新成绩、实现新突破，提升我县乡村品位、加速农业现代化服务业发展，为我县乡村振兴工作注入新的动力、带来新的活力。县委、县政府将本着"平等自愿、互利互惠、诚实守信、资源共享"的原则，加快完善基础设施，全力支持项目建设。同时，也希望投资方加快落实协议协定的各项内容，尽快将协议转化为实物工程，尽早实现效益转化，结出丰硕成果。

副县长刘定华代表县人民政府与四川发展国弘现代服务业投资集团有限责任公司签署项目投资协议。签约仪式结束后，参加签约仪式的相关领导及专家还对拱市村乡村酒店规划设计方案进行了审查。据了解，拱市村乡村酒店用地面积16646.29平方米，一期项目总投资约5000万元人民币，由酒店客房、接待中心、餐厅、茶室、多功能会议室组成。

此前，2020年5月27日发布消息称，5月25日，蓬溪县委书记张智勇主持召开拱市村乡村酒店建设工作洽谈会，听取拱市村乡村酒店设计方案，拱市、双合、先林联村规划以及拱市联村核心区提升规划等情况，与四川发展国弘现代服务业投资集团就项目建设工作进行深入对接，共同加快推进拱市村乡村酒店建设，促进拱市联村乡村振兴项目落地落实。县领导黄亚军、熊琳、王松、唐明星、张博、邓涛以及四川发展国弘现代服务业投资集团公司董事长付闰波出席会议。

在认真观看拱市村乡村酒店设计方案和拱市、双合、先林联村规划，以及拱市联村核心区提升规划后，与会人员围绕方案和规划进行了深入交流发言，均认为要坚持统筹性、开放性和综合性，进一步优化提升，做好方案与规划，围绕主干线打造连点成片、功能互补、配套齐全的农旅主题公园；要坚持集约用地，构建旅游线路、产业环线、生态环境相互融合的规划格局，同时要严格落实环保措施，确保项目实现零污染排放，真正把项目打造为全国乡村振兴的示范样板、乡村旅游康养胜地以

2021年3月8日，拱市村乡村酒店建设项目签约

及乡村振兴培训教学中心、重要峰会办会地。

张智勇强调，拱市村乡村酒店设计方案和拱市、双合、先林联村规划以及拱市联村核心区提升规划要做到相辅相成，设计单位要结合拱市村实际，结合乡村旅游与培训中心主题，进一步做好优化提升，实现建筑景观与拱市村周边环境相互融合，打造动静皆宜、错落有致的乡村酒店和布局科学、功能齐全的联村规划。张智勇向四川发展国弘现代服务业投资有限责任公司一直以来参与项目规划工作表示感谢，并表示将一如既往、全心全意为加快项目建设做好服务，共同努力促进拱市联村乡村振兴项目落地落实。

付闯波表示，将认真听取各方意见，力争在半个月之内全部完成方案和规划的优化调整，同时依托拱市村乡村酒店项目建设，探索"企业+村级组织+农户"等多种合作模式，加快推进项目落地，助力拱市联村乡村振兴、产业振兴。

调研期间，蒋乙嘉带领笔者查看了乡村酒店选址，向笔者介绍了乡村酒店有关情况——

笔者：我看了一下拱市村乡村酒店的选址，并没有落地常乐镇拱市村，而是选在了天福镇三合村（原双合村），这是为什么呢？

蒋乙嘉：主要是因为土地问题。乡村振兴最大的政策障碍就是土地问题。乡村酒店建在拱市村肯定是最佳方案，可以就近共享拱市村现有的基础设施和各种资源，我们最开始也是这样考虑的，但是有关部门不给拱市村建设用地指标，多次争取还是不给。实在没有办法，我们只能退而求其次，在三合村找到一块闲置的建设用地作为拱市村乡村酒店选址。这块闲置土地早年是规划用来做新农村建设的，村里穷没有建起来，就一直闲置在那里。这次要建设乡村酒店，正好就用上了。

拱市村乡村酒店虽然选址三合村，但店址离拱市村很近，通过道路连接起来可以实现拱市村、三合村互相促进发展。

三合村是联村之一，拱市村乡村酒店选址三合村会大大改变三合村的面貌，带动三合村快速发展，这也符合我们联村发展的理念。所以，拱市村乡村酒店没有落地拱市村也不是一件坏事。

拱市村乡村酒店设计效果图

笔者：乡村酒店建设对拱市联村未来的发展将发挥怎样的作用？

蒋乙嘉：乡村酒店建设将会把拱市联村带到一个新的高度。拱市村乡村酒店是拱市联村"农旅文融合发展"战略的奠基工程。

我们认定，乡村旅游是我们拱市联村产业振兴的抓手和突破口。长期以来，我们一直不能很好满足游客的食宿接待需求：拱市村现在只有10栋民宿，还是返租的农民住宅，一栋房子一年租金6000元，我们自己装修也花了不少钱，10栋民宿全部加起来只有60个床位。餐饮也只有壹嘉酒店，一次最多可以接待二三百人。食宿接待能力不足严重制约了拱市村乡村旅游产业的发展。现在到拱市村的游客还是很多的，举办节会时一天最多能有上万人，但都是走马观花，看看就走了，没有食宿，也没有消费。乡村酒店一期建成后，有两三百个床位，接待能力可以增加3倍，关键是层次也高了，什么样的贵宾都可以接待。

文化产业是我们坚定的发展方向。拱市村有全国最好的村级中国古文化艺术品收藏馆，也是中国诗歌万里行的创作基地、龙门山画院的写生创作基地，我们还将精心打造"文艺家部落"，常年举办以乡村振兴为主题的书画展、摄影展、诗会、笔会，有了乡村酒店，这些美好愿景才能一一实现。

拱市村还是四川乡村振兴学院遂宁分院所在地、蓬溪县委党校第二校区、遂宁市乡村振兴教育培训基地、遂宁市退役军人实训基地等，做好这些教育培训工作，也需要乡村酒店提供食宿服务做保障。教育培训工作做好了，也会带动拱市村旅游产业、文化产业的发展。

笔者：拱市村乡村酒店什么时间可以建成开业？

蒋乙嘉：计划2021年8月开工，2022年建成开业。从南充机场、成都机场、重庆机场到拱市村都很方便。明年，遂宁机场也要通航了。今后从全国各地到拱市村就更加方便了。

第 27 节 文艺家部落

北京画家李柏默以画拱市的千叶佛莲出名，中国诗歌万里行也把拱市作为创作基地，还是龙门山画院写生创作基地，将进一步联系省、市、县文联、书协、美协、作协，经常举办"乡村振兴"主题文艺家笔会和书画作品展。

2021 年 3 月，笔者在北京宋庄偶遇画家李柏默，参观了他的画室，欣赏了他画的千叶佛莲。李柏默说，他发现拱市的佛莲非常好，就年年到拱市写生、画佛莲，已经几年了。他画的佛莲，一幅画最高可以卖到几万元。5 月份调研期间，笔者在拱市村又遇到李柏默，他带着朋友一起来的。他说，5 月份千叶佛莲开得最漂亮，是画佛莲最好的季节。

乙嘉书记特别喜欢文艺活动，重视乡村文化建设，调研过程中我们也是屡次谈到这个话题——

笔者：拱市村的文化氛围很浓厚，这些年拱市村文化建设都做了哪些工作？

蒋乙嘉：拱市村的文化建设可以说基本上是和修路、开荒同步推进的。十几年来，我们在文化建设方面主要做了这样一些工作：

一是修建了拱市村"文化大院"，这是我个人投资的，在我们兄弟 4 人的宅基地上修建的，现在也成了拱市村的一道景观。有了这个"文化大院"，有个窝，很多事情才好办成。

二是修葺了文物古迹朱公寺和来龙山寺，这是村民集资修的。朱公寺对于拱市村有特别重要的意义，因为拱市村的名字来源于朱公寺。朱公寺是为纪念保境安民的朱射斗将军而建，川音土语"猪拱食"，村名因此早前叫作"猪拱食村"。后人嫌弃村名不好听，去掉"猪"字，取其谐音，改作"拱市村"。来龙山是拱市村的地标，山上有寺，名"来龙山寺"，历史悠久，每月的初一和十五两次庙会，香火不绝。

三是兴建了百家姓氏文化馆和农耕文化体验馆，这是收购了几栋民居，在老民居的基础上加以修缮保护建成的。

四是修复了荣氏祠,由荣氏宗亲筹款修建,正在建设中。

五是成立了拱市村文化产业有限公司、佛莲文化艺术团、乡村艺术馆等文化机构。

六是举办了佛莲文化艺术节、啤酒龙虾音乐节、春节联欢会、中国诗歌万里行、走进拱市村等文化活动。

七是开办了"乡约银行",美德善行可以积分兑换生活用品,培育新时代道德风尚。

八是建立了"村史馆",编纂出版了《拱市村志》。

《拱市村志》,中国文史出版社出版发行

九是评选了孝老之星唐建平、敬业之星唐纯洪等村民楷模。

十是建设了"遂宁市乡村振兴教育培训基地""蓬溪县廉政文化基地""中共蓬溪县委党校第二校区"。"遂宁市乡村振兴教育培训基地"是中共遂宁市委组织部授牌的,"蓬溪县廉政文化基地"是中国蓬溪县委纪律检查委员会和蓬溪县监察委员会在拱市村建设的,"中共蓬溪县委党校第二校区"是中共蓬溪县委在拱市村建设的。

笔者:拱市村乡村艺术馆近万件藏品,看起来挺有意思,占用两层楼,运营成本不低,却没有经济效益,如何做到可持续发展?

蒋乙嘉:7年前,家在沈阳的高先生免费提供近万件藏品给拱市村艺术馆,主要目的是对村民、游客尤其是少年儿童进行历史、文化和艺术教育,不是为了赚钱。这些藏品也不卖。

现在面临的主要问题是,没有合格的、足够的展示空间,大家想要观赏到很不容易,全面系统了解相关知识更不容易,迫切需要各级政府支持建设"拱市村艺术馆"新馆舍。如果有了新馆舍,这些藏品就有可能永久留在拱市村。

笔者:我看拱市村的一些文化活动很有意义,老百姓很欢迎,能否成为可持续的文化活动品牌呢?

蒋乙嘉:拱市村有三大节会:佛莲文化节、啤酒龙虾音乐节、春节联欢会。2020年后部分停办,主要是因为新冠肺炎疫情影响。由于疫情,人群不宜聚集,县里有关部门通知活动停办。疫情过后,条件许可的话,这些活动还是要恢复的。佛莲文化节2020年已经恢复。这些活动很受群众欢迎,对促进拱市村农旅文融合发展、提高农民收入有很好的效果。

中国诗歌万里行采风创作、龙门画院创作写生,年年组织这些集体活动不现实,也没有必要,诗人、画家们方便的时候,随时欢迎来拱市村体验生活。

调研期间,笔者参加了拱市村2021年6月12日下午举办的第二届啤酒龙虾音乐节,亲身感受到了节庆的热烈气氛,亲眼目睹了老人、孩子们的笑脸和年轻人的愉悦以及摊贩们的忙碌,深切体会到乡村文化振兴对于提振村民精神面貌和发展乡村文旅产业的重要性。

笔者：课题组建议拱市村整合文化资源，建立"拱市村文艺家部落"，为作家、诗人、画家、书法家、摄影家、收藏家开辟活动空间，多与省、市、县文联、作协、美协、书协等机构联系，经常举办以"乡村文化振兴"为主题的笔会、诗会、展览，探寻拱市村文化产业盈利模式，创立拱市村文化IP，乙嘉书记以为如何？

蒋乙嘉：这是好事，我完全赞成。我一直认为，有了文化，拱市村才有持久的吸引力，我们的农旅文融合发展之路才能走通。

第28节 薪火相传

拱市村脱贫攻坚大功告成，乡村振兴初见成效，扎根乡村14年的蒋乙嘉将用更多时间探索实践以城带乡、以工补农、城乡融通的经营农村新模式。

2014年，在蒋乙嘉的鼓励带动下，解放军四级士官朱洪波复员回到拱市村当了党支部副书记，次年当选书记，并在2021年面向村干部的定向招考中考取了事业编制干部身份，将在拱市村继续服务至少5年。

遂宁市已建立"职业村官"制度，村干部的福利待遇有了很大提升，村干部与公务员、事业编制干部的晋升渠道已经畅通，蓬溪县委、常乐镇党委也建立了村干部后备人才储备库。

调研期间，笔者多次与朱洪波书记见面，也了解了洪波书记的一些情况——

现任村书记朱洪波也是老兵

笔者：请洪波书记介绍一下个人简历，好吗？

朱洪波：我的经历比较简单。16岁之前在老家长大，读书，然后到部队当了16年兵，复员回拱市村后又当了6年村副书记、书记。

我是1982年1月11日出生，四川蓬溪人，在拱市村出生长大，中共党员，大专学历，毕业于国家开放大学法学专业，已婚，身体健康。

1994年9月—1997年6月　常乐中学读初中；

1997年9月—1998年11月　蓬溪中学读高中；

1998年12月—2014年11月　参军服役；

2014年12月—2015年10月　拱市村支部副书记；

2015年10月—2019年10月　拱市村支部书记（其间：2016年7月—2018年7月在国家开放大学法学专业读专科）；

2019年11月—2020年9月　拱市村支部书记、主任；

2020年10月至今　拱市村总支部书记、主任。

笔者：听说洪波书记复员之前是四级士官，按国家政策，政府应当安排工作，回到农村是不是因为受乙嘉书记的影响？

朱洪波：这是肯定的。如果不是因为蒋书记，我肯定不会回到村里来。我们农村孩子从小的心愿就是离开农村。我服役期间已经在东北成家立业，按国家政策士官退役，应当在爱人所在地由政府安排工作。那样的话，我们家的小日子会过得很幸福、很轻松。

蒋书记带领乡亲们脱贫攻坚的事迹不仅感动了党中央，同样也感动了我们全家人。我父亲和蒋书记都鼓励我回到家乡，为乡亲们服务。我在部队看到中央电视台报道蒋书记的事迹，我也很自豪、感动。我能下决心回四川老家农村，主要是受蒋书记精神的感召。当然，也感谢党的政策和领导的关心。我的爱人和我一起回四川，她被安排在遂宁电视台工作，解决了我的后顾之忧。市委组织部、县委组织部给我们村干部单独的公务员招考名额、事业编制干部招考名额，我今年也考上了常乐镇事业编制干部，让我感觉到在农村工作也有前途、有奔头。

笔者：洪波书记回村后主要做了哪些工作？

朱洪波：我的角色就是当好蒋书记的助手。在村里他是第一书记，我是总支部书记、村主任。在联村，他是党委书记，我是党委委员。协助蒋书记做好工作就是我的职责。2014年以来蒋书记在拱市村做的每一件事我基本上都参与了，有的事参与多一些，有的事参与少一些，就不一一细说了。

笔者：洪波书记今后怎么打算？是干满5年就到镇上去享点清福还是一直坚持在拱市村干到退休？

朱洪波：我们村里也是要求实行干部年轻化的。我最多只能干到50岁，就必须把村书记、主任的位置让出来，让给年轻人。镇党委也建立了村干部后备人才库制度，将来会有更优秀、更年轻的村干部一届一届接着干下去。

笔者：嗯，这样很好！

第29节　邂逅年轻人

在拱市村调研期间，笔者遇到了两批身份特殊的年轻人：一批是香港中文大学的30多位青年学生，由老师带着到拱市村参观学习；一批是美国俄亥俄州立大学的学生，由父母带着到拱市村参观学习。

香港中文大学领头的学生小胡，他父亲老胡是央企的高管。2020年假期，老胡带着小胡到拱市村参观学习，小胡回到学校后就有了带同学来拱市村参观学习的想法，并得到老师支持。今年5月，老师和小胡就带来了30多位同学，有香港本部的，也有深圳校区的，他们要在拱市村、常乐镇、蓬溪县做两周志愿者。

在拱市村来龙山顶观景台和文化大院，笔者和美国俄亥俄州立大学学生罗京奥、青叶晓雨进行了交谈。

笔者：你们怎么会想到来拱市村参观呢？

罗京奥：我爸爸是蒋书记的朋友，他来过拱市村三四次，经常在家里说拱市村好，说蒋书记好，我就想来看看。我们马上就又要去美国了，走之前就让父母带着

罗京奥、青叶晓雨在来龙山顶观景台观看拱市村全景

我和晓雨一起来看看。

笔者： 晓雨什么时候和京奥认识的？

青叶晓雨： 我俩是高中同学，还是同桌。高中毕业后又考上美国的俄亥俄州立大学同一学校，他学数学，我学金融，还是经常见面。

笔者： 站在来龙山顶四面看看拱市村，你们有什么感觉？

罗京奥： 在观景台上，整个拱市村的景象都可尽收眼底，村中整齐的规划和布局、坐落整齐的一栋栋别墅以及村中的一个大舞台，令我不由得为之震撼。这样的小山村在我心中比蓬溪县城还要发达，只有借用陶渊明的诗句来表达我内心的感慨："复行数十步，豁然开朗。土地平旷，屋舍俨然，有良田、美池、桑竹之属。阡陌交通，鸡犬相闻。其中往来种作，男女衣着，悉如外人。黄发垂髫，并怡然自乐。"

青叶晓雨：我们真的仿佛走进了陶渊明的世外桃源！蜿蜒平整的乡村公路，一个个坐落在绿树成荫的小山脚下的白墙青瓦的农家小院，满山的枇杷、李子、水蜜桃，掩映在山谷里的池塘，沿途路边盛开的佛莲，时不时传来的鸟鸣声，还有在地里打理果树的农民大叔、清扫马路的大姐、种菜的大婶……青山碧瓦，绿树红花，阡陌交通，黄发垂髫，鸡犬相闻……我很难想象，祖国的西南边陲之地，也有这样犹如山水画一般的美丽和谐村庄！

笔者：今天听了蒋书记回乡创业、带领乡亲们脱贫攻坚的故事，你们有什么感想？

青叶晓雨：蒋书记刚才讲了他当年看到家乡贫穷落后的状况，毅然放弃了部队的优厚待遇转业下海经商、赚钱后回乡创业改变家乡面貌的经历，让我感情和心灵都受到了触动和洗礼。

看见拱市村的第一眼，我不认为这是一个农村。我只当它是一个景点。而带给我这种第一印象的原因便是改造的成功。这种带给外乡人的误会就是最好的解释，这足以说明变化之大。同样地，这样的"误会"让人更加感叹乡村改造领头人的决心和毅力。其实，修通家乡的道路已经是很厉害的事情了。而在拱市村，在蒋书记看来，这只是扶贫改造的第一步。很多人的终点在蒋书记这里只是起点。同样地，我感叹蒋书记的无私奉献精神。他把为乡亲们服务放在了最前面。父老乡亲喜欢走哪里他都记得清清楚楚，他把乡村道路个性化，还考虑着乡亲们以及对家乡环境的影响。如果说乡村振兴是万里长征，那我认为蒋书记就是当之无愧的冲锋者。

蒋书记说改造自己的家乡是他一辈子的心愿，蒋书记说他曾带着千万身家回归乡村，一扎根就是十几年。所谓能力越大，责任越大，他以扶贫家乡为己任，并坚守自己的初心。生在信息年代的我们，本就已经站在了好多巨人的肩膀上享受更多便捷资源，时代给予我们更多的物质和精神财富，我们应当为祖国为家乡做点力所能及的事情。而作为留学生，我则恰好有幸看见世界的另一边。有对比，我就更容易发现自己所处环境的优势和劣势。这份幸运为我确立了目标，我找不到理由不去努力实现。道路崎岖，必有勇者披荆斩棘。致敬蒋书记！

罗京奥：早就听我爸讲述过蒋书记对脱贫攻坚和建设美丽乡村所做出的巨大贡献，来之前我通过图片和视频的介绍，也看到这个以前贫穷、偏远、落后的小山村是如何在蒋书记的带动下变成富足、发达、先进的美丽乡村。

蒋书记出生在这个偏远落后的山区，家里有哥哥姐姐，从小吃不饱穿不暖，外出打工的年轻小伙找到女朋友，一看到这里贫穷的景象直接转头就跑。正是这样的经历使他下定决心要做出改变。他讲到自己十多岁就开始到街上做生意、卖东西。买了自行车去绵阳市区进购蔬菜，再返回天福镇卖，往返三百多里，路上几十个小时不眠不休。但他辛辛苦苦地往返只能赚到一些血汗钱。说到这里，蒋书记自己也哭了。后来，他用下海经商的钱和卖北京房子的钱投资家乡的建设，受到了个别村里人和家里人的不理解和阻拦，但是他始终不忘初心，要改变村子里的落后面貌。他讲到自己为村子做出的改变，眼中仿佛有光一般。他严于律己，宽以待人，常年辛劳，劳疾缠身。

我们要学习蒋书记坚持不懈、奋勇拼搏的精神，也祝愿蒋书记的家乡建设得越来越好，同时希望蒋书记把身体保养好。

笔者：如果向美国同学介绍拱市村脱贫攻坚的经验，你们会怎么讲？

青叶晓雨：我主要想讲5个方面：

第一，要致富，先修路；

第二，提高主要粮食产量，解决绿色吃饭问题；

第三，发展经济作物，解决创收问题；

第四，发展乡村旅游，解决增收问题；

第五，推广乡村振兴培训，解决示范带动问题。

落后的交通成了当地经济发展的瓶颈，交通不便阻碍了当地资源转化成经济效益，甚至阻滞了村民思想文化观念的提高。基础交通建设必然成为拱市村脱贫第一步。拱市村的基础交通建设很多采用了标准的沥青路，而不是水泥路，这很难得。我爸爸是交通规划设计专家，据他说，沥青路在舒适度、减震性、平整度等方面都比水泥路要好一些，养护更方便和快捷一些，但是对应的代价则是施工过程更为复杂，导致耗费的人力和财力翻倍。同样难能可贵的是，为防止对家乡自然环境的破坏，蒋书记亲自设计交通路线，把路修到家家户户。如此艰辛的基础交通建设，铺平的不仅是扶贫的第一步，更是带领乡亲们走上康庄大道的第一步。

蒋书记聘请了农业专家，分析土壤，改善种植环境，引进先进粮食种子，提高产量，让乡亲吃上绿色安全的粮食。引进良品果树和专业种植大户，增加农民收入。大力培育佛莲等花卉作为主要的经济作物，让拱市村从一个村庄变为景点，成为千叶佛莲的种植基地，而千叶佛莲也成了拱市村的标志。还没有进入拱市村，我便看见了拱市村独有的千叶佛莲。在进入村庄的一段路上，千叶佛莲开满道路，充当路标，为游客指引道路。我们看见的只有千叶佛莲"现时的明艳"，却难以想象背后奋斗的血汗。这千叶佛莲引自遥远的地方。除开佛莲大规模引进成本的耗资，需要考虑的还有生态、技术、规划设计等可持续发展的因素。我看见，千叶佛莲盛开得正旺，每一株佛莲上都有一群蜜蜂，静谧而富有生机。

笔者：最后我想问一下，你们毕业后会回到中国来吗？

罗京奥：是的，我会的。

青叶晓雨：我也会的。

在结束这篇近9万字的访谈时，笔者又想起蒋乙嘉在中央电视台说过的三句话：让土地充满希望，让鲜花开满村庄，让乡亲们过上城里人羡慕的生活。

——笔者衷心祝愿，乙嘉书记的美好愿望不仅在拱市村、拱市联村变成现实，也在中国广袤的乡村大地上成为现实。

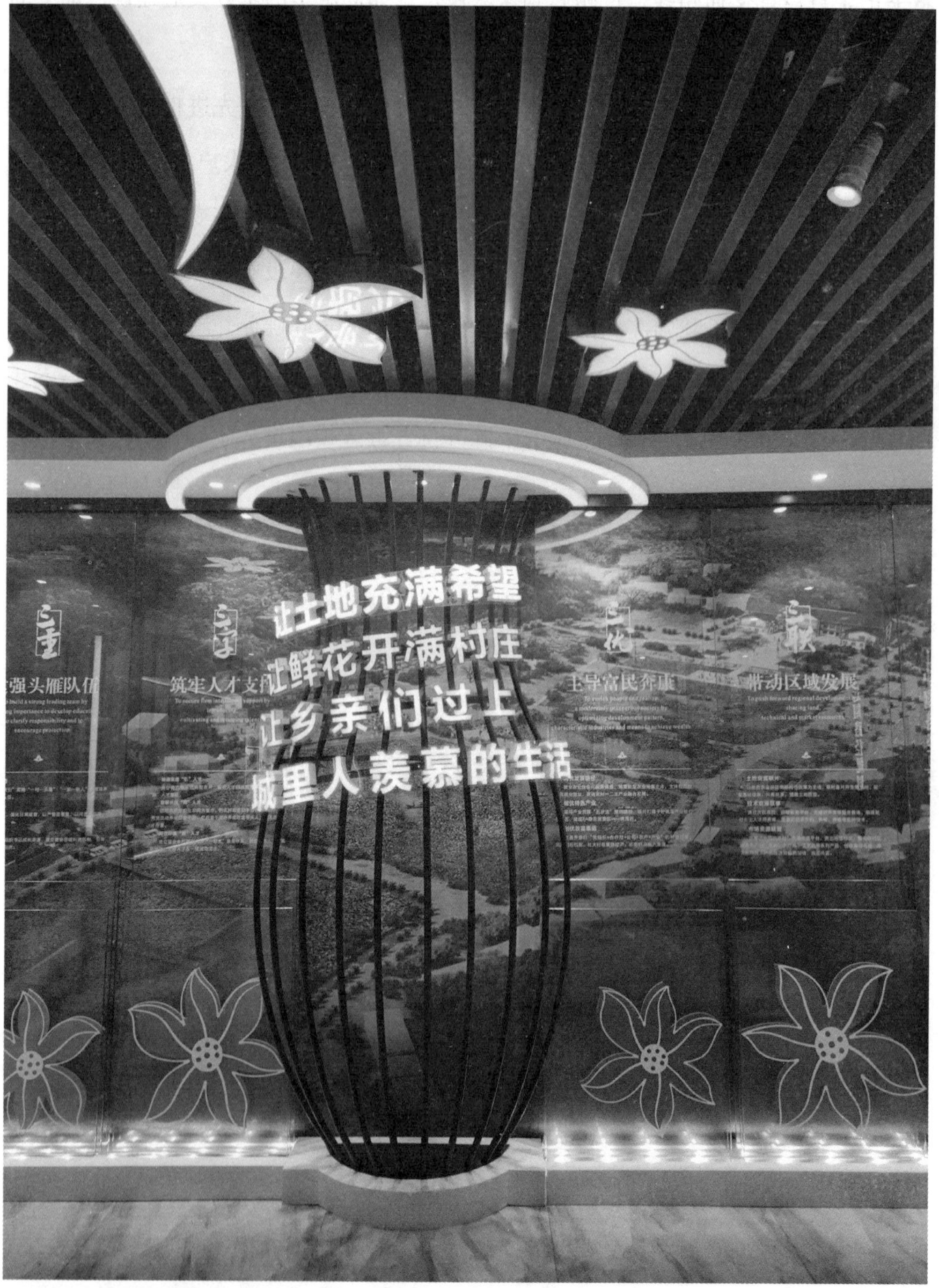
让土地充满希望
让鲜花开满村庄
让乡亲们过上
城里人羡慕的生活

调研报告

产业振兴

产业发展如何铸造乡村振兴的"脊梁"
——四川省蓬溪县拱市村产业振兴的启示与展望

蒲波 纪思宇 桑文媛 黄建超

四川农业大学

"让土地充满希望,让鲜花开满村庄,让村里人过上城里人羡慕的生活。"在距离四川省蓬溪县常乐镇拱市村约两公里处的一块户外广告牌上,两行豪迈宣言展示着这个全国文明村镇的自信。拱市村围绕千叶佛莲、佛手、佛莲柚等主导种植产业,经过艰苦细致的工作和坚持不懈的努力,引进了四川力世康现代农业科技有限公司,为种植户解决了农产品的销路问题,最大限度地确保了种植户经济收入稳定,最大限度地保护了群众的土地收益。在稳定粮食播种面积的前提下,逐步形成了以柚子、仙桃为主的丘陵特色经济果林种植带,以三七、佛手等中药材为主的经济作物种植带。经过近几年的探索,拱市村农旅融合渐显成效,旅游产品品种丰富,旅游基础设施较为完善,佛莲谷旅游度假区已基本建成,乡村旅游进入了新的发展阶段。

一、现状

1. 土地流转夯实基础

土地是农业产业的根,有效解决土地问题是农业产业发展的基础。善用土地流转、统一土地管理,是拱市村产业振兴的关键。农地流转不仅是农户土地权益实现的重要途径,还是通过农业集约规模化发展实现乡村振兴战略的重要支撑[①]。2013年,中央一号文件明确提出"鼓励和支持土地流转"。2014年,中央一号文件提出

---

① 黎毅、王燕、罗剑朝:《农地认知、农地确权与农地流转——基于西部6省(市、区)的调研分析》,《经济与管理研究》,2021,42(01):120-132。

"在坚持和完善最严格的耕地保护制度前提下,赋予农民对承包地占有、使用、收益、流转及承包经营权抵押、担保权能。在落实农村土地集体所有权的基础上,稳定农户承包权、放活经营权"[①]。随后,这一政策在2015年11月中共中央办公厅、国务院办公厅印发的《深化农村改革综合性实施方案》[②]和2016—2020年的中央一号文件中多次得到确认。土地流转的基本原则为:一是坚持确保所有权、稳定承包权、搞活使用权的原则;二是维护农民的权益,坚持"自愿、有偿、依法"的原则;三是坚持土地资源优化配置和土地同其他生产要素优化组合的原则;四是坚持保护耕地重点保护基本农田的原则。

图 1-1 拱市村土地全貌
图片来源:作者拍摄

(1)土地流转的必要性

土地流转是农村土地承包经营权的改变,具体形式包括转包、租赁、互换和转让。土地流转不仅是浅丘地区产业发展的基础,还是浅丘地区产业可持续发展的基本保障。

---

① 中华人民共和国农业农村部 http://www.moa.gov.cn/ztzl/yhwj2014/zywj/201401/t20140120_3742524.htm。

② 中华人民共和国中央人民政府 http://www.gov.cn/zhengce/2015-11/02/content_2958781.htm。

一是土地碎片化需改变。拱市村土地细碎化、经营粗放化导致农业生产效率低。土地流转是解决这一问题的有效选择，是家庭联产承包责任制适应农业现代化的必然要求[1]。

二是农村劳动力的转移。劳动力转移就业对农户的土地转出具有促进作用[2]。拱市村大量劳动力（尤其指年轻劳动力）向外地转移，转移的劳动力中有一部分带动全家转移，留在农村从事农业生产的劳动力越来越少，农村的土地"种不好、不愿种、种不了、管不了"，便可以选择将土地承包经营权流转给他人。

三是产业结构急需调整。拱市村有千叶佛莲、有机水稻、佛莲柚等作物的培植专业大户、承包大户，一方面鼓励农户将土地承包经营权流转给被培植对象，另一方面将土地从农户手中以租赁或其他方式流转出来再转包给被培植对象，即"返租倒包"。

土地流转可有效整合土地资源，实现规模化经营，帮助农民增收。拱市村农村土地流转合作社的建立和发展，使得农民土地向着种植大户和龙头企业流转，着力发展规模化种植、集约化经营和标准化生产，建立了全域立体的生态农业生产带。四川力世康现代农业科技有限公司为当地农户提供多种就业岗位，通过常年用工为主、季节性用工为辅等方式，让农户实现增收致富，"在家门口上班"成为现实。

拱市村依据整体地形和农业生产现状，通过现场探勘、产业定位分析、坡度分析、高程分析等，对产业进行了科学的全域规划，采取"政府引导、企业带动、农户参与"的模式，成立农村土地流转合作社，以村集体的名义与农户签订合同，打造以拱市村为核心，辐射周边5个村（龙滩村、灯会村、花莲村、双河村、先林村）的"拱市联村产业示范群"，引导土地向种植大户和龙头企业流转。流转土地共计5800余亩，每年土地流转费达150余万元，主要种植、培育特色花卉千叶佛莲、原生态农产品等。

---

[1] 段静琪、郭焱、朱俊峰：《产权安全性、产权认知与土地流转高意愿低行为》，《华中农业大学学报》（社会科学版），2021年第1期。

[2] 栾江、马瑞：《农村劳动力转移就业稳定性对土地流转的影响效应研究——基于迁移异质性视角》，《中国农业资源与区划》，2021年第5期，http://kns.cnki.net/kcms/detail/11.3513.S.20210517.1919.002.html。

拱市村土地流转模式主要为土地出租方式,即农民将其承包土地经营权出租给承租方(四川力世康现代农业科技有限公司),出租的期限和租金支付方式由双方自行约定,承租方获得一定期限的土地经营权,出租方(农户)按年度以实物或货币的形式获得土地经营权租金。拱市村基于农村土地流转合作社依法流转土地,引进企业投资,采取"公司、农户、集体"三方按照"4∶4∶2"的利益分配比例进行产业分红;农户整理荒山、荒地,统一流转给土地流转合作社,收益由农户和村集体各占50%。

2. 统筹规划优化格局

拱市村在产业发展方面做了细致的规划,上至产业的种类和规模,下至产业的种植地。目前,村里的规划大多得到了有效实施,相关产业取得了长足的发展。

(1)科学整体规划布局

通过规划发展,拱市村形成"一轴一环两中心"的产业空间布局。一轴,即以贯穿规划区的农环线作为规划区游览观赏、连接常回路与大环线的首要通道,是保证规划区产业发展,引领农业第三产业发展的主轴线。一环,以穿越花果山观景台、来龙山观景台、宝马山观景台、柚子园观景台、佛莲谷观景台、连接佛莲大道的骑行道作为规划区旅游环线,是规划区旅游发展的重要基础保障。旅游接待中心,以党群活动中心为核心打造规划区旅游接待中心,成为引领规划区发展腾飞的引擎。旅游景观中心是由乡村酒店、佛莲雕塑、金刚山文化广场、荷塘栈道等组成的旅游景观中心。

(2)优化完善基础设施

在交通设施方面,目前拱市村道路网、水网、田网"三网体系"健全:建成村道环线、社道、生产道公路33.1公里,机耕道21公里,全面实现社社通水泥路、户户通水泥路;新建和整治河道、排灌渠系5公里,整治蓄水池32口,建塘、堰35口;建成高标准农田1800亩;遂宁市农环线景观大道天福镇三合村(原三关村)入口至拱市村断垭口6.5米宽、9公里长道路黑化,已完成路基平整及碾压,现已投入使用。

在邮电通信设施方面，目前村里已保证4G网络全覆盖，并且在聚集点设有快递点，极大地方便了村民的生活。

在环保设施方面，通过县委、县政府和相关部门的支持，新村聚集点完成建设村给排水管网工程和污水处理，解决了群众生活污水和粪水乱排的现象，实现了雨污分流。

考虑到旅游业的发展，村里在佛莲谷入口（甘草埝）设有旅游公共厕所1个；配备停车场一处，可以同时容纳60辆汽车停放；道路上的引导标识齐全。在拱市村党群服务中心有游客服务中心、可容纳120辆车的停车场、旅游厕所（2个）和游客集散功能服务区（1个），能够有效保障游客在拱市村的出行。

（3）强化项目功能分区

项目功能划分为千叶佛莲观赏区、度假休闲区、农耕体验区和农业种植区。千叶佛莲观赏区主要包括稻草乐园、"花果山"观景平台、"佛莲谷"观景台、佛莲文化馆、国防教育基地、"佛莲花"特色作物种植及贸易、川中乡村民俗大舞台、"老母场"乡村集市、花卉种植基地、荷塘栈道等项目。该观赏区集游客咨询、景区形象展示、民俗文化表演、千叶佛莲观赏、民宿、停车、购物等功能于一体。度假休闲区主要包括特色生态游步道、乡村艺术博物馆、崇文艺术博物馆、千叶佛莲论坛永久会址、老年大学、佛莲雕塑、金刚山文化广场、乡村酒店示范项目、康养基地、"金薯农场"特色文化体验园、"稻田花灯"稻田艺术景观、自驾营地项目、佛莲广场等项目。该区域的核心功能是文化体验、休闲观光和酒店住宿，通过互动式、沉浸式的形式进行全方位的展示和体验。农耕体验区包括"快活岭"观景平台、"长坡岭"观景平台、"柚子园"观景平台、"宝马山"观景平台、生态帐篷营地项目、乡村民宿示范项目、农耕文化体验园、特色生态游步道、"瓜果添福"特色水果种植及采摘等项目。该体验区核心功能为塑造大地景观、增加趣味艺术景观小品和乡村休闲趣味，以及结合居民点设置农事体验项目丰富农耕文化体验。农业种植区包括农产品深加工基地、"稻田花灯"稻田艺术。设置有景观"瓜果添福"特色水果种植及采摘、拱市村南入口、官庙沟入口等项目。该种植区分为北、西、南三个部分,以水稻、柑橘发展为主导,结合立体种植和"水稻+共生种植"模式提高农田附加产值。

图1-2 佛莲柚种植基地
图片来源：作者拍摄

(4) 打造核心产业示范区

拱市村引进四川力世康现代农业科技有限公司、四川发展国弘现代服务业投资有限责任公司等企业,突出"山上是银行、山下是粮仓",山上发展千叶佛莲、佛莲柚、中药材三七、金薯等产业;山下发展有机稻、特色水产养殖小龙虾、观赏荷花。目前,按照"长线高效产业与短线特色产业"相结合的方式,集中成片产业经济林木套种模式基本成型,现已种植千叶佛莲3000余亩,绿色荷塘养殖小龙虾300亩,绿色水稻300亩,核桃种植500余亩,仙桃种植500亩,佛莲柚1000余亩,金薯300亩,三七200亩,发展蜂业260箱。

(5) 优化农业产业空间

发展智慧农业,实现农业生产管理从播种、育苗、移栽、灌溉、施肥、田间管理、植物保护、产量预测到收获、保存、管理分析全过程的数字化、定量精准化和智能化。同时，在循环农业上，规划遵循再利用、减量化、资源化，形成旅游运营—农业循环—居民生活循环发展模式，在核心产业中分别形成稻—藕—虾、花—果—鱼两大立体循环农业发展模式。构建区域产业链—区域产、展、游、销产业链，天福万象农业博览园—拱市村农业种植—农产品深加工基地—农产品烘干储藏中心—依托蓬溪县农环线产业链，构建规划区域内的产、展、游、销长产业链。

（6）形成农旅融合空间

在农业大力发展下，紧跟国家对乡村振兴、产村融合的政策号召，实现一产高效农业种植，二产智慧加工生产，再到三产现代物流、农服电商、主题旅游的融合发展。依托良好的农业基础现状，以智慧种养为核心，进一步优化农业区域布局，发展大规模设施农业，做大做强特色农业。建设现代农业产业园，推动现代高效农业种植后，提供原材料给深加工基地或者天福农业产业园进行加工后，运往全国各地。依托现代种养殖业，植入旅游主题。以生态农业、旅游业为延展，利用"旅游+""生态+""交通+"等模式，发展农服电商、主题旅游、乡村酒店等产业。

采取灵活多样的方式，开展全领域、多方位的合作，将拱市村乡村振兴旅游项目打造成国内具有知名度的乡村振兴示范基地以及特色农业旅游目的地。拟分两期进行建设开发：一期以形象提升和接待能力扩容为主要目标，主要建设接待酒店、景区大门景观、标志性景观以及中小学生研学基地等。大门和标志性景观建设将使拱市村的旅游形象更加直观，有利于吸引和引导游客。预计酒店完成建设后，拱市村核心区域的游客住宿日接待能力将从70人扩大至200人。二期以服务品质提升和旅游内容充实为主要目标，依托蓬溪"书法之乡"美誉，充分挖掘拱市联村特色花卉"千叶佛莲"的人文价值，建设乡村民宿、人文书院，引入禅修项目，丰富项目内涵，进一步提升游客住宿接待能力。预计二期民宿建设完成后，拱市联村核心区域的游客住宿日接待能力将至少达到500人。按照结合市场、乡村振兴、统筹整合、强调旅游的原则，积极发展乡村共享经济、创意农业、特色文化产业，打造集观光、体验、休闲、参与于一体的乡村旅游景区，为拱市村的乡村振兴注入活力，带动常乐镇升级改造，产业升级，城乡融和，实现乡村振兴战略的大目标。总的来说，有效整合山水田园的魂、乡村振兴和旅游市场的需求，充分发挥现代农业自然景观优势，围绕拱市村佛莲谷旅游观光基地、遂宁市乡村振兴教育培训示范基地、拱市村村史馆、乡村民间艺术品收藏馆、花卉基地、千亩水果采摘园设置旅游项目，依托美丽怡人的山水田园风景及特色村落景观等诗意元素，彰显传统文化，弘扬社会主义核心价值观，形成休闲、度假、观光、体验传统文化的诗意村落。

（7）留足文化发展空间

2017年，拱市村开始连续举办拱市村春节联欢会、桃花旅游文化节、佛莲文化艺术节等。引进沈阳收藏家高先生为拱市村佛莲文化艺术馆捐赠文化艺术藏品近千件，提供展品6000余件，为打造全国一流的乡村文化艺术馆奠定了坚实的基础。由拱市村文化艺术有限公司组建拱市村佛莲文化艺术团。同时，以拱市村现有专业合作社为基础，成立蓬溪县常乐拱市乡村旅游专业合作社。2017年以来，在各级党委、政府的支持下，整合资金2000余万元；对拱市村出入口、景观景点、标识标牌、佛莲文化广场、千叶佛莲精品区、村史馆、农耕文化体验馆、民宿等进行全方位的升级改造，新建拱市联村党群服务中心、村史馆、遂宁市乡村振兴教育培训中心2200平方米，观光栈道1000米，停车场3个共计200个车位，可接待500人的乡村酒店1个，联村卫生室320平方米。

3. 特色农业壮大拱市产业

中央农村工作会议指出："要加快发展乡村产业，顺应产业发展规律，立足当地特色资源，推动乡村产业发展壮大，优化产业布局，完善利益联结机制，让农民更多分享产业增值收益。"拱市村因地制宜发展特色产业，大力推动一、二、三产业融合发展，不断延伸产业链、打造供应链、提升价值链，走出一条科学有效、农民受益的产业发展之路，为实现乡村振兴注入强劲动力。

一是盘活土地资源，开发无限潜力。推进农业供给侧结构性改革，以实施特色种养业为抓手，重点围绕千叶佛莲、佛手、三七、佛莲柚、富硒金薯等特色产业成片发展，以特色农业壮大拱村产业，让鲜花开满村庄，为乡村振兴探路。目前，拱市联村共建有千叶佛莲种植基地3000余亩（套种）、核桃种植500余亩、佛莲柚1000余亩、无公害有机稻300亩、仙桃500亩、观赏荷花200亩、稻田养虾300亩、三七种植基地200亩、佛手种植基地300亩、鲜花培植50亩。依托产业发展，带动了周边7个乡镇5800农户从事各类农作物种植，形成了"长线高效产业与短线特色农业"相结合的集中成片产业区。

二是顺"浅丘"而为，因"浅丘"制宜。14年来，村民委员会带领村民利用村里70%的撂荒地整合出2200亩集中连片产业区，根据村里地形特征搞立体化种植。在山坡、山顶种优质核桃、仙桃和黄桷树等，半山腰栽经济果林（如佛莲生态柚），堰塘及低洼地带种水稻、套养绿色水产，还通过建蜂蜜生态科技园等吸引种植养殖产业链上下游企业投资。山上果树成荫，山下鱼塘稻田相衬，绿意四季全在，花香果香全年常有，这就是绿色发展下拱市村的新面貌。

三是做优"两佛"特色，打造生态拱市。乡村产业振兴要在尊重不同乡村资源禀赋基础上走特色路径[1]。千叶佛莲作为蓬溪县拱市村的地标性特色产品之一，不仅有利于推动农业产业化、集群化、规模化发展，使得拱市村拥有农村经济发展的比较优势，同时对农村自然生态与历史文化的传承，有利于快速实现乡村产业振兴与生态文化振兴，对乡村振兴战略的实现具有重要意义[2]。产业发展必须坚持规划引领。佛手产业作为拱市村产业变革中的最新引进产业，已初步形成产业规模，进一步发展规划也初步成型。未来，拱市村"两佛"必将做优做强，为打造拱市村产业强村贡献力量。

（1）千叶佛莲成品牌

"碧叶如芭蕉，假茎生荷花。"千叶佛莲是我国极具区域特色的观赏花卉，是佛教"五树六花"之一，同时也是观音文化重要的物质载体。千叶佛莲秉承了佛教的精髓，演绎着生命的续集。千叶佛莲又名地涌金莲，是芭蕉科地涌金莲属多年生草本植物，因花色金黄形似莲花而得名。千叶佛莲的奇特之处在于其花序，有金黄

---

[1] 崔彩周：《乡村产业兴旺的特色路径分析》，《中州学刊》，2018年第8期。
[2] 刘素芳、秦其文：《地理标志农产品对乡村振兴的推动路径研究》，《农业经济》，2021年第4期。

色苞片的花序直接生在粗壮的假茎（地上部分）顶端，形如花瓣，层层由下而上，逐渐展开，鲜艳美丽而有光泽，恰如一朵盛开的莲花。千叶佛莲花期长，全年达到200天以上。千叶佛莲集观光、盆栽、绿化、采蜜、药用、编织等功能于一体，堪称"综合功能最齐全的花卉"。

千叶佛莲种植成规模。蓬溪县常乐镇拱市村丰富的地表水资源与大气降水为千叶佛莲的生长提供了保障，有利于千叶佛莲假茎和花瓣蓄水保湿，使得植株富含水分，色泽光亮饱满。就地势土壤条件来看，拱市村是浅丘地区，总体地势较为平缓，土质疏松肥沃、排灌方便、土层深厚，有利于千叶佛莲根须生长发育，使得佛莲根基稳固，延寿性长，便于观赏园艺管理。目前，拱市联村集中成片产业经济林木套种模式基本成型，规模种植千叶佛莲3000余亩（套种），是亚洲最大的千叶佛莲培植基地，也是中国唯一的千叶佛莲培植基地，被誉为"中国千叶佛莲之乡"。目前，千叶佛莲已成为拱市村的支柱性产业，在为拱市村创造经济效益的同时，已然成为该村的一张名片。"让鲜花开满村庄"的梦想已然实现。当前，拱市村千叶佛莲培植基地的合作省市主要有山东、珠海、福州、北京、四川本地等，通过展会展销、成立基地（如北京大兴机场附近的分基地）、对接政府、建立千叶佛莲研学基地、美化村容村貌等渠道，让千叶佛莲走出拱市，走向更大的市场。据销售部王经理介绍，千叶佛莲年收益可达到400万—500万元左右，占拱市村所有产业收益的20%—30%。

千叶佛莲文化增底蕴。2017年9月9日，蓬溪县常乐镇拱市村的千叶佛莲文化艺术节吸引了来自全国各地的游客。千叶佛莲文化艺术节包含佛莲文化与观音文化理论研讨会、媒体采风，佛学、禅学人生系列讲座，民俗文化、农耕文化的传播和体验，佛莲文化有关的书画、摄影作品展览，书画现场表演、作品拍卖捐赠活动，各种具有地方特色的文艺表演、自驾游、露营游等活动。打造佛莲文化名片，挖掘和传承拱市精神文化、千叶佛莲文化、观音文化、农家民俗文化、健康养生文化，助推脱贫攻坚，优化投资环境，强化招商引资，发展特色产业，壮大村集体经济，助推脱贫致富奔小康。同时，佛莲文化节上，千叶佛莲、佛莲酒等特色产品更让慕

图 1-3　千叶佛莲
图片来源：作者拍摄

名前来的游客眼前一亮。第二届千叶佛莲文化艺术节被纳入 2019 四川花卉（果类）生态旅游节分会场，吸引省内外游客 20 万人次，收入达 500 万元以上。

佛莲产业品牌创优势。在 2019 年颁布的《国务院关于促进乡村产业振兴的指导意见》中明确指出，鼓励地方培育品质优良、特色鲜明的区域公用品牌，引导企业与农户等共创企业品牌，培育一批"土字号""乡字号"产品品牌。蓬溪千叶佛莲（已注册商标）作为遂宁饱含地方特色的文化品牌之一，成为遂宁实施"乡村振兴"战略的重要抓手。通过佛莲品牌打造带动产业升级，依托浅丘地区良好生态环境和独特资源优势，发展"独一份""特中特"的优质产品，如佛莲柚等。

佛莲谷景区通新路。千叶佛莲在"第三届四川生态旅游博览会"生态旅游产品展销中荣获金奖。佛莲谷景区高峰期有五六百人，主要接待散客或者机关组织参观培训。借助遂宁观音文化旅游大循环，配合天福现代农业园区旅游中循环，建设拱市联村特色旅游小循环，打造全国唯一的中国千叶佛莲风情园；基于佛莲和佛手

（"两佛"）创建特色品牌，以花为媒，观光体验，搭建平台，健康养生，做实做响"拱市村"特色旅游品牌。

（2）佛手产业初成长

佛手为芸香科植物，其果实在成熟时各心皮分离，形成细长弯曲的果瓣，状如手指，故名佛手。拱市村佛手为经济作用品类调整中关键的一环，其观赏价值、经济价值以及药用价值使得佛手成为拱市特色"两佛"之一。

佛手的观赏价值主要表现在其四季常绿，香气扑鼻，状如人手，惟妙惟肖。成熟的金佛手颜色金黄，并能时时溢出芳香。挂果时间长，有3—4个月之久，可供长期观赏佛手花朵，对打造拱市村"四季有绿，三季有花，常年有香"的绿色生态格局有极大的贡献。经济价值：佛手通常用作中药；佛手柑被大量制作成凉果食用及出售；佛手可用来制成各种药酒；用金佛手果、皮、叶提取的芳香油，已被国际上作为高级烟用香精的重要原料。药用价值：佛手全身都是宝，其根、茎、叶、花、果均可入药，辛、苦、甘、温、无毒，入肝、脾、胃三经，有理气化痰、止咳消胀、舒肝健脾和胃等多种药用功能。

2021年第一季度拱市村种植佛手苗300亩，预计需3年初挂果，一年3次花4次果，生长期为15年，一亩地可种80株，第四年单株产量能达到50斤，高产期可达3倍。当前药厂对佛手的收购市场价格为每公斤45—49元，虽然佛手产业初步投入计划尚未有收成，但详细的未来规划已经出台，深加工相关设施也正在建设中。现阶段佛手产业规划中，将深加工（佛手面、佛手肠、佛手茶、佛手饮料、佛手酱油、佛手醋等）放在极其重要的位置，相关的配套设施已在进行选购，佛手酒厂的选址工作已经完成。佛手加上千叶佛莲（"两佛"）作为拱市村乡村产业振兴的特色产业，必将在未来主导拱市村的产业格局。

（3）绿色水稻保质量

绿色水稻，贵在天然有机、生态种植。优选生态环境无污染的稻田作为水稻种植基地，严格按照《无公害农产品（食品）标准》组织生产，肥料使用有机化合肥，并采用生物制剂、稻田养鸭等物理方法防虫治病，种植过程85%以上采用人工作业，环保加工。拱市大米加工专注于原生态、原味道,坚持"三不一留":不打蜡抛光、不添料熏香、不漂白防腐,保留营养价值高的胚芽和糠衣。口感独特、天然纯正的拱市村原生态大米,颗粒圆润,不仅口感香醇,而且营养均衡。

图 1-4 拱市大米
图片来源:作者拍摄

拱市村大米作为拱市村农产品之一，不仅推动农业生产专业化，也不断提升当地的农业优势。推动农业生产集群化，打造农业品牌，当前已经形成了品牌"拱市大米"，不仅增加了绿色水稻附加值，促进农民增收，而且在农产品规模化发展、促进拱市产业振兴方面卓有成效。2020年拱市村绿色水稻种植规模约300亩，2021年扩大种植规模（一倍以上）。当前拱市村与当地政府机关签订了合作协议，为其机关食堂提供精加工大米，日均可满足上千人吃饭。零售是拱市村大米的销售方式之一，分精加工和粗加工两种形式，精加工的成本较高，目前多陈列在拱市村特色展品展销厅中进行销售。

（4）绿色养殖增竞争

物质基础丰富。拱市村及周边拥有水库等水源优势，同时有现成的池塘优势，加之周边拥有1000亩的稻田种植，有着发展现代水产养殖的物质基础。

图1-5　水产养殖基地
图片来源：作者拍摄

养殖品种多样化。2015年，拱市村引进蓬溪县拱市村水产养殖专业合作社，在村里进行集中连片养殖小龙虾、草鱼、鲫鱼、花鲢、白鲢等品种，其中小龙虾300余亩，从业人员182人，年渔业相关总产值1050余万元，人均纯收入达20000元左右。增收的同时，进一步带动了整条渔业产业链的共同繁荣，储运、销售、种苗繁殖、鱼用饲料、渔药、加工、人员就业等相关行业发展，提升了渔业产业的综合经济效益，促进了当地村民增收。拱市村小龙虾有着配套销售渠道，例如拱市村定期举办的"啤酒龙虾音乐节"。2019年5月，拱市村啤酒龙虾音乐节共进行3天，小龙虾销量累计20余吨，游客人数达上万人。

"渔家"旅游联动发展。拱市村于2018年4月入选第一批四川省美丽渔村创建名单，"美丽渔村"绝不仅仅是文件或是名单上的简单一笔，乡村产业振兴也绝不能仅仅重视乡村的生产功能，也应致力于促进一、二、三产业更加融合[1]。按照一、二、三产业联动的模式，将水产养殖和文旅结合起来，有计划地开放一部分生产环节供游客参观。同时，也在适合的时候开放钓鱼、赏荷、休闲捉生态泥鳅等游客渔家乐体验活动，并将开放现场体验式的生态鱼"渔家乐"餐厅。游客可以在这里体验别致的"渔家乐民宿"，带着孩子下水抓鱼，品鉴川东第一美味的瘦身鱼和小龙虾。

（5）其他产品促持续

三七种植基地。拱市村三七种植基地由毕业于中科院的邓德山博士指导建设，邓博士曾在云南白药集团专业研究三七种植，根据四川土壤特点，对拱市村的三七产业发展作了深入研究。三七的生长对土壤和气候有极高的要求，以海拔800—1000米的山脚斜坡上含腐殖质丰富的酸土壤为宜；喜温暖而阴湿的环境，怕严寒和酷暑，也畏多水，年平均气温16.0℃—19.3℃为宜。为保持三七止血、活血化瘀、消肿定痛、滋补强壮、抗疲劳、耐缺氧、抗衰老、降血脂、降血压、提高机体免疫功能等功效，拱市村三七基地严格控制化肥、农药使用量，杜绝使用膨大素，保留

---

[1] 温铁军、杨洲、张俊娜：《乡村振兴战略中产业兴旺的实现方式》，《行政管理改革》，2018(08):26-32。

了三七人参科的特性。2017年9月,天津天士力集团为拱市村三七中药材种植基地授牌,签订三七中药材种植合作协议,基地现已投入资金600万元,完成了一期、二期三七种植200亩,三七种植三年见效益,三年间设施设备、土地租金等每亩共投资3.8万元,预计每亩纯收益可达6万元。

图1-6 三七种植基地
图片来源:作者拍摄

仙桃种植基地。拱市村将桃树与千叶佛莲套种,采用生物治虫,施天然有机肥,拒绝使用任何农药和化肥。仙桃果肉细嫩,香甜多汁,营养丰富,口感独特,成为拱市村重要的产业之一。目前村里联合周边村子种植仙桃500亩,产业预计年收益2000万元。在探索特色种植项目、发展经济林木套种模式下,形成集中成片产业区,吸引成功人士及返乡创业者投资创业,带动村民脱贫、增收、致富,发展壮大村域经济。依托力士康公司在资金、市场、技术等方面的优势,充分发挥公司的龙头带动作用,为促进当地经济发展、社会和谐起到了积极带头作用。

图 1-7　仙桃
图片来源：作者拍摄

鲜切花种植基地。鲜切花种植基地位于拱市村陈家湾，占地50余亩，约15000平方米，生产大棚13个，主要种植玫瑰、鹤望兰、勿忘我等名优鲜切花，盆花面积约3000平方米，主要生产海棠、醉蝶花、马鞭草等多年生盆花。鲜切花生产基地解决项目区域周边8名农民工就业（其中贫困户3人），并带动周边乡村发展切花产业，年总产量已经超过了30万枝、盆花15万盆，主要销往遂宁及周边区县城市；年收入达到50万元，去掉机械、人工、种苗等费用后销售利润在10万元左右，平均亩产效益在2万元左右。通过摸索、开发，鲜切花生产基地让拱市联村农民看到了致富新亮点、新希望，同时开辟了拱市联村产业结构调整的新方向，带动当地农民种植花卉提高经济收入，花卉苗木种植可以作为无公害农业向全社会推广，具有广阔的发展前景，并带动周边地区花木产业发展，同时促进第三产业迅速发展。

图 1-8　花卉种植园
图片来源：作者拍摄

4. 现代服务业助力拱市产业

拱市村的良好发展离不开农村电商的应用以及对农旅融合的探索。富民和便民是发展农村电子商务的两大要义。农村电商已然成为拱市村农业企业转型的新方向。渠道下沉、农村淘宝、农村服务站，是最近一两年里电商摇旗呐喊的几个新途径。两种因素叠加之下，农村电商的发展呈现出巨大的潜力和空间。近年来，拱市农村电商通过第三方平台遂宁鲜，积极拓展产品营销网络，呈现出巨大的发展空间和潜力。越来越多的拱市村民试水电子商务，并开始改变传统农产品的销售方式，有力促进了农业发展和农民增收。农旅融合是农业农村发展大势所趋，也是城市消费需求的热点所在。拱市村通过发展旅游，培育生态游、乡村游、康养游、研学游、农业体验游等农旅融合产业，开发农业农村生态资源和乡村民俗文化，促进农业产业链延伸、价值链提升、增收链拓宽，带动农民增收、农村发展、农业升级。拱市村农旅融合在尊重农业产业功能基础上，合理开发利用农业旅游资源，将农业农村发展与旅游产业的建立与推广相结合。

(1) 农村电商拓销路

拱市村距离遂宁蓬溪县城25公里。2008年以前，这里还没有一条通村水泥路，村民出行难、运输难、水利基础设施落后，用水难，祖祖辈辈靠天吃饭；经济发展滞后，村民主要收入靠外出打工挣钱，传统农业只能填饱肚子，农民致富无门路。佛莲产业的蓬勃发展改变了这一现状，各类种植业也有序发展，然而，如何售卖产品成了拱市的又一难题，拱市产品售卖的主要阵场是各类农产品展销会，随着电商走入农村，拱市村也开始了电商促销之路。

图1-9 特色产品展销中心
图片来源：作者拍摄

"遂宁鲜"拱市村电商展销厅作为"遂宁鲜"第18家旗舰店，也是蓬溪县农村电商"五级服务体系"村（社区）电商网点中规模最大、功能最完善、设备最配套的具有代表性的农村电商网点。它主要包括五大系统：监控系统、收银系统、遂宁鲜农产品线上互动系统、宣传推广系统和物流配送系统，基本实现了"农产品电商化，终端链接多样化，电商进家庭、进生活"三大目标。在展销厅，能够看到佛莲、金薯、拱市大米等特色产品。展销产品主要包括：食品饮料类、水果蔬菜类、日用生活消费类、文化旅游系列产品类，共计 40 多个类别、100 多个品种。从 2018 年 6 月营运以来，实现销售收入 120 多万元。基本满足了广大游客和辖区内消费者的需要。农村电商成为拱市村为农服务的综合平台。

图 1-10　电商运营体验店
图片来源：作者拍摄

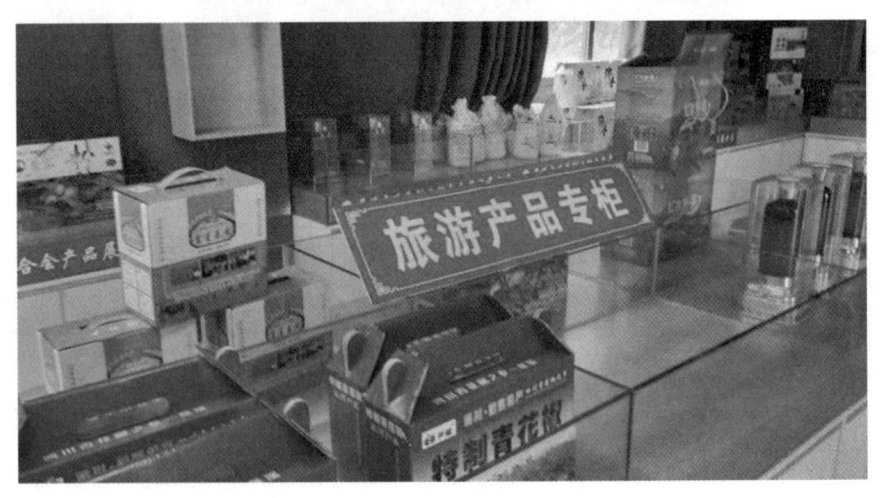

图 1-11　旅游产品专柜
图片来源：作者拍摄

中国首个5G乡村直播培训孵化基地，为积极响应"乡村振兴、打赢脱贫攻坚战"国家战略，四川力世康现代农业科技有限公司携手四川光向未来智慧科技有限公司在中国遂宁拱市村打造了"中国首个5G乡村直播培训孵化基地"，旨在全面提升遂宁本土农副产品市场竞争力及市场知名度，以带动地方发展助推乡村经济快速增长。据四川光向未来智慧副总经理刘昱介绍，随着5G技术的正式商用，5G现场直播在远程媒介制作流程中的技术应用正走向主流媒体市场。直播成为农民增收致富的新方式，越来越多的草根素人开始从事电商直播行业。光向未来智慧科技有限公司将通过旗下星运红人学院平台，联合四川力世康现代农业科技有限公司在拱市村共同打造5G乡村直播培训孵化基地，构建5G农村电商直播培训体系，面向全国培育网红电商人才，帮助基层群众建立质量意识、品牌意识，提高农村电商从业人员的综合素质和业务水平，帮助农村电商从业人员顺利转型，助力农产品上行。中国首个5G乡村直播培训孵化基地项目落户中国拱市村意义重大。为了彻底扭转落后面貌，在蒋乙嘉同志的带领下，村干部们充分整合拱市村在地理、环境、农特产品、企业资源等方面优势，以"互联网+电商扶贫""线上直播+流量扶贫"为核心，通过基地建设与创新运营，面向全国培养现代新农人队伍，调动广大农民群众的积

图 1-12 5G乡村直播培训孵化基地启动仪式
图片来源：拱市村村民委员会提供

极性、主动性、创造性，提升农副产品市场竞争力，更好地坚持乡村振兴发展中农民群众的主体地位，使乡村振兴战略行稳致远。

直播带货初尝试。2020年9月，掌上蜀Show·两岸新媒体体验采风团走进拱市村，台湾青年变身电商带货主播，亲身参与到拱市特产千叶佛莲、富硒金薯和佛莲大米的直播带货中。整场时长80分钟的直播活动，吸引了超过5000名网友参与，农产品总订单达260余单。本次直播航拍拱市村乡村振兴面貌，详细介绍拱市村特色电商农产品。千叶佛莲、富硒金薯、拱市大米的直播带货不仅为拱市村做了良好推广，也让拱市村村民更加了解直播的益处。千叶佛莲是拱市村多年精心培育极具区域特色的花卉，同时也是观音文化重要的物质载体。这次直播带货不仅宣传了农村种植以及拱市村特有的乡土文化，也通过在直播过程中排练的"小桥段"更好地介绍宣传了产品，引起更多人的兴趣和关注。这次直播带货的尝试给了拱市村很大的信心去做好农村电商，继续探索拱市电商之路。

图 1-13　掌上蜀Show·两岸直播活动
图片来源：拱市村村民委员会提供

拱市村聚焦脱贫攻坚，深入探索"农村电商+网络直播"作为科技扶贫的有效方式，帮助地方农民掌握电商直播技能、拓宽农副产品销售渠道，培育一批扎根农村，掌握农村电商直播、平台经营管理的人才队伍，开启乡村振兴新模式，全面推进遂宁地区乡村振兴战略实施，助力遂宁高质量实现脱贫致富的最终目标。

图1-14 农村电商展销现场
图片来源：拱市村村民委员会提供

（2）农旅融合成示范

拱市村位于蓬溪县现代农业示范区核心区，紧邻县道蓬红公路、全市农业园区大环线，农业园区小环线贯穿全村，距遂绵高速红江出口9公里。按照"小规模、组团式、小风格、林盘（院落）式"建设理念，生动体现"绿水青山就是金山银山"的理念内涵，全面描绘出既有绿水青山颜值又有金山银山内涵的美丽乡村画卷，打造宜居乡村民宿。近年来，拱市村先后被评为全国文明村、全国环境整治示范村、全国新农村示范社区、"省级四好村"。现代产业初具规模，已引进四川力世康现代农业科技有限公司、四川发展国弘现代服务业投资有限责任公司等企业，流转土

图 1-15　农旅融合产业园
图片来源：作者拍摄

地 1800 亩，建成全国最大的千叶佛莲基地、水果采摘园、鲜切花基地，成为全市乡村旅游新亮点。拱市村依托当地农业、旅游资源，积极推动生态观光农业和乡村旅游融合发展，打造集旅游观光、研学旅游、康养旅游、教育科普和农事体验于一体的"农旅融合"生态农业综合体，辐射带动农业增效、农民增收，为农村发展注入新活力，助力乡村振兴。拱市村以现代农耕文化为主题，千叶佛莲小镇为特色，围绕佛莲谷旅游度假区、拱市联村桃花节、佛莲文化艺术节、国防教育基地、三七基地、鲜切花基地、千亩水果采摘园、百人亲子活动打造现代农业乡村旅游。借力乡村振兴和乡村体验游的热潮，用旅游带动市场，将游客需求与政治发展带来的网络效应、营销效应以及政府支持的结构相结合，带动乡村旅游经济发展。

一是强化旅游规划，保障旅游设施。依靠来龙山寺建设修身养性禅院。来龙山寺坐落在拱市村一社，建筑面积约1000平方米，始建于明朝末年，距今600多年，重建于1986年。站在山顶，拱市村全貌尽收眼底，寺庙内树木茂盛，风景优美，佛莲花卉飘香，除品茗乐棋、参禅悟道外还可为游客提供住宿。拱市村民宿休闲园景区已建成，提供住宿70个床位，可接待餐饮500人。下一步规划依托景区自然景观，融合池塘、花海和现代农耕文化，结合山形、地势和空地形状，将自然景观和人文景观相结合，建设独具景区特色的房间200间。此外，村里在佛莲谷入口（甘草埂）设有旅游公共厕所，配备停车场，道路上的引导标识齐全，在拱市村党群服务中心有游客服务中心和可容纳120辆车的停车场，还有旅游厕所2个和游客集散功能服务区1个，能够有效保障游客在拱市村的出行。

图 1-16 拱市村生态全貌
图片来源：作者拍摄

二是立足生态农业，发展乡村旅游。拱市村依据地形、整体现状和农业生产现状，通过现场探勘、产业定位分析、坡度分析、高程分析，对产业进行了科学的全域规划，建立并实施了"公司+专业合作社（基地）+农户"的新型经营模式，实行土地托管、返租经营的利益联结机制，组建种植、养殖、农机专业合作社，发展生态农业产业。

在稳定粮食播种面积的前提下，发展特色农业和生态林产业，逐步形成了以佛莲柚和仙桃为主的丘陵特色经果林产业，以引进、培育特色花卉千叶佛莲、各类绿化花卉、乔木的生态花卉产业，以三七、山药等为主的中药材种植产业，以小龙虾、蟹、鱼为主的生态水产业等。拱市村及周边村落共流转土地5800余亩，建立并实施了"公司+专业合作社（基地）+农户"的新型经营模式，引进科技公司集中解决种植户的销路问题，打造"佛莲谷"乡村旅游度假区，融民俗体验、自然生态教育和生态养生于一体。

在带领村民发展产业脱贫致富的同时，拱市村十分重视提高村民环保意识，改善乡村人居环境。拱市村安置了环保垃圾桶，实行垃圾分类，每日有垃圾回收车来清理，还专门开设了一个环卫岗负责打扫村庄。当前，拱市村还探索建立了"乡约

图1-17 拱市村"乡约银行"
图片来源：拱市村村民委员会提供

银行",创新基层治理,实行"孝、善、俭、勤、美、信、安"的"乡约积分"管理办法。村民们表现良好,便可以以家庭户为单位获得积分,每年年底可凭积分在"乡约银行"平台上兑换奖品。通过这种模式的正向激励,村民的环保意识都非常强。现在整个村庄非常整洁。

生态环境改善后,拱市村陆续吸引了许多游客到此亲近自然。拱市村致力于发展乡村旅游。2018年,拱市村举办首届拱市千叶佛莲文化艺术节,以花为媒发展全域旅游。在现有生态农业产业的基础上,拱市村大力发展"农耕文明大观园"项目,建设综合性农业旅游示范园区。"农耕文明大观园"除现有农业外,还包含了榨油坊、磨坊、豆腐坊、篾匠铺、草编作坊、木匠铺,游客可以在里面了解、体验农耕文化。拱市村把农业项目化,使其价值最大化,不仅保护了生态环境,还能壮大集体经济,使村民增收。生态农业产业的发展不仅让村民们的腰包越来越鼓,还让拱市村的生态环境越来越美。

三是开展节庆活动,促进农旅融合。2018年,拱市联村举办首届拱市千叶佛莲文化艺术节,以花为媒发展全域旅游。2020中国休闲度假大会"蓬溪千叶佛莲文化旅游周"在常乐镇拱市村启动,活动以"佛莲盛开美丽乡村"为主题,由文艺观赏、民间艺术品展览、佛莲欣赏、扶贫产品展销等活动版块组成,重点突出"趣游拱市、重拾乡味"的乡村旅游元素,促进乡村农旅产业发展。

拱市村先后举办"佛莲节""啤酒龙虾音乐节"等乡村旅游节庆活动。拱市村狠抓特色农业与乡村旅游相结合,以农业特色主导产业和农村优势自然资源为依托,因地制宜、突出特色、科学规划布局乡村旅游产品,强化品牌创建、服务提升,使乡村旅游成为人民群众休闲消费的新去处。拱市村坚持将现代观光农业、生态旅游、养生养老三大产业融合发展。如采用采摘体验式促进农旅融合发展,游客不仅可以在拱市村吃、住、行,还可以体验当地的农耕文化。如今,村民户户有产业、集体年年有收入,美丽强村效应不断释放。

图 1-18　千叶佛莲文化艺术节
图片来源：拱市村村民委员会提供

拱市村举办艺术节的目的是发展全域旅游，借助遂宁观音文化旅游大循环，配合天福现代农业园区旅游中循环，建设拱市联村特色旅游小循环，打造全国唯一的中国千叶佛莲风情园；创建特色品牌，以花为媒，观光体验，搭建平台，健康养生，发展特色产业，壮大村集体经济，助推脱贫致富奔小康。近年来，通过举办各类文化节、美食节以及艺术节等活动，拱市村逐步打响农旅品牌，村集体开发的采摘旅游观光园、农耕文明大观园，邀请摄影爱好者来采风观光，也吸引着越来越多的自驾游客。

图 1-19　乡村振兴示范基地
图片来源：作者自摄

四是打造特色农业旅游目的地，实现"金山银山"。拱市村以现代农耕文化为主题，佛莲小镇为特色，围绕拱市村佛莲谷旅游度假区、拱市村村史馆、乡村民间艺术品收藏馆、花卉基地、国防教育基地、千亩水果采摘园、百人亲子活动，打造现代农业乡村旅游。拱市村有效整合山水田园的特点、乡村振兴和旅游市场的需求，充分发挥现代农业自然景观优势，采取灵活多样的方式，开展全领域、多方位的合作，旨在将拱市村乡村振兴旅游项目打造成国内具有知名度的乡村振兴示范基地以及特色农业旅游目的地。

按照"结合市场、乡村振兴、统筹整合、强调旅游"的原则，拱市村积极发展乡村共享经济、创意农业、特色文化产业，打造集观光、体验、休闲、参与于一体的乡村旅游景区，为乡村振兴注入活力，带动常乐镇升级改造，产业升级，城乡融合，实现乡村振兴战略的大目标。

拱市村坚持生态立村，大力发展乡村旅游。在做好拱市村春节晚会、千叶佛莲文化节等特色文化品牌的同时，以拱市村现有专业合作社为基础，成立蓬溪县常乐拱市乡村旅游专业合作社联合社，推动佛莲谷旅游度假区建设，建起了佛莲文化广场、农耕文化体验馆、观光栈道、乡村酒店等。拱市村实施乡村旅游提升计划，建设田园综合体、农业主题公园、佛莲谷森林康养基地等乡村旅游项目，坚定不移地走生态优先、绿色发展道路，打造能带领农民群众脱贫致富奔小康的"金山银山"。

五是形成拱市村农旅综合体，促进产业融合。近年来，拱市村加快推进休闲农业和乡村旅游发展，打造"农业＋旅游"农旅融合新业态，逐步形成"农旅结合、以农促旅、以旅兴农"的产业格局，带动群众增收致富，助推乡村振兴。通过"现代农业＋乡村旅游"，构建产村一体，农旅双链，区域融合发展的农旅综合体。

拱市村农旅融合是乡村旅游和休闲农业发展的新模式，是实现产业融合的新手段。在充分尊重农业产业功能的基础上，拱市村合理开发利用农业旅游资源和土地资源，以所开发的农业旅游休闲项目、农业配套商业项目、农业旅游地产项目等为核心功能架构，建立整体服务品质较高的农业旅游休闲聚集区。农业旅游作为农业和旅游业的结合物，是利用农业景观和农村空间吸引游客游览消费的一种新型农业经营形态，是依托现代农业发展和新农村建设两大载体。拱市村通过整合优势产业资源、优化空间布局、拓展农业旅游功能、创优品牌形象全面提升拱市村农业旅游产业。农旅融合不是简单地给二者做加法，而是要通过加快农业结构调整，推动农业从生产走向生态、生活功能的拓展，促进农业产业链延伸，建立现代农业和乡村旅游业的产业体系。

拱市村农旅综合体在规划建设中，从以下几个方面进行创新：按照"生产、生态、文化、生活"四位一体融合发展角度出发，构建现代化农业产业体系，形成新型的统筹发展模式；通过创建新型的农村生活方式，用现代农业与乡村发展空间充分融合、衔接，打造特色的乡村生态空间；按高效、充分尊重生产、生态空间的交通系统，形成对农旅综合体建设基础；在绿化、休闲空间、生态配套设施方面进行有效统筹对接；构建多元持续的农旅综合体规划建设实施保障体系。

二、经验

短短14年，以蒋乙嘉为代表的村支部成员带领拱市村从过去四面环山、干旱缺水、不通公路、信息闭塞的旱山村变成如今交通、水利、农田等基础设施完备，"兴业、家富、村美、人和"的幸福美丽新富裕村。2020年4月，拱市村被命名为2019年度四川省实施乡村振兴战略工作示范村。拱市村产业振兴的基本经验有：注重绿色生态长远发展，打造美丽乡村；对症下药精准施策，大型基础设施建设；特色产业示范引领，打造拱市村特色农产品名片；夯实基层战斗堡垒，引领全村党员干部"撸起袖子加油干"；强化产业辐射，促进区域产业协调发展。其中，绿色发展是拱市村产业振兴的核心，产业模式是拱市村产业振兴的创新，产业辐射是拱市村产业振兴的升华。

1. 绿色发展是拱市村产业振兴的核心

（1）强调绿色发展

首先，以绿色发展引领乡村振兴是走中国特色社会主义乡村振兴道路的必然选择[①]。农业绿色发展既是乡村振兴的内在要求，也是农业供给侧结构性改革的主攻

---

① 中华人民共和国农业农村部 http://www.moa.gov.cn/xw/zwdt/201907/t20190729_6321727.htm。

方向。习近平总书记强调："坚持人与自然和谐共生，走乡村绿色发展之路。"

其次，构建绿色高效的乡村产业体系是乡村产业振兴的重要途径。党的十九大报告指出："我们要建设的现代化是人与自然和谐共生的现代化，既要创造更多物质财富和精神财富以满足人民日益增长的美好生活需要，也要提供更多优质生态产品以满足人民日益增长的优美生态环境需要。"

最后，良好生态环境是农村的最大优势和宝贵财富。要正确处理好保护与发展的关系，深入践行"绿水青山就是金山银山"理念，充分挖掘乡村生态价值，把生态优势转化为发展优势，让土地长出"金元宝"、生态变成"摇钱树"、乡村成为"聚宝盆"。

（2）形成绿色产业

拱市村始终以人、自然与社会协同发展的理念引领乡村振兴，将生态文明建设融入乡村发展的全过程，把良好生态环境作为最普惠的民生福祉，建设美丽乡村，建设绿色拱市。

一是调整和管理并行，解决绿色发展问题。传统乡村产业化发展方式主要依靠要素投入的增加，形成"高消耗、高排放、低效益"的发展模式。农业农村长期以来面临着很多违背绿色发展的挑战。如农业生产过程中农药化肥的使用问题、过度种植导致农业农田的可持续能力下降问题、农作物收割后的秸秆焚烧问题等。拱市村是典型的浅丘地形，村中耕地面积相对较少，林地、荒地和其他土地占拱市村土地的一定比例。过去，村中土地普遍存在着土地细碎化、经营粗放化等用地问题。拱市村依据整体地形和农业生产现状，对产业进行了科学的全域规划，成立农村土地流转合作社，引导土地向种植大户和龙头企业流转，着力发展规模化种植、集约化经营和标准化生产，建立全域立体生态农业产业带。种植大户和龙头企业严格按照现有农业法律法规、政策文件和技术标准，凡是不符合绿色发展要求的都要尽快调整或废止，确保绿色发展制度约束有力。同时，及时进行经济作物和当地植被的结构调整，改变农业发展方式，减少农药化肥使用，改良土壤。例如，拱市村原种植核桃的土地调整种植佛莲柚，在荒山种植黄葛树，在柚子林中套种千叶佛莲，在稻田中养鱼，在荷塘中养虾等。

二是融合和升级共促，做大做强农业绿色产业。产业兴旺是实现乡村振兴的前提，产业振兴必须以绿色为底色、底线。拱市村坚持融合发展和创新发展，积极推进农业绿色产业与新型服务业相融合，与旅游、文化、健康产业相融合。坚持现代观光农业、生态旅游、养老养生三大产业融合发展，拱市村先后被列为"四川省城乡环境综合治理环境优美示范村庄（社区）"（2013年8月）、"国家森林乡村"（2019年12月）、"全市乡村旅游重点村"（2020年5月）和"休闲农庄"（2020年9月），蓬溪佛莲谷景区被授予"四川省森林康养基地"（2018年9月）、"四川省自然教育基地"（2019年10月）。此外，蓬溪县拱市村乡村酒店项目（壹嘉酒店）正在建设中，佛莲谷景区进一步规划方案即将成型，拱市村新引进的佛手种植项目及其配套的深加工产业也正在建设中，在融合和升级中做大做强绿色产业是拱市村长期实践之一。

三是政府和农民共治，大力推进农村人居环境整治。一方面，政府在加强拱市村农村饮水、污水管网、垃圾分类存放、生态景观、村内道路、废弃物集中处理设施等基础建设方面已经进行了良好的实践。当前，拱市村有着整洁的村容村貌，干净便利的自来水，统一的垃圾存放处和污水处理处，统一标准的卫生间等。另一方面，通过定期的讲座和评比活动，加强居民对人居环境的认知，激励居民积极参与自己负责的庭院内部、房前屋后环境整治。例如，定期展开"乡风文明""生态乡村"等主题的讲座，向居民传达绿色发展、文明乡村的重要性；设立"五好家庭"等评比活动和奖励制度，通过"乡村银行"发放评比活动的奖励。

四是生产和监管并重，保障农产品质量安全。贯彻习近平总书记有关要求，加强源头治理、全程监管。由种植大户和龙头企业牵头，对规模生产主体和标准化生产基地实施全程、可视管理，推动农产品的高标准和优质量发展，建立全域立体生态农业产业带。同时，拱市村在加强现代冷链仓储物流设施建设、引入互联网和电商销售机制方面已取得初步成效（遂宁鲜拱市村旗舰店）。拱市村坚持"做强产业、做出特色、做好示范"的发展理念，努力做大拱市特色产业品牌，擦亮亚洲最大千叶佛莲基地金字招牌，让绿色拱市率先崛起。

2. 产业模式是拱市村产业振兴的创新

2012年，拱市村组建了土地流转合作社、核桃种植合作社和农机专业合作社，走"巩固养殖业、壮大种植业、发展乡村旅游业"的产业发展方向。2015年，拱市村积极探索完善"七联七带"发展模式，通过引进5家公司及6家种养殖大户出资发展产业5700余亩，带领群众修公路、挖堰塘、兴水利、搞产业、建新房，奋力建设川中一流幸福美丽新村。2018年，拱市村发展乡村振兴教育培训，推行联村发展模式，为自然村汇聚发展动力、优化组织架构和资源提供经验。拱市村"走出去，请进来"，招商引资，大力发展以种植、养殖为主的高附加值特色农业产业，当地的特产千叶佛莲、中药三七、佛莲柚等优质产品成为广受市场欢迎的特色产品。除了调整产业外，拱市村还大力发展旅游观光业，充分发挥自身得天独厚的优势。拱市村打造的星级农家乐，其完善的旅游配套设施让游客得到更好的旅游体验。今天的拱市村，既有"世外桃源"般的田园美景，又有现代化的产业根基，一幅幸福新村的美丽画卷正在徐徐展开。

拱市村现有三七种植基地、鲜切花生产基地、千叶佛莲种植基地、拱市仙桃种植基地等主要基地。主要文化和旅游资源有民宿、文化大院、佛莲谷旅游观光基地、拱市村村史馆、村民间文化艺术收藏馆、花卉观赏基地、国防教育拓展基地、水果采摘体验园、垂钓园等。拱市村不断探索绿色水产养殖，推广特色种植项目，发展经济林木套种模式，"长线高效产业与短线特色产业"相结合，截至2017年年底，新、扩建渔业养殖连片面积300余亩，从业人员182人，年总产值650万元，人均纯收入达20000元。现拱市村幸福美丽新村建设已具雏形，村内基础设施完善，新村风貌别具特色，产业布局成型，村民生活幸福，现有农副产品初加工生产车间、冷藏、保鲜库2500平方米，乡村民间文化艺术馆1处，佛莲文化艺术博物馆1处，军民融合教育基地1个，建成标准钓鱼比赛场所1处，每年举办钓鱼比赛10次左右。

拱市村村委带领村民对山上、山下撂荒多年的土地进行了整治，邀请农技专家实地考察指导产业布局，根据气候、土壤、水利等自然条件，因地制宜发展特色种植养殖业。在四川力世康现代农业科技有限公司、四川发展国弘现代服务业投资有限责任公司等企业的支持下，拱市村突出"山上是银行、山下是粮仓"的理念，山上发展千叶佛莲、佛莲柚、三七、金薯等产业；山下发展有机稻、特色水产养殖小龙虾、观赏荷花。

（1）力争产品多元化

拱市村在探索的过程中，始终坚持"中规模多品种"的理念，多方面发展，分散单一经营的风险。在发展的过程中，如果提供的产品过于单一，会使得市场依赖性变强，可持续能力就会变差。而进行多种产品的种植发展很好地解决了这一问题，发展多品种种植的作用就是使风险减小，形成较为稳定的经济增长。在此基础上，拱市村的抗风险能力得到很好的提升。如最开始拱市村没有选择在山上全部种核桃，因为第二年核桃单价降幅较大，而且第二年的降雨使得收成有所减少，其选择有效地避免了更大的经济损失。就是从这时起，蒋乙嘉书记认识到必须多向发展，不能寄希望于一种产品。所以即使在佛莲产业给拱市村带来了不菲收入的情况下，拱市村仍坚持种植三七、金薯、仙桃等，且2021年还引进了佛手，准备着手进行佛手种植。

产品多元化经营战略之所以被拱市村采纳，是因为以下三点：第一，多元化经营能分散风险；第二，多元化经营可以充分利用拱市村现有的资源和优势；第三，多元化经营可以创造新的利润增长点。拱市村开展多元化经营便成为理所当然的选择。

不把鸡蛋放在同一个篮子里，拱市村深谙此道。这种多元化发展的战略，可以更多地占领市场和开拓新市场，也可以避免单一经营的风险。然而，拱市村这种"中规模多品种"并不是包治乡村发展的灵丹妙药。乡村发展战略的制定与产品选择是否恰当，是乡村振兴能否走向成功的关键。多向发展是乡村发展的普遍性选择，但战略思想正确并不能保证有好的结果，问题在于体现多向发展的内容及其实现手段是否和乡村自身的资源相匹配。这种"中规模多品种"的发展模式是拱市产业发展的一大创新。

（2）强化品牌建设

虽然是多品种发展，但拱市村围绕千叶佛莲品牌这个核心，将所有的产品联系起来，如佛莲大米、佛莲柚、佛莲蜜等。这种联系使得拱市村佛莲品牌的印象更加深刻，并且也推动了产品的售卖，增加了经济价值。在拱市村产业发展的过程中，坚持了三个理念：特、优、强。如千叶佛莲产品，就是这个理念的最好代表。

强化农产品品牌建设的意义在于：其一，农产品区域品牌可使区域内的农业企业、农户获得协同效应，降低成本，从而提升农产品的竞争力。成功的农产品区域品牌可以产生公共资源、组织、服务三种协同效应，从而降低成本。其二，农产品区域品牌作为农产品的"信号显示"，可以使农产品生产的资源优势和特定区域优势转化为农产品的市场竞争优势，从而提升农产品竞争力。其三，农产品区域品牌可为区域内的农业企业、农户提供持续的品牌效应，从而提升农产品竞争力[1]。农产品区域品牌通过两方面提高农民收入水平，一是提高农产品的附加价值，二是延长农产品产业链，农业生产资料产业、辅助产业的发展增加了许多就业岗位。

3. 产业辐射是拱市村产业振兴的升华

达则兼济天下，这是亘古不变的道理。在乡村振兴的道路上，拱市村没有忘自身的艰难，于是尽力去提携友邻，这也是中华大地上广大农民闪耀着的真诚品质。单丝不成线，独木不成林。拱市村在带动周边发展的同时也是在深化自身的产业振兴。中心城市发挥产业辐射带动力，不仅是城市自身发展的必然结果，而且是促进区域产业协同发展的主动担当[2]。乡村产业振兴过程亦然。

（1）美丽渔村，建设新村

现拱市村幸福美丽新村建设已具雏形，村内基础设施完善，新村风貌别具特色，产业布局成型，村民生活幸福。新建4000余平方米的拱市村文化活动中心，新建公路32.5公里、环形山路60多公里、提灌站2处、蓄水池30口、渠道5000米，自来水、天然气已经连接到户，主干道已经安上了路灯，新建居民点2处、40户农房，建成

---

[1] 郑秋锦、许安心、田建春：《农产品区域品牌的内涵及建设意义》，《产业与科技论坛》，2008年第2期。
[2] 张雯：《区域产业协同发展背景下郑州提升产业辐射带动力研究》，《中共郑州市委党校学报》，2021年第1期。

农副产品初加工生产车间、冷藏、保鲜库 2500 平方米,现有千叶佛莲特色花卉基地 3000 余亩、乡村民间文化艺术馆 1 处、佛莲文化艺术博物馆 1 处、军民融合教育基地 1 个,建成标准钓鱼比赛场所 1 处,每年举办钓鱼比赛 10 次,农家乐 5 个,年接待参观 10 万余人次。

(2)乡村旅游,做强价值

拱市重点打造休闲农业专业村,逐步形成农耕文化展示、农事体验、科普教育和芬芳康养等新产业新业态,打造集循环农业、创意农业、农事体验、农旅康养于一体的田园综合体,为农业农村经济持续健康发展注入新动能新活力。通过一、二、三产业融合发展,建设拱市四季水果采摘园、力士康农旅融合体验园等旅游项目 4 个,带动当地农民参与旅游、展会、民宿等就业 500 人,带动农民年人均增收 3.5 万元。回引成功人士和人才回乡创业,培育新型职业农民和农业职业经理人,带领当地群众脱贫致富奔小康。农业服务、技术支撑、质量管理、品牌创建、信息系统、物流集散和电子商务等能力建设与硬件设施建设同步推进,贯穿整个建设周期。

以发展特色产业为吸引,树立起拱市村乡村休闲旅游这块招牌。2017 年以来,在各级党委、政府的支持下,拱市村整合资金 2000 余万元,对村出入口、景观景点、标识标牌、民宿等进行全方位的升级改造,新建拱市联村乡村振兴教育培训中心 2200 平方米,观光栈道 1000 米,停车场 3 个共计 200 个车位,接待 500 人的乡村酒店 1 个,联村卫生室 320 平方米。

民宿位于拱市村二社的新村聚居点,该聚居点共建有民居 19 栋。在开展乡村振兴的教学工作中,食宿问题成了项目推进最大的问题,为了解决学员住宿这个大问题,特以每栋 5000—6000 元的价格租用民房 10 套,装修后用作民宿酒店。目前家具、酒店用品都已到位,共计床位 68 张,可满足中小型培训班住宿需求。除培训学习用途以外,该民宿还可以接待乡村旅游游客,让游客住一晚农家屋、干一场农家活、煮一顿农家饭,真切感受乡村振兴中的农业农村之美。

(3)服务中心,形成基地

拱市联村乡村振兴服务中心是由县民政局 2018 年 7 月 1 日批准成立的非营利

性机构，由蒋乙嘉担任法定代表人，开办资金为10万元，主要业务范围为就业培训、旅游服务、特色产品推广、政策咨询、技能培训等。拱市联村乡村振兴服务中心建筑面积2200平米，内设游客接待中心、便民服务中心、农产品电商展销区、卫生室、文化室、留守儿童之家、村史馆等10余个功能区。此外，服务中心建立了"乡土人才+行业领导+专家学者"师资队伍，可承接乡村振兴、新农村建设、就业培训、党建工作等各类会议培训。目前，该中心已承接省、市、县党校培训28期共计4300余人次。

（4）集体经济，强化经营

县财政投入65万元入股芳玲园艺鲜切花生产基地，按照出资比例进行保底分红；由村民委员会牵头，组建劳务保障队，从贫困户中挑选有一定劳动能力和技能专长的人员参加，保障队购买旋耕机、小型收割机等农业机械，建立拱市村为农服务中心，将农机服务所得收益作为村集体经济收入；集体投资15万元整治全村塘堰8口，对外租赁，增加集体资产租赁收入；常乐镇拱市村围绕核桃、佛莲柚、千叶佛莲三大主导种植产业，引进四川力世康现代农业科技有限公司，建立并实施了"公司+专业合作社（基地）+农户"的新型经营模式，实行农户以土地入股，保底分红的4∶4∶2的利益联结机制，将20%纳入集体经济；拱市村文化艺术公司、乡村振兴干部培训部分收入纳入集体经济收入；开垦荒山再流转土地分红，公司与村集体5∶5分红；2019年拱市村集体经济收入达到110万元。

（5）强弱捆绑，"七联七带"

在蓬溪县委组织部的指导下，采取"强弱捆绑"的方式，以产业为纽带，将党组织建在产业链上，拱市村探索出的"七联七带"联村抱团发展模式，辐射带动了周边发展，形成"长线高效产业与短线特色产业"相结合的集中成片产业区，成为遂宁市及四川省的一张生态文化名片。壮大产业发展是建立联村党委的初衷，联村发展不仅可以将相邻6村的产业发展统筹整合，还能统一发展思路，形成捆绑发展的新合力。

拱市联村党委成立于2015年，蒋乙嘉担任联村党委书记，积极探索完善"七联七带"发展模式，通过引进5家公司及6家种养殖大户出资发展产业5700余亩，带领群众修公路、挖堰塘、兴水利、搞产业、建新房，奋力建设川中一流幸福美丽新村。目前，农民人均年纯收入由2007年的2300元增加到2018年的18092元，交通、水利、农田等基础设施极大改善，90%以上的农户建起了"小洋房"，天然气、自来水、宽带进村入户，实现"户户通"，村民的生活质量显著提高，摆脱了昔日贫困村落后的面貌。拱市村先后获得市省级环境优美示范村庄、全省先进基层党组织、全国环境整治示范村、全国文明村、全国新型农村社区示范单位等荣誉称号。

为充分发挥基层党组织在产业发展中的示范带头作用，根据产业发展的不同，联村党委还分别成立了千叶佛莲、优质核桃、拱市仙桃、文化旅游等10个产业党小组，各自负责牵头相关产业的发展。目前，在联村党委的引导下，捆绑中的6个村均发展了各自的优势产业，同时，联村范围内的基础设施也大为改善，新建和改建农房430户，同时还建成了长达24公里的联村环形路。全力布局产业发展的同时，联村党委也在积极谋划发展的长远路子。

三、问题

在拱市村振兴产业以发展乡村的过程中，龙头企业带动、产业融合发展是其产业发展的现实选择。四川力世康现代农业科技有限公司作为市级农业产业化龙头企业，在推进拱市村农业产业化经营的道路上起到了关键作用：抓住机遇，积极探索农业科技创新，完善产业链和价值链，推进产业融合发展，引领拱市村产业和农业高质量发展。

拱市村的产业融合已取得了一些成就，但其过程中仍存在一些问题，诸如农旅融合发展特色不明显，宣传营销不足；拱市产业发展机制尚不完善，第一产业向后延伸不充分，产业链条过短；拱市电商发展初起步，仍面临人才匮乏、竞争优势不足等问题；拱市产品的品牌效应不足；拱市产业对外合作不深；资金、人才、技术等要素支撑不足等。

1. 农旅融合发展不佳

农旅融合的实质是以农为本，旅游赋能。深化农旅融合是推动乡村振兴的重要途径。千叶佛莲旅游文化节在四川省内已形成了一股强大的影响力，其特产佛莲、佛莲柚、金薯等资源为拱市做了很好的宣传。拱市村正在着力打造"农业织底，旅游绣景，创意农业的发展之路"。拱市村农旅融合模式为农业景观+观光旅游，以作物集中种植区、农区特色地形地貌等形成的景观为主要旅游观光对象。

拱市村的第一产业分区主要有千叶佛莲产业园、有机水稻种植区、三七种植基地、花卉生产基地、龙虾养殖基地，为拱市农旅融合增添了底色。拱市村连片打造的千叶佛莲产业核心示范区和4A级农旅景区——佛莲谷，作为拱市村特色农旅产业，为拱市创优致富增加了新渠道。此外，拱市村乡村民宿示范项目、乡村酒店示范项目、生态帐篷营地项目以及自驾车营地项目作为拱市旅游产业的补充项目，增添了拱市村旅游体验的多样化和便捷性。

近年，拱市村调整优化农业产业结构，又重新规划了佛手种植园区、佛莲柚种植区等，积极推进生态观光农业和乡村旅游融合发展，始终高举"生态优先、绿色发展"的旗帜，积极开展千叶佛莲文化艺术节、桃花文化旅游节、啤酒龙虾音乐节等品牌节庆活动，推动旅游业与农业深度融合，撑起了拱市乡村振兴新引擎。

但是，由于拱市村农旅融合发展的路子刚开始走起来，虽然当地发展旅游的热情较高，基础建设也正在逐步优化，但目前仍然存在以下问题：

一是拱市村生态资源综合利用不充分。生态资源是促进农旅融合的先决条件，拱市村生态产品和服务的有效供给不足，增值潜力挖掘不够，市场价值难变现。

二是农旅融合产业发展特色不明显。当前拱市村农旅融合发展的层级较低，同质化问题突出，除千叶佛莲作为当地产业特色对参观者的吸引力较大，其他观光、体验、文化类项目尚未深度挖掘。

三是农旅发展宣传营销不足。拱市村农旅融合发展过程中除了千叶佛莲旅游文化节等品牌节庆活动会有大力宣传外，其在国内主流媒体平台上的宣传营销渠道尚未打开。

2. 产业发展机制不全

对于乡村产业发展，无论是从事特色种植业、特色养殖业还是乡村特色旅游业，都需要从上游、中游、下游等各个环节形成比较完善的产业链，才能实现规模化、集约化经营，进而做大产业规模，提升产业附加值。然而，当前拱市村"农业+"发展的广度深度不足，与工业、文化产业以及物流业融合尚不紧密。同时，农业产业链过短，农业研发能力弱，尚未形成科研、生产、加工和销售的完整产业链。具体而言，拱市产业发展机制仍存在以下问题。

一是产业深度融合仍有空缺。拱市村在跨界配置农业和现代产业要素方面已经进行了或正在进行相应的实践。如拱市村积极推进规模种植和渔业融合，发展了稻田养虾等模式；推进农业与旅游、康养等产业融合，如荷塘养鱼，既有观光价值，也兼顾了经济效益等。但在农业与加工业、农业与信息产业融合方面，拱市产业仍存在一定的空缺。

二是产品物流、包装尚未完全标准化。近年来，拱市村在农产品标准化生产方面已经取得一定进展，如加强化肥、农药等质量安全管理，推行水产健康养殖，水稻以标准化种植和生产成就品牌"拱市大米"。生产阶段的标准化保证了拱市村产品的质量，但由于产品流通过程尚未完全标准化，拱市产品在销售过程中因包装、运输等面临窘境。

三是拱市村产业链条较短。拱市村目前第一产业格局为多品种中规模，但乡村的一产向后延伸不充分，产业项目多提供初级农产品的供应，如三七等中药材以供应原料为主；佛莲除观赏价值外，多为直接整株出售。农产品精深加工不足，副产品的综合利用程度低。通过调研和相关材料，可知拱市村除小型金薯粉条加工厂以外，并无其他第二产业。三产发育不足，拱市村当前第三产业除佛莲谷初成规模，相关节庆活动顺利开展外，拱市乡村酒店、乡村民宿等尚未投入使用，佛莲谷规划项目仍在完善中。

3. 农村电商发展不顺

农村电商是一种既符合时代发展需求又适应农村发展现状的创业方式，通过农村电商创业不断延伸乡村产业链条，带动农村其他方面可持续发展，最终实现乡村振兴。这种自下而上的创业方式能充分调动农民积极性，有效激活农业生产要素，转变传统农业发展观念，不断完善农业发展软硬设施，改善农村产业空洞化问题[①]。发展农村电子商务对农村经济发展具有推动意义，能促进农产品更好地在市场上流通，电子商务的发展可以为农产品的流通提供更广阔的空间。但目前拱市电商发展并不顺利，主要面临以下问题：

一是电商人才缺乏。农业电商平台需要专业的电商人才去操作和运行，而当前拱市村电商高级人才匮乏。

二是电商品牌同质化。当农户完成了电商入驻后，由于对电商平台规则不熟悉，产品运营、品牌建设等没有清晰的概念，对品牌内涵的挖掘不够，一味模仿他人，无法体现产品的特性，产生差异化，难以形成独特的竞争优势[②]。

三是电商企业支持不够。"遂宁鲜"作为当地电商平台，知名度还是有所欠缺，它是一个本土特色农产品网上商城，除遂宁当地人民，外省人民很少知晓此电商品牌，自然也不会想到从此处购买农产品，其知名度仍需提升。

4. 产品品牌效应不强

品牌除了承载着功能性价值，还承担着传递情感、表达意义、展现认同等很多与产品本身的功能属性无关的作用。必须确立品牌战略，讲出好故事，才能实现产品的更大经济价值。在消费者心中，品牌化农产品代表着信赖、安全和高品质，他们对农产品品牌化的需求会慢慢地从各别种类延伸到农产品全产业链中去，例如品牌化粮油、品牌化蔬菜、品牌化水产、品牌化肉制品等。中国区域农业品牌发展报告（2019年度）指出：我国农业品牌建设站在了新的历史起点，进入了新的发展空间，也迎来了新的机遇——"品质消费"将成为主流消费观，农产品将迎来品质提升新时代，区域农业品牌与城市品牌、文旅品牌的融合将成为新的发展趋势。

农产品品牌形象包装首先要从自身企业总部开始形象设计，从企业的logo到产品的外装袋或外装瓶等，都要进行全方位形象设计，这样才能抓住消费者的视觉感

[①] 彭成圆、赵建伟、蒋和平、陈律：《乡村振兴战略背景下农村电商创业的典型模式研究——以江苏省创业实践为例》，《农业经济与管理》，2019年第6期。

[②] 梁爽爽、季星雨、常如意、王佳：《农村电商发展中的困境与对策研究》，《上海商业》，2021年第4期。

官体验，从而采购回家试吃。拱市村农产品面临的问题如下：

一是产品包装不精美。据拱市村销售部王经理叙述，拱市村产品离标准化有一定距离，需进行精细化加工、精细化包装。拱市村产品质量优良，但外观包装跟不上，导致无法收到较大的收益。虽然拱市村产品包装设计有合作厂家，但要真正品牌化，还是需要进行精美的外观和产品设计。

二是品牌特点不突出。拱市村面临着品牌同质化、品牌保护欠缺、没有可以借鉴的成熟经验等问题。

三是宣传推广有限。在宣传推广方面，拱市村目前仍是主要借助产销会等传统推广方式进行品牌宣传，宣传幅度和广度不够大。

5. 资源要素支撑不足

拱市村发展初期，资金基本都依靠蒋乙嘉书记一人支撑。近几年，随着政府投入的增多，政府资助已在拱市村发展资金中占据主要部分。目前，拱市村仍面临资金短缺的问题，主要因为外来投资太少，资金来源太过单一，有利于产业发展的、较为稳定的资金投入机制尚未建立，金融服务也明显不足，农村资源变资产的渠道尚不完善。人力资源的短缺几乎是所有乡村产业发展过程中普遍面临的问题，拱市村也不例外。

一是常住村民老龄化严重。绝大多数年轻人都更愿意待在城市，虽然拱市村在大力引进年轻群体，但目前来看效果甚微，除了一位80后村支书和一位90后大学生村官外，基本年龄都在50岁以上。

二是相关产业人才缺乏。村里缺少与乡村产业发展相契合的本土实用技术人才，比如佛莲柚、仙桃等农作物的培养基本都是依靠村民的经验，缺乏专业人才的指导，产量还有很大的提升空间。包括各产业的规划用地等都是村里自己决定的，缺乏合理的依据，虽然"中规模多品种"的产业模式能够让拱市村在市场变动下及时作出反应，但如果有专业人员的意见作参考，在产业选择和发展方面也许可以做得更好。

三是商贸经营人才缺乏。与市场经济要求相适应的经管、营销、电商、金融等人才的缺少，特别是村里正在大力发展电商平台，它的发展除了产品的选择，还面临着资金来源、信息的获取、网站平台的维护运营、营销策划方案、相关人员的管理、物流的配送、售后服务等一系列的问题，这都需要有专业的人才管理。可就目前的情况，村民普遍年龄偏大，接受新事物、学习新知识的能力较弱，这也就导致了拱市村电商的发展相对来说比较缓慢。因此，引进受过高等教育、有着创新思维、敢于尝试的年轻人对拱市电商的进一步发展有着重大意义。

四是缺少相应的农业配套设施设备。当下，拱市村许多工作都靠村民手动解决，由于村民都比较年迈，这也就降低了工作的效率，正如村民荣叔所说："每当水稻收获季节时，都得等外省的收割机队伍，太麻烦了。"因此，村里基础设备的增加对拱市村未来的发展十分必要。一些现代农业配套设施用地和乡村新产业新业态用地难以满足，农村土地节约集约利用水平需进一步提升。

四、对策

针对拱市村在乡村产业振兴道路上面临的挑战，结合全国乡村振兴示范案例，拟提出以下对策。

1. 打造拱市村特色农旅品牌

（1）创新发展模式，提升供给能力

编制生态产品清单，科学评估生态产品的价值，加快生态产品交易平台和体制机制建设，进一步完善生态补偿机制。充分利用互联网等新技术和新工具，完善旅游基础设施，提升旅游接待、服务水平，创新旅游产品开发，完善旅游路线，增加特色体验项目。另外，改变单一旅游形态为主导的旅游产业结构，构建起以旅游为平台的复合型旅游产业结构。

（2）促进产业聚集，树立品牌效应

拱市村目前已经形成多品种中规模的产业格局，在农产品生产方面拥有着很大的优势，但尚未形成集农产品生产、加工、休闲观光、特色产品销售于一体的产业集群。打造地方特色产业集群和观音文化名片，在品牌推介、市场开拓等方面有着积极作用。拱市村应着力促进农产品变旅游产品，在现有特色产品的基础上开发差异化产品和功能性产品，例如千叶佛莲除用于观赏和整株销售外，应根据其药用价值开发功能性产品，将佛莲蜜打造成不同于市场蜂蜜的特色产品。

（3）创新宣传渠道，强化媒体宣传

拱市村要根据当地农旅产业发展的特点和特色，采取不同的方式进行推介，也可以充分利用微信、微博、抖音、直播、微电影等新媒体技术开展宣传和营销，开拓新媒体宣传新渠道。

2. 增补拱市村产业发展链条

（1）跨界配置资源，促产业深度融合

产业兴旺除了农业高质量发展，推动农业产业链条多维延伸更为重要，以期实现产前、产中、产后的纵向融合和农业与二三产业横向融合[1]。目前拱市村在发展绿色循环农业、推进优质农产品生产等方面夯实了基础，下一步应做强农产品加工业，大力支持发展农产品产地初加工、全面提升农产品精深加工整体水平、努力推动农产品及加工副产物综合利用，提升产业融合发展带动能力。另外，在与信息产业的融合中，做活农村第三产业，大力发展各类专业流通服务、积极发展电子商务等新业态新模式、加快发展休闲农业和乡村旅游，拓宽产业融合发展途径。

（2）推进产品标准，增强产业增长力

大力推进产品标准化流通，是拱市产业实现持续增长的关键。贯彻实施农产品流通标准，推动农产品质量等级化、包装规格化、产品品牌化，提高农产品流通效率，促进大市场、大流通的形成；建立可追溯体系，保证上市农产品的质量和安全；实现农产品优质优价，推动农业产业结构调整、产品结构优化，促进农民增收[2]。在物流标准化、包装标准化上下功夫，根据产品特征选择不同的流通方式，与专业机构合作，设计特色化、个性化的品牌标识、包装设计等。

（3）补强产业链条，重塑产业新优势

加大对粮食精深加工的扶持力度，加快全产业链、全价值链建设，是深入贯彻

---

[1] 中华人民共和国农业农村部 http://www.moa.gov.cn/govpublic/zcggs/202003/t20200306_6338371.htm。

[2] 中华人民共和国商务部 http://www.mofcom.gov.cn/article/h/redht/201102/20110207394308.shtml。

乡村振兴战略部署的体现。把以农业农村资源为依托的二三产业尽量留在农村，把农业产业链的增值收益、就业岗位尽量留给农民，促进农民就业增收和乡村产业振兴。拱市村目前产业格局中缺少第二产业，当地有机水稻种植收成后多运输到常乐镇进行精深加工，仙桃、佛莲柚成熟后多直接出售。拱市村应在龙头企业的带动下，实施新型农业主体培育行动，壮大经营主体，健全产业链条；加大项目支持力度，推动农产品加工业集群成链；健全利益联结机制，将资源要素在农村进行整合，让农民更多分享产业链增值收益。

3. 提升拱市村农村电商水平

（1）拓展电商模式

佛莲、佛手等涉农专业市场积极依托电商模式，加快转型步伐，促进农副产品触电触网。拱市联村种植专业合作社、种养大户及涉农企业需因地制宜，以电商模式加快提升农副产品及深加工产品流通效率，努力破解涉农产品"卖难"瓶颈。拱市村产业集群亟须加快拓展网络营销。拱市村应继续完善电商体验中心的功能，吸引更多的电商企业入驻，积极对接政府，进一步加大资金支持力度。拱市村已经拥有电子商务物流配送中心、冷链物流，今后拱市村在产销对接方面应继续加强，推动当地农副产品"进市场""进商超""进景区""进平台"，实现"线上+线下"多元化消费扶贫，拓宽贫困群众增收渠道。

（2）培育农村电商人才

拱市村需加大本土电商人才培养力度，促进农村电商发展。基于农户对电商产业发展的认知水平来帮助农户设计喜闻乐见的农村电商运营模式，通过丰富翔实的农村电商技术培训和手把手实战指导等理论与实践融合式教学模式，从根子上消除农户对农村电商业务的陌生感和抵触情绪，提升农户的认知水平[1]。

（3）丰富农村旅游电商

拱市村需大力发展农村电商"农产品+旅游+电商"模式，尝试将电子商务运用到农业观光旅游开发以及特色农产品销售当中去。在打造农业观光旅游电商时需

---

[1] 庞爱玲：《乡村振兴战略下农村电商产业发展困境与路径》，《农业经济》，2019年第7期。

要努力将"远方的客人们留下来",在"管吃管住"的一体化服务中,让游客在玩得尽兴后能买走农产品,以此提升旅游附加值。

(4)增加资金支持

未来拱市村务必继续做好农村电子商务工作,因地制宜、优化布局、促进应用、鼓励创新,引领农村电子商务更好更快发展。

4. 打造拱市村特色品牌名片

(1)传承文化历史,形成品牌灵魂

首先,从历史传承、技术禀赋中找寻其内在的精神价值。其次,通过熟知的人和事,发现并创造对应自身价值,便于识别和传播的形象载体。最后,以适用的商业模式整合品牌和产品,落地于市场和消费者,开花结果。例如,"好想你"通过大枣专卖店,"褚橙"通过电商等渠道模式获得成功。

(2)借助地理标志,营造品牌声势

地理标志作为农产品品牌化发展的天然优势资源,依托其打造农产品区域品牌是实现我国农产品品牌化发展的有效路径[1]。如台山青蟹这一国家地理标志农产品的打造,需融合有力的、可支撑的农产品文化理念。农产品品牌文化内核要深厚,需具有独一无二的文化理念,让消费者从文化理念上认同[2]。拱市村的特色在于"佛"文化,可借此实行差异化战略,塑造产品和企业形象。

(3)依据自身特点,制定品牌营销

拱市村产业属中小规模、多品种农产品,难以辐射较大范围,但可以在小范围内打造品牌。拱市品牌可致力于在川渝地区进行品牌营销,选择合适的营销推广方式。针对产品的包装、宣传推广等方面,应积极与有关优秀企业合作,使产品的包装更加精美,贴合产品理念与特质。农产品品牌建设的关键在于品牌营销运营,提升农产品的品牌知名度,让更多的消费者知道有这个优质的农产品,这就需要农业

---

[1] 费威、杜晓镁:《打造农产品区域品牌:以地理标志为依托的思考》,《学习与实践》,2020年第8期。
[2] 王奕:《如何打造农产品品牌?》,《营销界》(农资与市场),2018年第21期。

企业对该农产品品牌进行全面的宣传。在互联网的时代，农产品企业若要快速提升品牌知名度，必须借助互联网的传播方式进行农产品品牌传播。

（4）依托专业合作社，推动品牌打造

合作社在品牌建设过程中可以提高农产品价值、推动农业标准化生产、提高农户的能力及素质以及优化农民专业合作社的资源，促进经济发展[1]。拱市村现有种植专业合作社、拱市村农机专业合作社、拱市村水产养殖专业合作社与拱市乡村旅游专业合作社。积极运用这些合作社的力量，提升拱市村现有的"佛莲"品牌建设。

5. 巧用拱市村各方资源禀赋

（1）吸引外来投资

第一，需要提高财政的支持力度。政府方面需要集中支持公共基础设施建设、公共文化建设、社会保障健全、农村教育改善等多个方面，改善农村农业基础设施条件，提高农民生活质量，优化农村地区生活环境和人居环境，为返乡创业人员提供良好的环境。

第二，建立完善的投资机制。在对上级财政策略进行完善的同时，鼓励民间资本主动投入到农村基础设施建设中，政府在这一过程中要起到引导的作用，通过建立相应的措施，坚持"谁开发、谁投资、谁受益"三项原则，建立更加健全的、公平的、透明的投资渠道[2]。

第三，深化金融改革创新。首先，有效盘活农村资源、资金、资产，增加农业生产中长期和规模化经营的资金投入，促进农民增收致富和农业现代化发展。其次，有效发挥财政资金的杠杆作用，充分发挥龙头企业的作用，积极与合作银行对接，不断做大风险保障金规模，增强银行对农业产业发展的信贷投放力度，解决村里融资难、融资贵问题。

---

[1] 师馨一：《农民专业合作社在品牌建设中的作用及对策探析》，《南方农业》，2017，11(24):51-52。
[2] 王莺：《乡村振兴视域下影响农村产业发展的因素及对策研究》，《中国产经》，2020年第15期。

（2）加强人才建设

第一，要加强村干部的能力培训，通过"走出去、请进来"等多种方式，开阔村干部的视野，不断提升村干部引领乡村产业发展的能力。

第二，要加快实施新型职业农民培训工程，大力发展乡土人才，从村子内部解决人才短缺的问题。首先，努力构建新型职业农民教育培训"一主多元"体系，抓好农广校建设，强化基础依托，改善专门培训机构设施条件，组建专业的培养基地。以农广校为平台载体，加快建立农民教育培训师资库和导师制度，建立"固定课堂""流动课堂""田间课堂"等丰富的授课模式[1]。可参考厦门市鑫美园果蔬专业合作社正在推行的"职业农民导师制"，借鉴高校培养研究生、博士生的模式，实施精细化、深度化、长期化定向培养，由科研单位博导直接对接农业企业骨干人才，让本就拥有丰富专业知识的人更加专业，成为农村产业发展的"生力军"[2]。其次，可以研究制定农民田间学校建设方案，通过政策推动、扶持拉动、任务带动和机制联动，引导农民合作社普及农民田间学校。最后，围绕产业开展从种养到销售全过程培训，在培育目标上实现与现代农业的无缝对接。

第三，要贯彻落实好相关政策，特别是《关于支持返乡下乡人员创业创新促进农村一、二、三产业融合发展的意见》，进一步完善激励政策，适当增加一些福利待遇，引导更多的青年人才返乡下乡工作，吸引其扎根拱市，成为推动拱市村产业振兴的中坚力量。

第四，要以大项目、龙头企业的发展带动一、二、三产业的融合，提升二产、三产对一产的反哺能力，努力将土地流出的农民引向产业工人，吸引外流劳动力返乡。

（3）强化农业科技

第一，要加强乡村产业项目的技术支撑，打造一支业务精干、相对稳定的农技

---

[1] 赖柄范：《乡村振兴背景下影响农村产业发展的因素及对策研究》，《农村经济与科技》，2019,30(01):15-17。
[2] 王鸯：《乡村振兴视域下影响农村产业发展的因素及对策研究》，《中国产经》，2020(15):55-56。

服务队伍，一方面可以为测土配方、病虫害防治、养殖等项目提供技术支持，另一方面还可以为返乡下乡创业者解决后顾之忧。

第二，要提升农业科技含量，不断加强农业科技在农业生产中的运用。加强农业科研人才的培养，稳步推进产学研项目的实施，构建现代农业科技创新体系，加快农业科研成果转化速度，发挥科学技术"第一生产力"的推动作用；大力推广农业节水技术，完善高标准农田配套设施建设和水利建设，提高农业防灾和抗灾能力；提高农业机械装备智能化水平，进一步降低农业生产成本、提高农业劳动生产率。

结语： 产业振兴不仅是乡村振兴的关键，还是拱市村乡村振兴道路上最为重要的模块。中央农村工作会议指出，"要加快发展乡村产业，顺应产业发展规律，立足当地特色资源，推动乡村产业发展壮大，优化产业布局，完善利益联结机制，让农民更多分享产业增值收益"。因地制宜发展特色产业，大力推动一、二、三产业融合发展，走科学有效、农民受益的产业发展之路，就能为实现乡村振兴注入强劲动能。拱市村发展特色产业以托起拱市村"脊梁"的具体实践生动诠释了乡村振兴物质基础的重要性。拱市村依据浅丘地区的地理特点，在多年的产业探索中摸索出土地流转奠基础、统筹规划优格局、产业聚焦成规模、城乡互动带发展的中国乡村产业振兴的优秀实例。其发展经验深刻表明，产业振兴绝不仅仅追求经济效益，而是根据拱市村浅丘地区的地理特点和当地特色产业，结合互联网时代的新技术，形成绿色安全、优质高效的乡村产业体系，为农民持续增收提供坚实的产业支撑。

人才振兴

头雁引领，外引内培
——四川省蓬溪县拱市村人才振兴的经验与启示

陈国申 李慧
山东农业大学

乡村振兴，人才振兴是关键。无论是产业振兴，还是组织、文化和生态振兴，无一例外，都需要有人才振兴作为依托。离开了高素质的村民，其他振兴都无从谈起。

本文主要探讨拱市村的人才振兴，即拱市村通过何种机制创新来缓解乡村人才匮乏的压力。目前，拱市村面临的人才匮乏压力主要包括以下三点：一是村庄的劳动力严重匮乏；二是村庄的年龄结构严重老化，养老压力巨大；三是村庄劳动力掌握新技术、成为新型农民的能力大为下降。

一、拱市村人才振兴的背景

从新中国成立到"文化大革命"结束时，拱市村人口呈现不断增长的趋势。解放初，拱市村只有 700 来人。20 世纪 50 年代中期，人口增长特别迅速，发展到近 1000 人。1977 年，拱市村的人口总数为 1646 人，共 381 户，男性 854 人，女性 792 人。

近年来，随着城镇化的不断深入，拱市村的人口出现了比较明显的流失现象。2015 年年末，拱市全村有在籍人口 1675 人，共 538 户，男性 908 人，女性 767 人。全村 538 户中，有 372 户常年在外打工，剩余 166 户没有常年外出打工，仅占全村户数的 30.86%。从 1977 年到 2015 年的 38 年之间，户籍人口仅增长了 29 人，年均增长不足 1 人。如果按照常住人口计算，人口流失更为严重，流失了七成人口。

2019 年，拱市村与周边村庄合并后，新的拱市村出现了大幅度的人口增长，但人口流失问题并未因此得到改善。合并后的新拱市村户数 1438 户，人口共计 4152 人，耕地面积3320亩（其中田1048亩、土2272亩），贫困户176户、410人。目前拱市村总人口为4128人，其中在外人员2657人，18岁以下291人，18—59岁2163人，60岁以上203人；在村常住人口为1471人，18岁以下287人，18—59岁429人，60岁以上755人。

通过这组数据对比我们可以发现，4128人中有64.4%的人口常年在外，只有35.6%的人口常驻村内；18-59岁的劳动力总数为2592人，只有16.6%的人口在村内工作、生活，而83.4%的劳动力在外工作、生活；在村内的常住人口1471人中，正值18—59岁的适龄劳动力为429人，只占29.2%，60岁以上的老年人为755人，占到村内常住人口的51.3%。

以上数据说明，无论是村庄合并之前的拱市村，还是合并之后的新拱市村，村庄人口的流失都十分严峻。人口流失的后果也应当一分为二地看待，可以分为消极的方面和积极的方面：从消极的方面来看，人口流失造成了严重的人才匮乏；从积极的方面来看，又为土地流转、改进种植方式和引进人才创造了条件。

在查阅大量文献和实地走访之后，课题组将为拱市村乡村振兴的人才分为三类：一是拱市村走出去的精英；二是与拱市村没有地缘、血缘关系的外乡精英；三是拱市村内部挖掘、培养的乡土人才。其中，从拱市村走出去的蒋乙嘉是一个关键人物，从2007年开始，拱市村所发生的一切振兴都和蒋乙嘉有关，蒋乙嘉的回归起到了引领和谋篇布局的作用，不但实现了自己和身边人的回归，还作为一个纽带吸引了外乡精英的加入，更关键的是在家乡建立了一套可持续的人才发展机制，为村庄发展注入了内生动力。

二、拱市村人才振兴的经验

（一）拱市村人才振兴的做法

1. 返乡创业谋新篇，乡贤聚力报家乡

乡贤是乡村人才振兴的关键力量。他们早年离开家乡，在外功成名就，各有所长，成为各界精英，但对家乡有斩不断的眷恋，也有回报家乡的愿望。只要条件成熟，

他们就会通过各种方式来回报家乡对他们的哺育之恩。根据他们对拱市村乡村振兴的作用，课题组将其分为三部分：一是头雁蒋乙嘉；二是受到蒋乙嘉感召返乡的本乡精英；三是虽未返乡但却通过各种方式，尤其是乡贤理事会联结起来的乡贤。

（1）蒋乙嘉头雁回归

蒋乙嘉出生在拱市村一个贫苦农民家庭。蒋乙嘉于1959年3月出生于四川省遂宁市蓬溪县常乐镇拱市村，上面有三位哥哥、一位姐姐，下面有两个妹妹。蒋乙嘉童年充满苦难，儿时所有的记忆剪影都与"饥饿、贫穷"有关。回忆起母亲第一次带自己到镇上的情景，蒋乙嘉看到镇上人家的饭碗里全是米粒儿，而自己家的碗里清汤寡水，放着几块地瓜，掺杂少许米粒儿。"家乡为什么这么穷？为什么我们的日子过得如此艰难？"蒋乙嘉儿时最大的梦想就是有一天能摆脱贫困，过上吃穿不愁的好日子。

蒋乙嘉创业成功后便毫不犹豫地回到家乡，实现自己儿时改变家乡贫困面貌的梦想。蒋乙嘉1978年3月参军入伍，1979年3月加入中国共产党，1979年提干，曾荣立二等功、三等功各一次。1997年放弃了部队干部转业安置的工作，决定到商海打拼。经过10年的创业，他终于干出了一番天地，成为了身家千万的富商。2007年7月，蒋乙嘉带着儿时"改变家乡面貌"的梦想和自己全部积蓄回到家乡带领乡亲们脱贫致富。

蒋乙嘉返乡的奋斗目标是"让土地充满希望，让鲜花开满村庄，让乡亲们过上城里人羡慕的生活"。为了实现这一目标，蒋乙嘉将自己的全部积蓄2000余万元用到村里撂荒土地整理、村公共服务中心和基础设施建设以及产业的发展上，他的付出赢得了各级党委、政府以及乡亲们的信赖和支持。因此，蒋乙嘉在2011年荣获遂宁市慈善先进个人；2012年被任命为拱市村第一书记，荣获四川省争先创优优秀共产党员；2013年11月任拱市村支部书记，荣获蓬溪县道德模范、遂宁市最美基层干部；2014年3月中央政治局常委刘云山批示，5月中宣部组织中央、省级、市县等20余家媒体，对"全国最美基层干部"蒋乙嘉个人事迹进行了连续报道；2014年被评为遂宁市优秀村支部书记，同年10月进入"四川好人榜"，11月进入

"中国好人榜";2015年8月被评为四川省第四届敬业奉献道德模范,9月被评为"感动遂宁十大人物",10月被评为首届四川"十大扶贫好人";2016年被选为中国共产党遂宁市第七届候补委员,蓬溪县人大代表、遂宁市第七届人大代表,10月荣获首届"全国脱贫攻坚奖奋进奖";2017年荣获首届"遂宁市人才创新创业奖",2017中国民营经济年度人物,2017年首届"投资遂宁十佳遂商",四川省"2016川商扶贫优秀个人",2017年全省脱贫攻坚奖评选委员会委员,2017年4月当选为四川省第十一次党代会代表,2017年5月当选为中国共产党十九大代表,2017年12月当选为四川省第十三届人大代表;2018年被评为四川省农业供给侧结构性改革十大人物、荣获全国供销系统劳动模范、当选为中华全国合作总社第六届理事会理事、被中国公务员培训中心西南分中心特聘为研究员,9月荣获"四川十佳村官";2019年被评为全国"2018年度村暖花开·乡村优秀致富带头人""第二届中国生态文明奖先进个人""四川省优秀退役军人""全国模范退役军人""全国乡村文化和旅游能人""遂宁市返乡下乡创业明星"等称号,同年当选为中华全国合作总社第七届理事会理事;2020年7月由中国共产党遂宁市第七届候补委员递补为市委委员、遂宁市供销合作社第一届理事,11月获得"四川省返乡下乡创业明星"称号;2021年1月担任蓬溪县供销合作社副主任,2月被评为"全国脱贫攻坚先进个人"。

拱市村在蒋乙嘉的带领下,先后荣获"四川省优秀基层党组织"、蓬溪县第一批"新农村建设示范村""文明生态村"、遂宁市"市级文明村"、四川省"新农村建设点示范村"、四川省"依法治村示范村"、"省级四好村""百强村""文明村""四川省森林康养基地""四川省实施乡村振兴战略工作示范村""四川省首批乡村治理示范村"、"四川省乡村旅游重点村"、全国"农村人居环境示范村"、全国"文明村"、全国"农村示范社区"、"全国休闲农庄"、"国家森林乡村"、"全国生态文化村"等荣誉称号。

近几年来,蒋乙嘉多次受邀在中组部、民政部、国家信访局、中国农业发展银行总行,省、市、县委组织部,省市县扶贫局等部门组织的精准扶贫工作会上交流自己带领村民脱贫致富的做法和体会。接待甘肃、陕西、四川、重庆、北京等地到拱市村学习交流精准扶贫的做法和体会20000余人次。同时，还积极参与四川省扶贫开发服务促进会（理事）、四川退役军人创业就业促进会（副会长）、四川省生态文明促进会（理事）、四川品牌建设促进会（理事）、四川省老区建设协会（常务理事）、四川省村长论坛理事会（理事）、遂宁市退役军人事务局（监督员）、拱市联村新乡贤联谊会（会长）、遂宁市返乡创业协会（副会长）等社会组织的各项公益活动。

2017年蒋乙嘉引进解放军81081部队为蓬溪县下东乡贫困村——紫槽村、花果村捐赠100万元，新建群众文化活动中心，已于2018年10月投入使用。该中心具有开放式阅读、文化活动、便民服务、电商平台等功能。活动中心的建成极大丰富了东宁片区11个村万余名群众的文化生活，成为军民融合、助力脱贫攻坚的典范。

（2）众精英追随返乡

在蒋乙嘉的带领下，拱市村发生了翻天覆地的变化，户户通公路、家家用上自来水和天然气，老百姓的日子越过越红火。2007年，蒋乙嘉刚回乡时，村民的人均年纯收入只有2300元，2020年这个数据变成了21000多元，增长了近10倍。这些变化的产生，除了要归功于头雁蒋乙嘉之外，还与一大批返乡精英的默默付出有着密切的联系。蒋乙嘉的故事传遍全国，他奉献家乡的无私精神让一些走出去的蓬溪精英受到感召，重回家乡助力拱市发展。

较早被蒋乙嘉书记带动回村的是其三哥蒋国锐和小妹蒋素英。蒋国锐和蒋素英是众多返乡精英中不得不提的两位。蒋国锐是蒋乙嘉的亲哥，在1975—1976年时，就曾经担任过拱市村的村主任。1976年参军到中央警卫团，也就是著名的8341部队。参军前就光荣地加入了中国共产党。因为在部队表现优秀，曾经成为中共中央办公厅党代会代表。1981年复员后，到东北闯关东，也成为著名企业家，是吉林省宝莱阁文化传媒有限公司的法人代表。后来蒋乙嘉回乡带领家乡致富，蒋国锐见到四弟独木难支，也毫不犹豫地放下了自己在东北的产业和天伦之乐，只身一人回乡给四弟蒋乙嘉担任工作助手。小妹蒋素英在返乡之后，主要是帮助蒋乙嘉书记经营壹嘉酒店，负责观光游客的接待工作。

杨利军是追随蒋乙嘉书记返乡创业的代表之一。杨利军是蓬溪县原小拱市村人，1973年3月出生，初中毕业后外出打拼。在接触蒋乙嘉书记之前是一名大车司机，在国外开工程车，每月工资在一万元以上，2013年受蒋乙嘉书记影响回到拱市村，专职给蒋书记当司机，跟着蒋书记学习、打工，主要负责蒋书记的安全和出行。

随后杨利军于2015年开始自主创业，开办蓬溪县励军家庭种植农场，主营水果、花卉的种植销售以及家禽、水产的养殖销售。励军家庭种植农场目前主要业务有养蜂、花卉种植、中药材种植、水果种植等，并根据当年行情对种植的作物进行调整。例如今年柑橘收益不好，就会拔掉改种红薯，桃子品种不好就引进新品种的桃子以延长挂果期。

励军家庭种植农场开始有收益是从去年种植红薯开始的，但由于缺乏经验，刚开始种植的红薯品种纤维比较多，口感和效益不佳，因此后来改种蜜薯，现有规模70亩，计划种植200亩。励军家庭种植农场平时只有杨利军自己一人，在采摘期或者自己做不完时会请村民来打短工，一般会请6到7个工人，工资大约每人每天70元，工人年龄一般在60多岁，农忙时一般会连续请一星期左右，为不方便外出打工的中老年人提供了一份短期工作。

励军家庭种植农场种植的蜜薯已成为上市产品。杨利军利用微信、抖音等社交软件销售蜜薯，并不在淘宝、京东等平台上销售，主要原因是这些平台定价较低、收益到期时间晚（半个月后才能收到钱）。蜜薯的上市时间一般是8月份左右，年产量大约为一两万斤，单价为一斤7块钱左右。今年杨利军申请了品种商标，他说："申请商标后，今年蜜薯可以卖到每斤10块钱左右。"除了单独销售，杨利军也走批发路线，批发价格在3块钱左右，价格较低，但批发是统货，质量参差不齐，精品蜜薯仍然能卖上好价格。

杨利军当时返乡创业时，国家有精英返乡创业项目扶持资金，比如种植大豆每亩补贴150元钱，种植油菜每亩补贴100元。但这些补贴和资金需要靠自己争取，否则不能享受。开办农场所需流转的土地价格为每亩500元，每年一付，杨利军于2015年签定了30年土地流转合同。当前，励军家庭种植农场正处于收益期，未来还会继续扩大规模,此外杨利军还投资开办了一家合作社,合作社注册资金为100万元,杨利军投入了65%,除杨利军外,合作社还有20户投资者,相当于股东,但投资较少。合作社经营规模较大,主要种植苗圃类,家庭农场会附带养殖。最终形成公司加合作社加农场加农户的模式,可以避免中间商赚取差价,从原产地到市场销售一条龙服务。

办农业难,农业成本高、资金回笼慢,需要静下心埋头苦干。杨利军为开办家庭农场和合作社,只身一人回到家乡,他老家的房子在建设新农村时被拆掉,新村里分给他一套房,但当时被他卖掉了。他在村里没有住的地方,平时只能住在仓库,生活条件艰苦。他在城里买了一套114平方米的房子,妻子和儿子都在遂宁市里工作和生活。但这些困难都没有动摇杨利军扎根农村创业、带领村民致富的心,让土地开满鲜花也是他的梦想。

(3) 新乡贤组织起来

2020年10月,遂宁市蓬溪县举行拱市联村新乡贤联谊会成立大会。县委常委、统战部部长杨军出席会议并讲话,县委统战部、常乐镇、天福镇、拱市联村有关负责人及联谊会全体会员参加会议。会议选举产生了联谊会第一届理事会会长、常务副会长兼秘书长、副会长,任命了副秘书长,进行了授印授牌仪式,拱市联村党委书记蒋乙嘉当选为联谊会第一届理事会会长并作了表态发言。随后,还举行了拱市联村新乡贤恳谈会、为贫困群众献爱心募捐活动、书法创作赠送活动、"走走家乡路、看看新变化"等主题活动。

这就是拱市联村吸引人才回归的另一种方式,通过成立拱市联村新乡贤联谊会,将散布在全国各地的拱市精英联结起来,这些精英在自己的领域中出类拔萃,工作和事业有所成就,通过联谊会各领域人才汇聚在拱市村,为拱市村各方面发展凝心聚力。与普通的返乡精英不同,拱市村新乡贤联谊会并不要求乡贤本人一定回到老家亲自为家乡做出直接的贡献,而是要求他们心系家乡发展,心要回到家乡,通过联谊会这种机制,把拱市村的在外精英凝聚起来。由于这些精英分布在全国各地、各行各业,对于拱市村发展乡村旅游的宣传和扩大特产销售渠道大有裨益。

拱市联村新乡贤联谊会是蓬溪县成立的首个跨乡镇的联村新乡贤联谊会，旨在把心系乡土、有一定声望和影响力的经济能人、社会名人、文化达人等"新乡贤"组织起来，布好亲情网、建好朋友圈、谱好发展曲，进一步激活乡贤资源、凝聚乡贤智慧、汇集乡贤力量，新乡贤人士成为推动乡村振兴发展的"领头雁""主力军"，实现"让土地充满希望，让鲜花开满村庄，让村里人过上城里人羡慕的生活"的乡村发展目标。拱市联村新乡贤联谊会是蓬溪县进一步加强新时代乡贤统战工作的探索，也是为了不断巩固壮大统一战线事业、着力完善大统战工作格局的重要举措，更是对党中央决策部署的贯彻落实，标志着全县新乡贤人士统战工作进入了新阶段。

联谊会对新乡贤有以下几点要求：首先要求广大乡贤要在助力家乡发展上有新作为，要一如既往地宣传家乡、支持家乡、关心家乡，当好重点事务监督员、助推发展智囊员、社情民意信息员、助人为乐慈善员、乡村治理勤务员等"八大员"，主动参与乡村振兴，将更好的资源引进拱市，将更多的产业项目留在拱市；其次新乡贤联谊会要在服务乡村发展上有新作为，要按照《章程》，加强自身建设，发挥好集体协商、集体决策作用，明确联谊会提升乡村文明感召力、乡村经济发展力、乡村社会共建力、基层社会治理力"四项职责"，把联谊会建成为一个维系故土的"同乡会"、一个共谋蓝图的"群英堂"、一个相互支持的"老友圈"。

为切实发挥新乡贤联谊会作用，党委政府也需有所作为：要关心和支持乡贤工作，畅通知情明政渠道，搭建参政议政平台，做好活动场所、经费等保障工作，建立健全乡贤联络联谊机制、镇村两级乡贤工作网络、政治引领和教育培训制度等。以"乡贤资源"助推乡村发展，以"乡贤力量"助力乡村治理，让拱市联村成为大家施展才华的舞台、成就事业的平台、温馨生活的家园，把新乡贤建成基层统战工作的一道亮丽风景线。

2. 他乡精英汇拱市，各显神通创辉煌

乡村振兴最重要的是实现城乡融合发展，打破城乡壁垒，其中人才振兴也是如此。所不同的是，人才振兴不但要打破城乡壁垒，还要打破地域、户籍界限，"英雄不问出处"，只要能为拱市村贡献才智，发挥自己的能量，为拱市村的发展做出独特的贡献,那就是拱市村的人才。乡村人才振兴,关键还是要解放思想,打破条条框框的束缚。在这一方面,拱市村无疑走在了前面,值得各地学习。

(1)外乡创客聚拱市

在蒋乙嘉书记和众多返乡精英的携手共建下,蓬溪县拱市村修道路、兴水利、发展特色产业,如今拱市村的基础设施完善,拥有中国最大的千叶佛莲种植基地。其优越的生态环境和蒋书记的诚心诚意,吸引了一批外乡创客来拱市创业。这些外乡人有想法,有经验,需要的就是拱市村这样的创业平台。

绿色高端水蜜桃专家尹明万落户拱市村。尹明万出生于1969年,成都人,主修种植专业,毕业之后在政府基层工作,7年之后又回到热爱的农业,主要发展有机食品,在当地是有名的水蜜桃种植专家。他去年来到拱市村,流转了210亩土地种植桃子,一共种植了5个品种,在桃子成熟的季节每10天有一个果子品种处在成熟期,以保证成熟果子可以从5月底卖到7月份不间断。

尹明万被蒋乙嘉书记的诚心所打动,被拱市村提供的创业条件所吸引,来到拱市村。拱市村对其发展农业给予土地租金上的支持,尹明万以一亩地300元的价格从村委手里租了土地并签订了10年的土地合同,租金一年一付。另外水果种植在南方满足市场数量上的需求是很容易的,因此水果品质就成为关键,拱市村山清水秀,远离城市,环境优越,经过蒋乙嘉书记对拱市村基础设施的改善,交通和用水都十分便利,这也使尹明万看到商机,优越的环境和完善的基础设施使追逐蒋乙嘉书记而来的企业家有了留下来发展的动力。

尹明万在拱市村的主打产业是高品质水蜜桃种植和销售,一亩地投入在四五千元左右,并实行标准化生产,对桃子的个头、颜色和外观都有要求,尹明万的桃子种植还实行青菜套种,青菜成熟后砍掉埋在土里做肥料,施的肥料也主要是牛粪等有机肥,不用农药,生产无公害产品,这种方式生产出来的高品质桃子,其订单有时需要通过飞机来进行运输。为在拱市村发展水果种植业,尹明万与家人分隔两地,他本人在拱市联村租住,家人则在外地随着时节的变化全国各地搞嫁接。另外,在发展产业的同时,尹明万还坚持提升自己,每周都学习种植技术,他有自己的农业理念，认为做农业不能赚快钱，搞农业要沉下心，经过长时间的积累，才能厚积薄发。他还反对农业种植搞大规模，认为规模一大，一方面投资也需加大，成本费用提高，另一方面管理跟不上、用工人力短缺，而且果子质量没有保证，卖的时候不好卖。再者，桃子储存时间短，一周就会坏掉，所以不能搞大规模种植。

拱市村的佛手产业种植大户何明中也是慕蒋乙嘉大名入驻拱市村的外乡人。何明中，1976年生于四川省射洪市天仙镇双鱼村。高中毕业后就开始外出打工。2003年成立上海中雷贸易有限公司，是多个日化品牌的上海总代理。曾担任品牌厂家"江、浙、沪"市盟会会长职务多年，多次获得多个品牌全国优秀经销商奖励。2019年3月自创四川盖文商贸有限公司"盖文共享商城"实体。

何明中在2019年开始开荒种植中药材佛手柑，但他是在蓬溪县的另外一个乡镇蓬南镇同乐村种植。2019年8月，何明中在同乐村承包了560亩土地种植中药材佛手柑，2020年9月又在蓬南镇扩展佛手种植面积700余亩。

2020年何明中意外与蒋乙嘉相识，受到蒋书记的感召，加入了拱市村佛手种植项目。2020年11月在蓬南镇党委杜志凌书记的一次聚会上，通过杜书记的引荐，何明中感受到了蒋乙嘉书记对家乡的深厚情怀、对家乡土地的热爱和对家乡老百姓过上幸福富裕生活的努力，他非常感动。在与蒋书记初步沟通后，何明中立即决定把佛手产业再在拱市村开花结果，共同努力做大做强拱市村的佛手产业。

何明中决定在拱市村种植佛手后的第三天，就喊来挖机开荒腾地。蒋乙嘉书记看到他的积极性和决心后，立即安排专人移花移树、安装水利设施，进行全程现场跟踪服务。

由于到拱市村种植佛手的产业计划比较突然，造成了何明中蓬南基地苗圃的短缺。到现在为止，何明中在拱市村的佛手项目只种植了200余亩，预计2021年年底再增加佛手种植面积800余亩。由于佛手的药物价值成就了它的经济价值，多年来均供不应求。按照目前市值计算：树龄达3龄后均最低亩产8000斤鲜果计算，每斤鲜果收购价3元。每亩地当年所有运作成本1200元，即：$8000 \times 3 - 1200 = 22800$元，未来1000亩佛手的纯收入将达到2000多万元。而且佛手树3龄后的丰产期最低达15年。

由于何明中具有良好的销售渠道，拱市村的佛手产业市场前景非常广阔。目前已与近30家有长期合作意向的用药单位沟通，佛手成熟后直接销往上海、天津、云南、广东、香港等地。由于佛手产业良好的市场前景，何明中已经成为拱市村未来产业振兴中无可替代的一员。

（2）荣誉村民献才智

荣誉村民指所有不在拱市村生活、工作，也与拱市村没有任何地缘或血缘关系，但散布在全国各地、以自己的特长和特殊身份为拱市村的发展默默做出贡献的外地精英。他们的共同特点是不是拱市村人，却为拱市村默默付出，并且不计回报，具有一定的专业特长。对于荣誉村民，拱市村制定了一条特殊的用人机制：人才不求所有，但求对拱市有所贡献，建立柔性引才机制，建立拱市发展高端智库。简言之，就是"广集贤人、聚全国之力、建设美好拱市"。目前有一大批技术专家、文史专家、诗人和画家在为拱市村的振兴而奔走。

邓德山就是拱市村十大支柱产业之一的三七种植技术专家。邓德山原籍四川省蓬溪县大英镇（现大英县），1968年10月出生于青海省海西州德令哈农场尕海，毕业于中国科学院昆明植物研究所，博士学历，从事植物资源研究工作20余年，主要研究方向是药用植物三七的异地栽培和原产地道地性研究。曾担任云南白药集团原料部技术总监、玉溪维和股份有限公司技术中心副主任等职务，现担任遂宁市蓬溪县三七产业发展协会副会长。

"我在三七种植上不断有技术突破，并就离开云南种植三七做了科研论证。"2012年，邓德山卖掉昆明的4套房子，揣着200余万元首先来到遂宁市大英县蓬莱镇七桥村租了2亩地，投身三七种植实验。

"三七娇贵，在四川种植，气候、海拔、土壤、水质、病虫害等都与云南完全不同。"最初，因完全套用云南的种植、管护方式，苗子存活率较低。"改进大棚材料、调整大棚高度，把病虫捉来一只只研究，对每一种虫子用几种药，确定最有效的一种对症下药。"就这样，2亩试验田里直接播种的三七，经过邓德山的精心管护，得以艰难存活下来。2013年，邓德山又在七桥村租地5亩，增加样本，继续研究试验参数。2015年，邓德山在四川种植三七的技术逐渐成熟。到2018年，大英县共有5个乡镇种植三七，面积达300余亩。

经过6年探索，邓德山及其团队开发出了适应四川盆地的三七规模化种植技术和种植管理模式。与原产地比较，四川的三七种植明显具有成本低、品质好、单产高、技术稳定性高、可操作性强的优势。

"每亩投入4万元，亩产值达10万元，而且技术支撑保障生态，是村民增收的好项目。"蓬溪县常乐镇拱市联村党委书记蒋乙嘉看好三七产业，于2015年11月开辟20余亩地，并在此后3年逐步扩大至200亩。自2018年起，遂宁各县区陆续完成三七种植，遂宁成为全省三七产业中最有条件打造产业核心区的地区。"全产区整合资源，降低产业发展风险，统一产品标准，提高产品竞争力，强化全产区三七种植业的先发优势。"当年8月9日，四川盆地三七产业联盟在拱市村成立，涉及三七种植、技术、医药的27家企业抱团发展。当天下午，联盟组织就园区标准、材料标准、农药化肥使用标准等进行了技术培训。

说到荣誉村民，《拱市村志》的主笔邓尚培先生是不得不提的人物。邓尚培从小酷爱文学与阅读，与文学结缘了一辈子。古今中外的文学、历史、政治、地理方面的书籍他都爱读。用他的话说，酷爱读书，才能拓展思路。师范学校毕业后，他成为一名语文教师。作为一名语文教师，他尤其擅长培养学生的写作能力。他的学生写作思维活跃，常常获得各项作文比赛大奖。他也因为教学成绩突出被评为中学高级教师，全县十佳中青年优秀教师等。他自己也喜欢写作，其诗歌、散文等作品也曾在《四川日报》等刊物发表。十多年前，邓尚培还参加《巴蜀全书》的编纂工作，负责编写蓬溪县部分内容，他还出版了诗歌、散文集《小草拾零》。

邓尚培2012年从蓬溪县明月中学退休后，开始潜心修史写传。为修邓氏家谱，数十年间，他足迹遍及四川大部分地区。2013年，由他主编的80万字《四川蓬溪县邓氏家谱》刊出。邓尚培还参与编写了蓬溪县文史资料，曾替蓬溪历史文化名人张问陶的后人编写过一本《张氏家族诗歌赏析》，深受川中地区的诗歌界人士喜爱。

2014年6月，退休在家的邓尚培受蓬溪县文史部门邀请，负责编纂拱市村志。

邓尚培初次受邀编写村志，感觉很为难。"此前听说过有编写县志的，但甚少听说编写村志的。"邓尚培回忆，当时在国内仅江阴市华西村和天津市的西青区曾有人修过村志，而四川从来没有文史专家为一个村编写史书的先例。

接到任务后，邓尚培一周时间都泡在县档案室里查阅复印资料。"为拱市村写史书，能搜集到的资料很少。"邓尚培找不到与拱市村相关的资料，又多次到拱市村实地调查采访，90多岁的老人、历届村干部都是他的采访对象。为了收集翔实资料，邓尚培多次电话采访目前居住在外地的拱市村土生土长的老人。为能修好拱市村村志，他向曾编修过《蓬溪县志》的李文国请教。李文国告诉他，编修地方志要遵照"纵不断代，横不缺项"原则。必须严格按照年代时间顺序，翔实搜集资料，再逐一推敲出该地的政治、经济、文化等方面的概况信息。

邓尚培自2014年6月着手起草，耗时3年精心编纂而成。今年67岁的邓尚培成为遂宁编写村志的第一人。遂宁第一部村志——《拱市村志》正式出版发行，全书14章，上百幅图片，30万字左右，全面、系统地记载了村庄从1911年至2015年一百多年的发展变化，是了解拱市村历史与现状的一部百科全书。

《拱市村志》是蓬溪县第一部村志，也是遂宁市第一部村志，它填补了遂宁市至今没有成文村史的空白。这本书真实记录了拱市村的自然、政治、社会、经济、文化、生态、环境、民俗等方面的历史和现状。近年来，拱市村在发展现代农业方面不断取得骄人成绩，记录该村历史变迁和发展的书将对后世产生积极影响，也为蓬溪县文化建设积累了宝贵的地情资料，具有较高的历史传承和现实借鉴价值。这本村志已经成为拱市村对外宣传最为亮眼的名片。

也有不少诗人加入到了荣誉村民队伍。2016年1月10日，在轻雾弥漫的蓬溪县拱市村，诗人洪烛即兴写诗。当天，由"中国诗歌万里行"组委会授予的"中国·拱市村创作基地"落户蓬溪县拱市村。"中国诗歌万里行"是由全国多家诗歌报刊主办，以响应中央关于文化"三下乡"号召，弘扬民族文化，向广大群众传递诗歌精神为主题，以丰富和提高广大群众精神生活质量为目的，为增进与人民的联系，促进社会主义文化事业的繁荣发展而开展的一项大型系列文化工程。此次"中国诗歌万里行"组委会带领国内20名有影响力的诗人走进拱市村，寻找当代中国诗人心中的"桃花源"。

"拱市村已经形成了一个文化气场，农民找到了幸福感。"出生于自贡荣县的诗人祁人是活动的组织者之一，"这是全国性诗歌创作基地首次落户村一级组织。"祁人计划依托创作基地这一平台，组织经常性的采风活动，还将邀请国内较有影响力的诗人常驻拱市村，用诗歌的形式，记录这个西部山村的小康之路。

除了诗人，拱市村还吸引着许多画家。著名画家余水清就是其中之一。余水清，字无渔，号峻林居士，古今堂堂主。1971年出生，四川理溪人，中国城市山水画卷传世工程创始人、首席画家，兼任中国国际广播电台国广书画院特聘院士等多个社会职务，同时他也是遂宁市蓬溪县拱市村文化产业发展中心主任、首席画家。2010年创立启动《中国城市山水画卷传世工程》画卷，为十多座城市完成巨幅国画长卷，他的界画艺术被称为"吴派界画"。余水清擅长画巨幅山水画卷，2018年5月，余水清以常乐镇拱市村振兴乡村、千叶佛莲之乡等元素为基础创作长卷《福连拱市 佛莲之乡》，宣传拱市新村，积极振兴乡村文化建设。

（3）志愿党员赴基层

除了外乡企业家和荣誉村民之外，拱市还有一个独特的"党员志愿者"队伍。蓬溪县委组织部在2018年通过了《拱市联村乡村振兴"七项提升行动"》《志愿者服务制度》等规章制度，先后从县委组织部、县文广局、县规划局、县旅游局、县住建局、县农业局等8个单位抽派业务骨干，组建"党建引领乡村振兴"党员志愿服务队，以此实现激发党员干部内生动力、发挥个人特长、一线磨炼意志和典型引领带动四个作用。凡是自愿申报党员志愿者的，一律签署"项目领办任务书"，拟定"履职任务清单"，在志愿党员服务基层的过程中激活党员"小细胞"，释放服务"大能量"，构建基层党组织、党员和群众多方共赢的局面。为了激励大家服务基层，《志愿者服务制度》规定，凡是根据自己的工作性质在双休日或重大节日到拱市村义务服务的党员，其下乡的工作时长计入基层工作年限中，未来干部提拔时作为考核条件。

表 3.1 蓬溪县赴拱市联村党委党员名单

姓 名	性别	现任职务	文化程度 学历	文化程度 毕业院校	专业特长	工作单位
谢三英	女	县文广局文化馆馆长	本科	江油幼儿师范学校学前教育专业	舞蹈、编导	县文广局
何菊蓉	女	县农办统计股股长	本科	中央广播电视大学数学教育专业	农业经济工作	县农办
杨春林	男	县农业局办公室主任	本科	西南农业大学	农学	县农业局
蒋春艳	女	县供销社办公室主任	本科	成都信息工程学院市场营销	社交	县供销社
李鹏飞	男	县规划局用地股股长	本科	西南科技大学城市规划	城乡规划管理	县规划局
何 阳	女	县旅游执法大队长	本科	西南科技大学经济学专业	解说	县文化和旅游局

该制度一方面体现了县委组织部和相关部门对拱市村人才振兴的重视和支持，体现了广大党员和干部扎根基层、服务基层的工作热情和良好愿望；另一方面，也体现了拱市村对领域内专业人才流向的政治引领作用，拱市村聚焦农业农村发展，强化对专业人才政治引领，动员号召更多人才扎根基层、服务基层、建设基层。

（4）培训基地拢师资

拱市村有两个培训基地，这两个培训基地依托拱市村自有人才显然是不可能建成的。培训基地设在拱市村，无形之中就把外地的师资聚拢到了拱市村，成为拱市村不在册的"师资"。这两个基地分别是蓬溪县县委党校第二校区和遂宁市乡村振兴教育培训基地。这两个基地的运行原则是学校主导、县里管理、村里落实。

县委党校在培训过程中突出县委党校在党员干部教育培训中的主渠道、主阵地作用，大力实施"名师、名课、名课题"的"三名"工程建设；建强教学阵地、做优配套服务、培育专业师资；创建遂宁市党性教育"八个一"体验式教学基地和遂宁市乡村振兴教育培训基地，在基地使学员亲历"武装战役"、学员参演红色情景剧、学员参加现场教学；围绕不同主题建好、用活基层党建示范项目现场教学点位。

遂宁市乡村振兴培训教育基地是为进一步营造学习氛围，引导党员干部从先进典型中汲取正能量，学习"全国最美基层干部"、党的十九大代表、蓬溪县常乐镇拱市联村党委书记蒋乙嘉为民服务的公仆情怀、无私奉献的敬业精神而设立的展览馆，一般各地工作人员会组织起来到乡村振兴教育培训基地进行党史学习和教育主题党日活动。

3. 本乡人才挖潜力，内生动力奔小康

（1）后备干部渐成长

拱市村是送兵大村，现有退役军人170多位，其中党员97位，长期留在村庄的有五六十人，有文化、守纪律、讲党性的退役军人是一支高质量的乡村人才队伍，需利用好。

全面推进乡村振兴、加快农业农村现代化，必须要用好退役军人这支本土人才队伍。中共中央办公厅、国务院办公厅印发的《关于加快推进乡村人才振兴的意见》第二条："加快培养农业生产经营人才"部分提出，"建立农民合作社带头人人才库，加强对农民合作社骨干的培训。鼓励农民工、高校毕业生、退役军人、科技人员、农村实用人才等创办领办家庭农场、农民合作社。"第五条："加快培养乡村治理人才"部分提出，"乡镇党政人才队伍选配工作中，允许县乡公务员考录中拿出一定数量职位向退役军人倾斜；注重从退役军人党员中选培村党组织书记；让一批退役军人接受职业高等教育，成长为大学生、乡村治理人才；引导退役军人参与社区服务；以退役军人等为重点，加快培育'法律明白人'，加强农村法律人才队伍建设。"第七条："充分发挥各类主体在乡村人才培养中的作用"部分提出"加快发展面向农村的职业教育"，鼓励退役军人等报考高职院校，可适当降低文化素质测试录取分数线。

在国家政策的引导下，拱市村也培养了自己的"兵支书"，并按照人才成长的"递进式"规律，稳健培养，逐步成长。不但蒋乙嘉、蒋国锐兄弟曾是优秀士兵，拱市村现任村支书、村主任"一肩挑"的朱洪波也曾是一名优秀士兵。

朱洪波是蒋乙嘉书记亲自培养的一名优秀干部。朱洪波1982年出生于拱市村，在常乐镇读完初中，在蓬溪县城高中毕业，应征入伍。参军期间曾经连续五年获得

优秀士官称号,并且荣立三等功。2014年复员后,进入拱市村党支部,担任支部副书记。当时正好是蒋乙嘉担任村支书,朱洪波在蒋书记的示范引领下迅速成长。蒋乙嘉担任拱市联村党委书记后,朱洪波接过了蒋乙嘉书记的接力棒,开始担任支部书记。为了提高自己的学历和知识水平,朱洪波又进入了国家开放大学法学专业学习,并取得大专学历证书。2018年被评为常乐镇优秀党支部书记。2019年,朱洪波又连选连任,实现书记、主任"一肩挑"。同年获得遂宁市"长安杯"先进个人称号。

朱洪波只是拱市村一百多名退伍士兵中的优秀代表。他的成长正好符合上级要求的"应征入伍、部队服役、退伍回乡、创业发展"4个成长阶段,成长过程完整。同时,朱洪波又主动参加"高升专"的学历提升班,在社会经验不断丰富的同时,实现了学历和知识水平的双提高。

(2)培训培养两翼飞

拱市村在新型职业农民培育方面,强调"培训"和"培养"两翼齐飞。其中,培训注重的是短期的知识和技能的学习和传授,而培养强调的是在干中学,通过生产和经营的经验积累,培养新型职业农民。

拱市村的新型职业农民培训形成了科学丰富的知识体系。拱市村坚持把习近平新时代中国特色社会主义思想作为主课,紧扣"产业兴旺、生态宜居、乡风文明、治理有效、生活富裕"乡村振兴总要求,开设产业振兴、人才振兴、文化振兴、生态振兴、组织振兴"五堂主题课",农耕文化、农家生活、国防教育"三堂体验课","新型职业农民培训、农业新技术推广"等N堂扩展课,构建"1+5+3+N"课程体系。

拱市村的新型职业农民更重要的培育方式是在现代农业种植和一、二、三产业融合发展的过程中培养人才。王玉华就是拱市村新型职业农民的代表。

王玉华是外地姑娘嫁到拱市村的媳妇。王玉华于1990年出生于德阳市中江县永兴镇,初中学历。2009年与拱市村民唐建平相识,后来婚后生子,夫妻二人就开始在外地打工。他们二人先后在厦门、宁夏和四川上班,老公唐建平在工厂里做机械师,王玉华在厂里面做产品的检验工作。夫妻二人的月收入分别为8000元和4000多元。后来随着女儿的出生，再加上老人需要照顾，他们夫妻二人便决定在家门口就业。

回到村里之后，王玉华很快就进入了角色。王玉华2018年开始在村里的党群服务中心上班，主要负责党群服务中心的事务性工作。此外，她还帮蒋乙嘉书记经营一个电商体验店。同时，王玉华还于2020年开始做团县委童伴妈妈职务，同时还帮忙管理民宿酒店。唐建平负责党群服务中心酒店和民宿的维修，凡是来村里旅游或学习的外地人都由王玉华负责接待。夫妻两人的月收入8000元左右，虽然工资略有下降，但离家近，便于照顾老人、看护孩子。

（二）拱市村人才振兴的启示

拱市村人才振兴的经验可以总结为以下三条：一是充分发挥乡情的纽带作用，发挥新乡贤引领作用；二是打破地域限制，人才不求所有，但求有用；三是重视本土人才的作用发挥，培养乡村振兴的内生动力。

1. 充分发挥乡情对返乡精英的联结纽带作用

返乡精英是农村人才振兴的重要力量，这一观点从古至今，概莫能外。孔孟所代表的儒者具有强烈的经世意识，这对中国传统社会的知识分子产生了重大影响。他们自觉学习和发扬这种经世精神，并将其作为自己重要的责任。济世安民的抱负致使退居乡村的士大夫热忱献身于桑梓的各种建设事业，为乡村社会的文化、风俗、教化、公务等发挥着其他社会成员不可替代的作用。也正因为此，自东汉以降，迄于明清，各州县均建有乡贤祠，以供奉历代乡贤人物，使之成为家族、乡村乃至后世顶礼膜拜、效仿的对象。这种对国家、社会安定发展的道义担当，就是当今乡贤制度建设不可或缺的精神支撑。

乡情是发挥新乡贤回归的纽带。2014年9月召开的全国培育和践行社会主义核心价值观工作经验交流会上，中央政治局委员、中宣部部长刘奇葆指出，乡贤文化根植乡土、贴近性强，蕴含着见贤思齐、崇德向善的力量。全国政协委员、香港利万集团董事长兼总裁王志良推崇"乡贤文化的上虞现象"，为的是解决城市化浪潮下农村空壳化背后的乡村治理现代化问题。费孝通先生曾在《乡土中国》中指出：

"从基层上看去,中国社会是乡土性的。"中国文化中重视亲情和乡情的元素是催生乡贤的文化动力。然而,现代化的大潮解构了传统乡村"熟人社会"的结构,依靠血缘得以维系的亲情、乡情等精神元素逐渐消逝,传统乡贤文化资源不断流失。尽管乡村治理的传统资源遭到致命破坏,但还是要清醒地看到,"传统社会的架构没有完全坍塌,乡村社会中错综的人际交往方式,以血缘维系的家族和邻里关系依然广泛存在于乡村之中"。

乡土性在中国广大的农村依然是要正视的真实状态。作为传统乡贤文化的传承与创新,新乡贤的产生依然离不开文化动力的牵引作用。新乡贤中的大部分人虽然身在外地,但他们与家乡之间的情感血脉纽带始终是无法割断的。实际上,文化振兴与人才振兴是相辅相成的。在弘扬社会主义核心价值观的背景下,乡村社会的乡规民约、家风家训等传统文化元素是新乡贤文化的有利载体,通过挖掘这些文化遗产,可以激活新乡贤与家乡之间的情感基因,从而为新乡贤"人才下乡"注入牵引力。那些扎根于本土的乡贤,对乡村社会秩序的维护和乡村生活的改善,自然起着重要的规范与引导作用。[1]

返乡精英对家乡的热爱和情怀是他们发挥作用的关键。拱市村崛起的关键和起点,就是蒋乙嘉的回归。他的回归,在拱市村的人才振兴乃至整个乡村振兴中起到了引领作用。他回归所引起的家乡面貌的巨变,为其他人的加入,为家乡本土人才的培养奠定了重要的基础。

2. 引进他乡人才不求所有,但求所用

打破地域界限、血缘限制是拱市村人才振兴的另外一个重要经验。重视乡情的纽带作用,充分发挥返乡精英的引领作用是拱市村崛起的关键,但拱市村的崛起经验不止于这一点。更为重要的是,拱市打破了传统中国乡村的地域界限和血缘限制,把与拱市没有任何联系的外乡人引入了拱市,他们成为拱市村发展过程中的重要力量。

如果说乡土性是新乡贤作用发挥的基础,那么破除乡土性就是他乡人才发挥作

---

[1] 颜德如:《以新乡贤推进当代中国乡村治理》,《理论探讨》,2016年第1期。

用的关键。在现阶段，随着经济、社会的不断发展，对人力资源生产提出了更高层次的需求，仅限于本乡走出的精英，过度强调地域和血缘联系，就会把许多更高层次的人才排除在外，他们就无法进入拱市村。事实上，他们发挥了蒋乙嘉所无法发挥的作用。

在人才流动的市场机制尚未建立之前，关键人物的人格魅力就成为了他乡人才进入的一个关键因素。长期以来，我国人才管理遵循的是一种"户籍型、身份型、等级型、单位型"的人力资源管理制度，这在一定程度上造成我国人力资源总量供求失衡。要想打破这些限制，在目前看来还有一定的困难。在尚未打破这些限制，建立人才自由流动的市场机制之前，蒋乙嘉的人格魅力成了拱市村他乡人才进入村庄的关键，许多外乡创客、荣誉村民，都是被蒋乙嘉想做事、会做事和无私奉献的精神所感召来到了拱市村。

党组织和政府的行政力量也是拱市他乡人才进入拱市村发挥作用的一个重要渠道。外乡优秀人才中有大量人才是集中在政府部门和事业单位中，他们因为户籍、身份、等级、单位等因素，无法进入拱市村，在这种背景下，党委和政府用行政力量进行了大量的组织和动员活动，把政府和事业单位的精英组织起来，通过党员志愿者和在拱市村建立培训基地的方式，让本来与拱市无关的人才能有机会、有渠道进入拱市，为拱市发展贡献才智。

3. 人才振兴不可忽视本乡内生动力的作用

外因在事物发展的过程中只起到一个诱导作用，事物发展的根本动力是内因。拱市村的发展，最重要的还是要培养一批热爱农业、懂技术、善经营的新型职业农民，他们是在社会主义市场经济中拼搏的各种各样创业技术佼佼者，他们在乡村振兴中发挥着模范引领作用。农村干部是打造基层作用的乡村振兴带领者和组织者，他们的能力和实干精神能够给农村带来更多的机会。农村能工巧匠们有着一技之长，也有较为浓厚的工匠精神，他们能让那些沉淀着的深厚民族文化、独特的民间艺术、传统工艺得以继承和发扬。

发挥好广大农民的作用，必须保障平等参与，共同发展、受益的权利，让农民成为乡村振兴依靠者和受益者。完善农村人才教育培训体系，集结农业科研单位、教育院校、农业机构以及网络平台等力量，打造基层人才培养基地、新型知识技能培训机构，提高本土人才综合技能，将其打造成为振兴战略实施的主力军，积极为农村现代化建设贡献创新创造活力；定期遴选优秀乡土人才进行培训，提升其能力素质、境界格局，确保乡村人才培训授人以渔，全面激发广大乡村地区人才的活力与创造力，为实现乡村振兴提供保障。

三、拱市村人才振兴面临的问题

虽然拱市村已经被撬动起来，进入了发展的快车道，但我们还必须清醒地看到，拱市村的整体的人才结构还不合理，人才在城乡之间自由流动的机制尚未真正建立起来，人才振兴的可持续发展之路还没有找到，这都是包括拱市村在内的广大乡村地区人才振兴所必须面对的深层次问题。这些问题不能正视，不能解决，乡村振兴就不可能真正实现。

（一）乡村人才结构还不够合理

拱市村的发展和崛起已经在路上，村庄发展已经有了头雁引领，已经有外地创客下乡投资，带动拱市村整个产业发展，本土精英也在慢慢成长。但我们必须清醒地看到，他们在整个拱市村的人口结构中还属于凤毛麟角，属于个别现象，拱市村人口的老龄化和空心化仍然没有得到根本的改变，拱市村新型农业产业所急需的新型农民依然没有成长起来，村庄发展的后劲依然严重不足。

（二）乡村人才振兴的可持续发展的人才机制尚未真正建立

拱市村已经走在了全国乡村的前列，拥有了其他村庄所无法比拟的人才优势，一大批各行各业的精英来帮助拱市发展。但我们必须承认，拱市村的这些人才，主要是依靠蒋乙嘉人格魅力吸引和行政力量动员起来的，还不是现代市场机制作用的结果。这种人才振兴还不具有可持续性。

可持续发展的人才机制主要表现：一是人才通过市场机制流动起来，二是新型职业农民的培训机制运转起来。前者需要建立城乡融合发展的体制、机制，后者需要建立科学有效的培训机制。尤其是后者显得更为关键，加强新型职业农民和"三农"工作队伍的在职培训，不仅是防止人力资本价值下降、发展动能消退的需要，更是增强市场适应性、助力乡村振兴的需要。[①]

四、拱市村人才振兴进一步深化的政策建议

（一）建立打破城乡和地域限制的人才流动机制

鉴于拱市村目前人才吸引方案的短期有效性，未来必须建立可持续发展的人才流动机制，让真正想在包括拱市村在内的乡村发展的人才能够在乡村"下得来，干得成，留得住"。下得来，就是要求打破人才流动的条条框框，让人才在城乡之间自由流动，在不同地域自由流动；干得成，就是要求打破人才创业、发展的条条框框，让人才来到了乡村能干事、干成事；留得住，就是要求在乡村地区要有人才生存和发展的基础条件，基础设施要配套，社会保障要配套，基本公共服务要配套。

（二）用产业带动人才流动

产业是人才依附的根本，只有产业发展了，才能吸引和留住人才，带动人力资本流动与开发。产业和人才具有互促作用，产业发展不仅会对人才产生强大的"虹吸效应"，同时人才涌流也会给产业发展带来极大的"溢出效应"。

乡村振兴应将农村产业规划和人力资本开发同步进行，推动产业发展和人才发展无缝对接，把招商引资与招才引智结合起来，本着"引进一个人才、带动一个产业"的目标，发挥产业对人才的吸纳、引进和聚集作用。乡村振兴应结合农村资源禀赋，按照"一村一品""一乡一特""一县一业"的产业布局梯次，做好农村区域的产业规划和项目储备，形成比较产业集聚优势，促进人才与产业相融、与企业互动、与项目对接。策划具有吸引力的产业项目，采取投资招标、技术合作、产业联盟等方式延揽人才。创新"项目化人才引进"的人力资本开发模式，让人才引进更好地为乡村振兴服务。开展人才需求评估工作，做好人才引进的顶层设计，实现精准引才，防止人才支撑"垒大堆"的现象发生，同时也要防止人才的重复引进和碎片化

---

① 李宁：《乡村振兴背景下推进人才强农战略路径研究》，《农业经济》，2018年第10期。

引进，提高人力资本开发的整体效能。[①] 深化农业供给侧结构性改革，推动一、二、三产业融合发展，发展新产业，培育新业态，吸引社会资本注入，创造更多就业岗位，引导农村智力回流和人力资本流入乡村。

（三）提高人才培训的市场适应性

为培养适应现代化经济发展需要农村人才，应重点抓好三类培训。一是政策方面的培训，对参培人员加强农地制度改革、农村金融改革、农业供给侧改革、"三农"政策、乡村振兴战略等方面的培训，让他们准确把握国家政策和改革的新动向、新要求，用足用好政策，确保政策不走样、改革不偏向。二是农业科技方面的培训，让他们掌握种养新技术、园艺栽培技术、农机装备技术、食品加工储藏技术、农产品物流技术等，提高农业科技的推广和应用能力。[②] 三是农业产业发展与组织管理方面的培训，对他们开展现代化农业经济，如生态农业、休闲农业、文化产业经济、康养经济、田园经济、乡村旅游等方面的培训，指导他们成立专业合作社和产业联盟，利用互联网平台创新营销模式开展线上线下宣传。

[①] 方守红、张浦建：《浅议乡村振兴中的人才引进和培育》，《新农村》，2018年第12期。
[②] 吴忠权：《基于乡村振兴的人力资本开发新要求与路径创新》，《理论与改革》，2018年第6期。

"绿水青山"何以成就"金山银山"
——四川省蓬溪县拱市村生态振兴回眸与展望

邻艳丽 吴 思 何春昊

中国人民大学

近年来，全国各地在绿色农业转型、宜居环境提升、生态环境整治等实践上进行了许多有益的探索和创新，在此过程中不断积累经验、拓展思路、创新模式，因地制宜地探索出适合区域实际、具有区域特色的乡村生态发展新路径。拱市村经过十余年的实践探索，形成了一套适合中浅丘地区生态条件的可复制、可推广的乡村生态保护发展模式。该村通过一系列举措改变农业生产方式，改善村庄内部的人居环境，培养村民环保卫生理念和行为习惯，实现了乡村生态治理的新突破，成为远近闻名的生态宜居村庄。拱市村曾先后获得四川省城乡环境综合治理环境优美示范村庄（社区）、"省级四好村"、四川省森林康养基地、四川省自然教育基地、省级示范农业主题公园等省级荣誉称号，以及全国环境整治示范村、全国农村示范社区、全国文明村、全国美丽乡村治理有效十佳村、第二批国家森林乡镇、全国休闲农庄示范单位等国家级名片，从中显示出普通乡村在"绿水青山"成就"金山银山"的生态治理过程中的示范作用得到各级政府的认可，其治理经验和做法对于我国浅山丘陵地区的乡村生态文明建设具有重要的借鉴意义。

一、现状

1. "八山一水一分田"的自然生态优良格局

拱市村村域内整体呈现带状谷地、四面环山的地理特征。通过治山治水以及生产方式的转型，拱市村山水林田湖结构愈加清晰（图1-1），整体生境状态呈现良性发展的态势。

图 1-1 拱市村全景
图片来源：拱市村村委会提供

（1）生态型山水格局

拱市村村域平面为桑叶形,基本形成"八山一水一分田"的自然生态发展格局(图1-2、图1-3)：一是"八山"。拱市村地处四川盆地中部丘陵区,涪江与嘉陵江结合处,地质构造为褶曲,褶皱和缓。其地形地貌属于盆地中低丘陵,地下有盐卤资源,丘陵山地面积占村域面积的80%以上。二是"一水"。拱市村地处亚热带湿润性季风气候区,气候温和,四季分明,降水量季节性变化较大。拱市村是一条狭长的沟谷,有陈家沟、铁钳沟、马家沟三条南北向沟谷,沟的上段名陈家沟(延伸至射洪县境),

图 1-2　乡村自然生态
图片来源：作者拍摄

下段为铁钳沟，沟谷与山丘相邻处由诸多小湾过渡并相连接，每个小湾由山嘴相间。陈家沟有上湾、中湾和下湾，铁钳沟则勾连黎家湾、荣家湾和田坝头，马家沟相属马家湾、唐家湾。村内无常流河经过，受地形和气候条件的影响，仅有一条季节性无名小溪最终流入黑龙凼水库。小溪最宽处约三米，最窄处不过几十厘米，拱市村范围内的径流长度接近4公里。随着近年来的沟渠整治行动持续推进，拱市村的水域面积不断增加，目前约占村域总面积的10%左右。三是"一分田"。拱市村丘陵缓坡处一般开垦为耕地，低丘大多已开垦至山顶，肥力较好的耕地处于丘陵坡脚，沟谷处多水田，现有耕地1277亩，其中水田522亩，旱地755亩，人均耕地约0.74亩。拱市村发展生

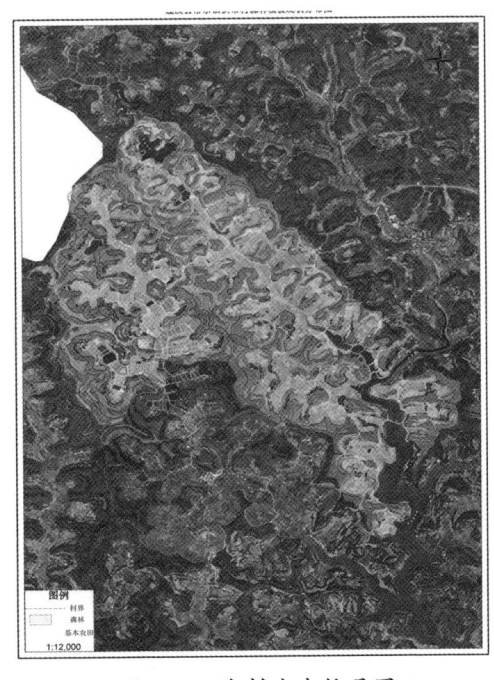

图 1-3　乡村生态格局图
图片来源：蓬溪县自然资源和规划局提供

态立体农业，大力推广"稻虾养殖""佛莲套种"等模式，农田、林地及其他自然资源得到有效保护与合理利用，实现了"山上是银行、山下是粮仓"的目标，支撑生态型山水格局的形成与巩固。

（2）网络状森林格局

拱市村形成了网络状的森林分布格局：一是数量层面，从森林资源状况看，拱市村逐步砍除缺乏经济效益的竹林，根据当地气候地形特征选择在各台地种植不同果树林木，又在道路和空地种植黄槲兰、菩提树和千叶佛莲等绿化植物，与2009年相比（图1-4），拱市村森林覆盖率呈增长趋势（图1-5，2019年），现有森林面积216.2公顷，森林覆盖率达到47%，相较于2009年提高了近3个百分点（图1-6）；二是质量层面，村内森林类型属于针阔混交林，村域内物种丰富，约有植物种类120种，动物种类48种。主要以柏木、青冈、栾树、桂花、香椿等乡土珍稀树种为主，在产业结构调整中栽植核桃、柚、桃、李、枇杷等经济林木120公顷，成片种植特色花卉千叶佛莲67公顷。套种特色花卉千叶佛莲1000亩，鲜切花及盆栽培植50亩，主要生产玫瑰、鹤望兰、勿忘我等名优鲜切花，海棠、醉蝶花、马鞭草等多年生盆花，

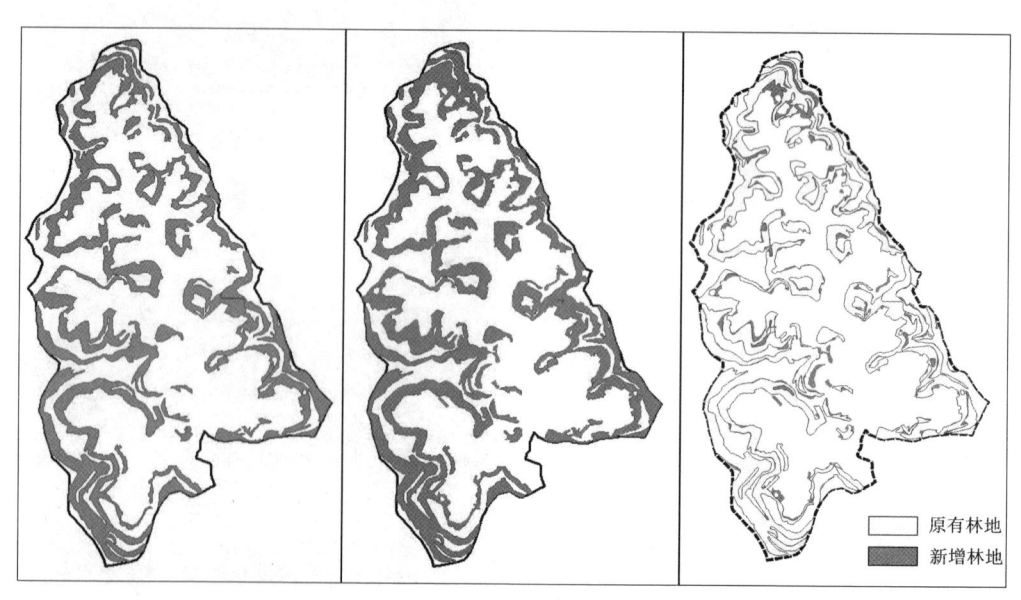

图1-4 2009年林地分布图　图1-5 2019年林地分布图　图1-6 林地变化图
　　图片来源：蓬溪县自然资源和规划局提供　　　　图片来源：作者绘制

四季繁花盛开。在稳定粮食播种面积的前提下，逐步形成了以核桃、柚子和仙桃为主的丘陵特色经果林种植带，以山药等中药材等为主的经济作物种植带，全域立体生态农业产业带初显形态，环境优美。在走访调研过程中，长期居住在村内的中老年群体普遍反映村内生态环境正呈现向好态势，在二三十年前各类动物诸如四声杜鹃、黄鼠狼等逐渐少见，但最近又出现频繁，显示生物多样性向好趋势。

（3）串珠状水网格局

拱市村范围内的水网系统大多数为人工开凿修建，以南北走向的沟渠为轴线，东西两翼分布着多个面积不等的水塘，从而形成了串珠状的"坑塘水面—沟渠系统"的格局（图1-7）。拱市村曾经存在着渠沟内水流不通、水体发黑发臭、水田出现富营养化等问题，但是经过水渠的修缮治理和对农田农药化肥的科学管理使用，拱市村的水网系统低质状况已得到明显性改善，目前而言水体较为清澈，水渠内生长各种沉水或挺水植物，鱼塘内发展绿色生态养殖，水质呈现变好趋势。除此之外，拱市村于2016年被划定为黑龙凼水库的二级水源保护地（图1-8），村域内生产、生活活动需更加严格遵守水源地生态环保的相关要求。

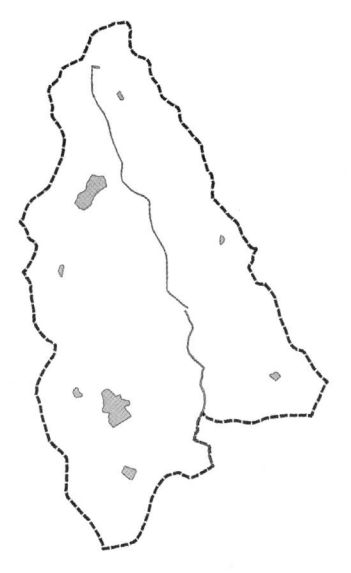

图1-7 拱市村坑塘水面、沟渠分布图
图片来源：蓬溪县自然资源和规划局提供

图1-8 二级水源保护地相关规定公告
图片来源：作者拍摄

2. 分散环带状分布的居民美好生活格局

（1）依山傍水的居住格局

拱市村有 11 个村民小组，总人口 1719 人，504 户村民，依据朴素的取水便捷、避免灾害原则，村民住宅沿坡脚呈带状分布，居住极为分散（图 1-9）。人居环境改造过程中，实现了宅基地的适当拆除和分散居民点集中安置（图 1-10），实施统一规划的基础上尊重原有格局。在 2017 至 2018 年的两年内，对处于地质灾害多发区以及偏远独立的山上 19 栋住宅进行集体搬迁并统一建设，其余住宅因地制宜就地改造，保留川中地区的建筑风格和文化传统，使拱市村居住点的分布呈现散聚适度、特色鲜明、生活便利的典型特征，依山傍水的居住格局得到全面维护和适度强化（图 1-11）。

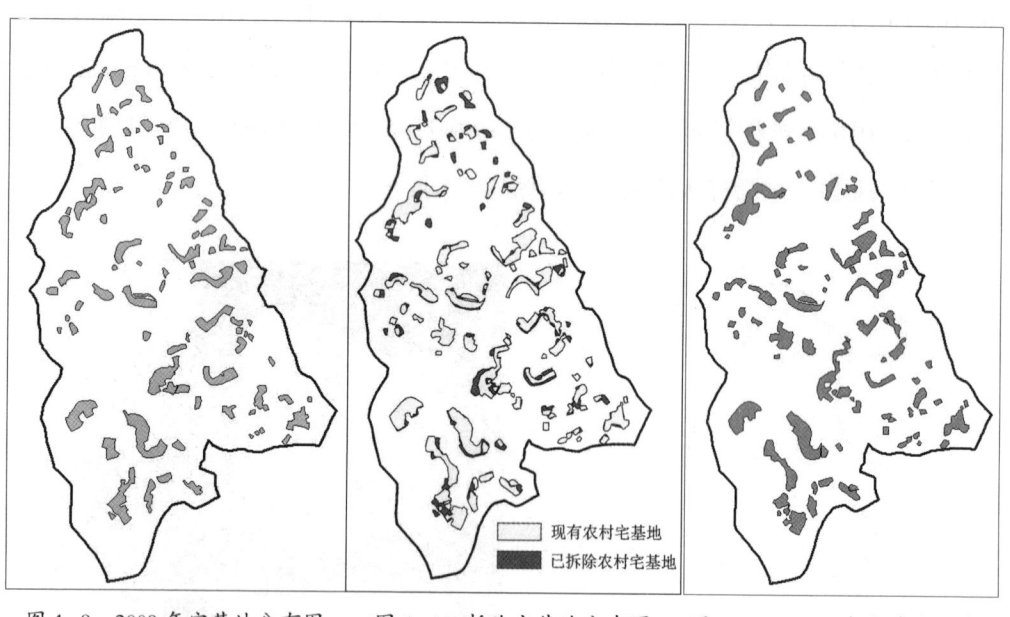

图 1-9 2009 年宅基地分布图
图片来源：蓬溪县自然资源和规划局提供

图 1-10 拆除宅基地分布图
图片来源：作者改绘

图 1-11 2019 年宅基地分布图
图片来源：蓬溪县自然资源和规划局提供

拱市村曾作为四川省的贫困村之一，村内房屋破败零乱，立面斑驳陈旧，村民院内散养家禽家畜，柴草乱放，杂物乱堆（图 1-12）。自 2012 开始，拱市村对村民危房进行了为期两年的成片改造，重新进行规划、统一实施庭院美化，对破旧的危房、柴草间、猪舍等进行拆除或收储，其中大部分转化为绿地，将通往各村民小组的道路全部水泥硬化。村民的住房目前基本已经过翻新改造，通过庭院美化行动，对院落附属设施予以规范，院内设置专门摆放农具的农具堆放间，并开展庭院内的清洁整治工作，对于违建行为进行严格管控。经过持续性改造建设的拱市村环境干净宜人，村容村貌整洁有序（图1-13、图1-14）。

图 1-12 拱市村老旧住宅
图片来源：拱市村村委会提供

图 1-13 拱市村新建安置住宅
图片来源：作者拍摄

图 1-14 拱市村改造住宅
图片来源：拱市村村委会提供

（2）设施完善的保障格局

道路网络形成。曾经的拱市村道路没有经过整修，路面崎岖不平，干燥时尘土飞扬，一到雨季则泥淖不堪，行动不便（图 1-15）。除了道路之外，村内也缺乏相应的公共基础设施，如照明路灯、环卫设施等。拱市村通过推进道路硬化、村庄绿化、庭院美化、街道亮化工作，以村容村貌提升为重点，逐年改善村庄人居环境条件。目前为止，拱市村各项基础设施基本完备，且维护情况良好。其中，道路基本实现硬化，部分路段实现"黑化"，村内路宽 4.5 米，村庄道路两边基本实现绿化，

图 1-15 村庄老道路
图片来源：拱市村村委会提供

并配建有相应的指示牌和路灯，路灯均为太阳能节能路灯（图1-16、图1-17）。

图1-16　拱市村村庄环路
图片来源：作者拍摄

图1-17　拱市村主干道太阳能路灯
图片来源：作者拍摄

生活基础设施完善。拱市村实现了能源结构的调整，支持村民使用清洁能源，全村太阳能、沼气池等可再生能源和液化气等清洁能源使用率达到95%，天然气实现"户户通"；同时改进供水系统，自蓬溪县城引入自来水，确保每户的生活用水安全。

环境卫生制度基本建立。拱市村以农村垃圾、污水、厕所的"三大革命"为突破口，通过规范性的制度建设和设施保障实现农业废弃物、生活垃圾、生活污水有效处理。农业生产过程中，拱市村规定不滥用农药、化肥，建立了农药、化肥包装回收制度。农民日常生活中，拱市村全面清除露天"旱厕"，实现冲水式卫生厕所的改造推广，卫生厕所占比可达98%以上，村民住宅在入口和核心区域完善建设A级旅游厕所两座、一般旅游厕所一座，人畜粪便得到循环利用。同时实施垃圾分类投放与处置，执行全县统一的"村收集、镇运输、县处理"的垃圾清运模式，并在村内实施门前三包，配有专职（1人，图1-18）、兼职（若干）的环保队伍，投入

图 1-18　专职环卫工
图片来源：作者拍摄

24万元购置了垃圾收集车、添置垃圾箱120个。除了每日对村内的道路进行清扫以外，还将村内生活垃圾做到了日产日清，统一清运至生活垃圾处理中转站（图1-19），确保生活垃圾的无害化处理以及村内公共空间卫生的及时性清理，以规范性的人力和物力保证了居民生活、农业生产环境干净整洁。

图1-19　生活垃圾处理中转站
图片来源：作者拍摄

（3）自然祥和的安全格局

自然环境的安全格局主要体现在以下四个方面：一是旱灾基本得到解决。拱市村曾是一个严重缺水的地方，最频繁的自然灾害是旱灾，严重时可达到"十年九旱"程度。有些年份，春旱伏旱相连，堰塘干涸，田里开裂，禾苗干枯，土质差、地势高的庄稼绝收，人畜饮水困难。位于拱市村下游几公里处的黑龙凼水库于2003年复工建设，随着武引工程蓬船灌区的建成，减轻了原本"十年九旱"对拱市村农业生产的不利影响。2007年伊始拱市村实施农田水利设施建设，山上建设蓄水设施和滴灌设备，山下新建或在原有基础上扩建堰塘、蓄水池17口和近3公里的竹节堰（渠道），与柏林湾水库相勾连，基本解除了水资源短缺对农业生产的威胁。2013年拱市村实施改水工程，家家户户用上自来水，农民生活用水安全得到保障。二是洪涝灾害得到防控。拱市村境内仅有一条小溪，多数地段只有一两米宽，加之上下连绵的陈家沟、铁钳沟连成一体，沟底的地势平坦，一遇暴雨，流水不畅，容易成灾。根据村志记载和村民回忆，1969年、1981年、1986年、2005年、2012年都发生过较为严重的洪涝灾害。地势低处，多被淹没，境内的蓬红公路也多次因被水淹没而导致交通中断。在雨水的浸泡下，拱石村2组的圆坡在1968年中秋早晨发生了严重的大面积山体滑坡，造成了相当大的经济损失。随着当地排水系统的逐渐完善以及植被覆盖率的增加，当地再没有发生过较为严重的洪水或积涝。三是森林安全得到保障。拱市村森林覆盖率超过45%，广袤的森林分布现实要求森林防火工作应尽快提上日程。为此，村"两委"制定山林用火规定，厘清山林权属，与毗邻村寨和谐相处，连续10年内未发生森林火灾和林权纠纷，森林安全得到有效保障。四是空气质量保持优良。拱市村无空气污染，空气质量达到国家一级标准，噪声指标达到国家一类标准。拱市村以第一产业和第三产业为主，没有第二产业存在，二氧化氮、二氧化硫等指标一直偏低；对空气质量的最大威胁是村民日常生活使用的燃料，因此拱市村在2016年开展了改灶活动，接近80%的家庭实现了天然气管道的贯通，使用清洁能源家庭的比例增加，再加上对土路的硬化翻新、荒地统一整理种植经济作物后，村内PM10含量浓度呈现整体下降趋势。蓬溪县生态环境局提供的数据显示，2020年1月，拱市村附近的PM10均值为每立方米0.031mg，与2013年同期均值的每立方米0.746mg相比降低了近58%，可见生态环境的向好态势正逐步深化。

社会环境的安全格局主要体现在以两个方面：一是社会秩序持续稳定。贫困时期的拱市村曾有"有女莫嫁铁钳沟，嫁来三天背背篼"的说法，经常发生为争水栽秧，关系本亲密的邻居大打出手的现象；但随着居民收入水平的提升，"仓廪实而知礼节，衣食足而知荣辱"的文明演进逻辑成为现实。2019年拱市村村民人均纯收入达到19852元，村民富裕后更加珍惜来之不易的美好生活，2007年以来从未发生任何社会治安和刑事案件，也未发生过乱搭乱建、乱堆乱放、乱砍滥伐、乱挖乱采等现象。二是形成了多元共治格局。基层党组织、工青妇、新乡贤、普通百姓围绕共同目标群策群力，共建共享共治的社会治理格局全面形成。社会环境的逐步优化促使村民的生产生活逐步进入质量优化的阶段，为自然环境的优化提供了保障。

3. 垂直多梯度利用的农业高效生产格局

（1）依托本底基础梯度开发

拱市村坐落于谷地之间，外围被山丘环绕，坡地多于水田，按照地形走势和海拔，一共分为五类台地。村域的成土母质为侏罗纪棕紫色泥岩及灰紫色粉砂岩互层与灰色长石岩风化物、冲积物。不同地形的主要土种分布存在差异：①丘陵和坡顶的四五级台地以母质属棕紫泥岩为主，一般分布有泡沙土或石骨子土，耕作厚度14至18厘米；②半山腰的二级台地和三级台地，主要分布厚砂岩，为半沙半泥土，耕作厚度15至16厘米，土层厚度15至23厘米；③坡脚和一台地土层较厚，为泥土，耕作层17至20厘米，这类耕地全村257亩，占总耕地面积20.1%，其中占旱地面积30.6%。沟中是泥田、发绿田，塝上是沙田或半沙半泥田。拱市村土壤成分受成土母质的制约，并在其丘陵地形的影响下存在肥力较低的问题，野生植被主要是柏树，间有柚木、栎类混交林以及黄荆、马桑等灌木；房前屋后有竹子和少量阔叶树。水稻、玉米、红薯、小麦和油菜为主要农作物，猪、牛、鸡、鸭、鹅是常见的家畜、家禽。尊重本地自然条件，拱市村在不同的台地选择不同类型的植物物种进行开发，充分实现了生产活动的因地制宜。

（2）根据地形形成生态环路

拱市村农耕道路系统完善，各种农耕机械可以十分便捷地进出每一块田地、每一片果园，为丘陵地区规模化农业生产和集约化管理奠定了基础，极大推进了农业机械化在川东丘陵地区的发展。村内道路的修建能够充分考虑地形的快速起伏，以延伸路长的方式降低道路的单位坡度，实现了从无硬化路面的"蜀道之难"到平整贯通的"生态环路"的转变，"环状+放射状"的宜居适产的乡村路网系统性格局全面形成（图1-20）。

图1-20 村庄道路系统

（3）适应气候建设水利系统

受大气环流年变化、青藏高原和盆周山地地形影响，拱市村冬暖夏热、雨热同季、冬短夏长、春旱秋淋、四季分明、无霜期长、旱涝交错。气候资源的年内分配不均，夏雨集中，冬暖少雨矛盾突出。为保证作物生长需求，拱市村不断完善水利基础设施，低地建设独特的"竹节堰—蓄水塘"一体的生态水利系统，兼具开展绿色水产养殖、实现生态涵养和农业蓄水等多重功能水渠环绕（图1-21、图1-22），高地建设"台地浇灌+滴灌系统"（图1-23、图1-24）。

图 1-21 拱市村排水渠修建情况
图片来源：作者拍摄

图 1-22 村内含观光、养殖等多重功能的蓄水池
图片来源：作者拍摄

图 1-23　山地蓄水池
图片来源：作者拍摄

图 1-24　山地滴灌系统
图片来源：作者拍摄

二、经验

乡村生态问题关乎"四个全面"战略布局指引下的乡村振兴战略和"五位一体"总体布局中生态文明建设的双重推进，乡村生态的有效治理是推进乡村生态振兴的题中之义，也是全面实现乡村振兴的必要保障。党的十九大报告中提出乡村振兴的"二十字方针"，即"产业兴旺、生态宜居、乡风文明、治理有效、生活富裕"五个方面。其中"生态宜居"即是对乡村生态文明建设实现水平的要求。《乡村振兴规划战略（2018—2022年）》中指出要"牢固树立和践行'绿水青山就是金山银山'理念，坚持尊重自然、顺应自然、保护自然，统筹山水林田湖草系统治理，加快转变生产生活方式，推动乡村生态振兴，建设生活环境整洁优美、生态系统稳定健康、人与自然和谐共生的生态宜居美丽乡村"。2021年经十三届全国人大四次会议表决通过的《中华人民共和国国民经济和社会发展第十四个五年规划和2035年远景目标纲要》明确提出实施乡村建设行动，不断优化生产生活生态空间，持续改善村容村貌和人居环境，建设美丽宜居乡村。拱市村的乡村生态环境建设走在全国前列，近15年的整治改善已在实践层面初步体现出上述发展理念，试图从最朴素的农业发展认识和农村发展现状出发，妥善处理发展与保护的关系，促进乡村生态系统不断优化。

1. 遵循乡村客观规律

（1）农业生产调整科学逻辑

乡村发展的生态化，其根本是充分尊重农业生态系统自我维持、演替及组织的规律，应用生态学原理和方法建立的既充分又节约利用资源的生产体系，在时空多维结构上建立最优化的生物种群结构和复层立体生物群。农业生态系统的内涵也由原来强调系统的整体性演变为关注系统局部各子系统间的协同发展。农业生态系统是人类与环境相互作用而形成的复杂系统，具有社会、经济、生态等多重功能和属性，系统内部各服务、功能类型和数量之间协同关系的时空变化对区域人类福祉具有重要影响。纵观拱市村农业生产、农民生活和农村生态环境的演变进程，可以将其改造建设过程归纳为以下三个方面的科学逻辑：

一是循序化。指在进行生产环境改进时尊重资本运行的基本规律，按照生产过程所需要素的重要程度逐步推进。拱市村按照"提升通达性—保障内生性—强化经营性—实现多样性"的逻辑展开，避免了多项大型工程同时进行带来的资金与劳动力短缺问题。具体而言，由于乡村所从事的主要产业以基础性的第一产业为主，其得以发展的基本前提是实现与市场距离的有效缩减，从而通过降低产品的运输成本的方式提升利润空间。从拱市村的实践中可以发现，进行道路改造成为改善生产环境的先行环节，既为外部资源的向内注入提供交通可能，同时也为村内产品的向外流通准备条件，道路的硬化提升了通行的单位效率，降低了通行的单位成本；在通达度提升的基础构筑后，拱市村与城镇的相对距离缩减，因而面临着更多的发展机会，基于此进行的是对乡村生产基础设施的改造升级，尤其是与水利灌溉相关的设施建设，促使生产空间在客观上降低了对自然地理条件的限制，使乡村内部扩大生产成为可能；基于更为充足的可利用空间，通过引入市场力量强化生产的经营性，促进生产目标由自给性向盈利性转变；受企业经营规避风险的特征影响，生产环境的变化朝着多元化经营的方向转变，致使生产作物呈现多元化趋势，这种趋势在很大程度上能够起到维持村内宏观收入稳定的作用。

二是系统化。指生产环境的改善过程中实现了多方面、多节点的有机结合，充分发挥单项设施的多样性功能，强调单位土地产生的综合效益，并在村域范围内实现覆盖的普及化。功能多样性方面，村内的水利系统承担了生产、生态与防灾的三重功能，使单位面积的土地能够获得双重经济收入，同时能够降低自然灾害带来的风险；村内的多样化作物选择既带来了多样化的经济收入，也为丰富性乡村景观的打造提供可能，实现了经济效益与生态效益的统一；村内将千叶佛莲作为道路两旁的"护栏"，既实现了充分利用土地资源开展作物种植，也起到了交通安全防护的作用，形成差异化设施之间的自然过渡。覆盖普及化方面，无论是水利系统还是作物种植，全村范围内均采用统一的建设标准、种植规范，避免了景观和功能的交叠与异化等不协调情况的出现。

三是动态化。指在生产过程中能够及时结合本村实际情况反思潜在问题，在不破坏原有生产环境的基础上实现内部结构的有效调整，实现经济效益的可持续性。拱市村在进行生产环境的改善过程中实现了两方面的动态化：首先是种植结构的动态化。拱市村所在范围最初具有大范围的原生竹林，其作为原生植被的同时也导致村内蛇、鼠、雀等生物的大量存在，这为农业生产的进一步扩张造成了障碍，因此该村在早期进行了较为彻底的"伐竹运动"，并以其他林木作为替代，客观上创造了安全的生产环境。此外，受鼓励核桃种植的政策影响，拱市村曾一度进行了大面积的种植核桃，但随着其市场价格的大幅下跌，核桃树所占据的较优土地已不再能获得更高收益，因此该村再次进行种植结构调整，核桃树的经济功能逐步转向生态功能，并腾退了部分肥沃土地进行柚子、千叶佛莲等作物的种植，客观上实现了农业生产的"危机转型"。其次是生产模式的动态化，这一方面主要通过拱市村对"林间养殖"模式的调整体现出来。"林间养殖"与"稻田养鱼"的表现形式类似，皆以土地的混合利用为指导思想，实现单位土地产值的多元化，在农业种植与养殖领域备受推崇，拱市村也曾将柚子树、核桃树等林木的种植与鸡、鸭等家禽的饲养相结合，试图通过"林间养殖"的方式推进生态系统的耦合作用，但在实施过后发现，他们饲养的家禽似乎并不能适应散养的生活环境，且容易受疫病的困扰，在缺乏专业技术介入指导的情况下导致了养殖成本的大幅度提升，但实际的产出效果并不尽如人意，基于此问题，拱市村对这类种养混合模式迅速进行调整，改在林木间种植千叶佛莲，改变了种植业与养殖业相结合的生产模式，提升了经济效益。

（2）农民生活改变渐进逻辑

乡村生活环境的演化过程是阶段性和连续性的统一，每个阶段呈现不同的特征。因此，在乡村生活环境系统的快速发展时期，应当有计划、有目的地调控生活环境及时适应内外部条件的变化，防止乡村生活环境向衰退方向滑坡。由于生活环境改善的直接作用群体是乡村居民，因此对于生活环境改善的评价应围绕现有改进能否满足村民的实际需求开展，即是否能够适应村民复杂与变化的需求，是否能够维持较长阶段的稳定运行状态、是否能够实现乡村吸引力的有效提升。因此，结合拱市村的生活环境变化逻辑，主要在以下三个方面展开：

一是可持续性。指生活环境改造过程中的投资、运行或使用能够长期处于正常进行状态，同时其运行的边际成本不会伴随时间的推移而进一步增加。拱市村在打造环境优美村庄的过程中，在村容卫生方面，既有省政府牵头下的垃圾集中清运处理项目，同时能够挖掘村内闲置劳动力开展村内道路卫生的清扫，实现了既有政府资金维持，又有企业资金补充的供给链，有利于维持村容村貌与环境卫生良好的常态化。在污水处理方面，全村基本实现了"厕所革命"，较为充沛的水资源能够为厕所的持续性使用创造可能。自来水、天然气等管道建设具有一次性建成使用的特性，基本可以保障水、气的长期使用，其边际成本基本保持稳定，因此拱市村生活环境的改善整体而言具备可持续性。

二是便利性。指村民在使用生活服务设施或享受生活服务的过程中能够付出较少的时间成本和体力成本，强调生活环境变化后的实际作用。从水、电、气的供给上看，目前拱市村的自来水与天然气处于"户户通"状态，均有独立的水表、电表；从"厕所革命"的实施效果看，自来水管道的建设保证了水厕所需要的水压，因此水厕的使用率相对较高。整体而言，乡村生活环境的改善为村民的日常生活需要提供了便利，能够满足村民的使用要求（图2-1、图2-2）。

图 2-1　拱市村居民点水电设施建设情况
图片来源：作者拍摄

图 2-2 拱市村公共厕所建设情况
图片来源：作者拍摄

三是吸引性。指生活环境改善工程完成后，新的环境能够保证在村人口较少流失、离村人口回迁定居、非本村人口前往消费的能力。拱市村目前的人口分工结构主要呈现出"二十几岁带娃，三四十岁打工，五十多岁务农"的特征，在与村民的交流中发现，在村人口中妇女和老年人居家的情况更为普遍，具有一定劳动能力者尚未实现回流。可见生活环境的改善虽然提升了村民的生活条件，但并非提升乡村吸引力的发力路径。离村人口出现了一定的回流趋势，部分因生计离村打拼的人在退休后会选择回村养老，其中不乏一部分中高收入者。非本村人口前往消费主要体现在乡村旅游行业的开展上，拱市村借助千叶佛莲文化节的契机开展乡村旅游，其中通过生活环境改造后的闲置居民住宅开发为旅游民宿，目前的旅游开发仍处于培育阶段。

（3）文化积淀支撑环境保护

从文化层面支撑乡村生态保护，形成生态理念、行动、目标三方面的共识。拱市村具有厚重的生态文化沉淀，村民有良好的环保习俗，遵纪守法，邻里和睦，民风纯朴。同时，拱市村通过一系列的行动将生态文化建设理念植入村民内心和日常行动：一是保护文化遗产。拱市村重视文化遗产保护，保存村民老居，打造以"百家姓、中华情"为核心理念的"中华姓氏文化馆"，设置农耕文化体验园，设有10余个体验项目，留存了对传统农耕文化的记忆。二是铭记发展历史。拱市村编辑出版村志，建有近1500平方米的文化广场、党建文化长廊以及水上乡村大舞台等，超过260平方米的村史馆记录了拱市村的艰苦奋斗历程，通过各种形式展示乡村生态建设中艰苦卓绝的成就。三是制定行为规则。拱市村制定《拱市村村规民约》，加强村民生态保护的行为引导，开展道德模范评选表彰活动，评选出了一大批高素质模范代表，并进行张榜表彰公示。

2. 夯实产业发展基础

根据《拱市村志》的相关数据和记载，其独特的自然地理条件限制了拱市村传统农业生产生活，在很长一段历史时期内，该村村民生活不便，农业生产收入水平较低。拱市村耕地面积共1277亩，但由于地形限制，四面环山，人多地少，且耕地分布碎片化，少部分耕地水田分布在村庄附近的平地或一级台地，更多的耕地零散分布于丘陵中的二、三级台地甚至五级台地。农业生产只能依靠人力进行耕种，村民在山坡上进行粮食耕种，收获时节又需要依靠人力将红薯和玉米等作物从山上背到山下。村内道路当时尚未进行硬化，全村以土路相连，旱季尘土飞扬，雨季山路泥泞难行。拱市村与村外也没有公路相连接，村民栽种的农产品也很难运出销售，这也加剧了拱市村贫困落后的尴尬局面。蒋乙嘉担任拱市村支部书记后，在蓬溪县委、县政府的支持下，制定了"三年打基础、四年强产业、五年建新村"的"3·4·5"扶贫总体奋斗目标，从改善乡村基础设施入手，不断夯实产业基础。

（1）修建道路系统

拱市村选择改变村庄现状的第一步是修整村庄内道路。2007年蒋乙嘉前后拿出自己的积蓄200余万元，发动村民群众一起改造修建了一条长2600米、宽4.5米的水泥通村公路和户通公路，修建过程中得到了蓬溪县人民政府的大力支持和赞赏。

拱市村修路过程中，县政府给拱市村每公里14万元左右的修路补助费，蒋书记没有将这笔钱自己留下，而是又全部投入到了拱市村生产道路的改造升级中。后来，他观察到村民在丘陵台地种植，上山下山很不方便，尤其是秋冬雨季，更是道路湿滑，村民带着生产工具或收成作物，行走不便而且也存在极大安全隐患，于是这笔钱又用于上下台地的生产性水泥石梯的修建。但是仅仅修建了村内的主路和生产石梯，并不能从本质上提高拱市村的农业生产效率，因此蒋乙嘉又发动村民，在全村修通了21公里长的生产便道，方便农业生产过程农耕机械的利用和农产品的运输。2012年在政府补贴和个人出资相结合的情况下，蒋书记带领全村村民开山破土修建了一条长12公里的环山公路。平坦的水泥路直通拱市村山顶，这条荒山公路连接了拱市村不同的产业种植区，方便集中管理。目前拱市村沥青道路8.5公里，水泥路58.5公里，形成了组组通、户户通的公路网络，农业生产环线全面建成（图2-3、图2-4、图2-5、图2-6）。

图2-3 拱市村道路整治前
图片来源：作者拍摄

图 2-4　拱市村生产路施工
　　图片来源：作者拍摄

图 2-5　拱市村生产路网络
　　图片来源：作者拍摄

图 2-6　拱市村公路
图片来源：作者拍摄

（2）完善水利设施

拱市村年均日照数为 1471.7 小时，年均蒸发量 900 毫米以上，相对湿度约为 82%。常年降雨量一般为 900 毫米左右，与全县全镇相比是降雨较少的村。降水量低于蒸发量，是典型的旱区。而且四季降雨量存在不均匀的情况，一般春、秋季降雨在 200 毫米左右，占年总降雨量的 20% 左右，夏季降雨 650 毫米左右，占年总降雨量的 70% 以上。冬季降雨不到 50 毫米，占年总降雨量的 5% 左右，春季少雨，冬水田容易变成"倒旱田"。夏季雨旱交替，常出现大雨和暴雨，一日之内下雨 100 毫米左右。同时，夏旱和伏旱紧连，稻田形成"洗手干"和"劣苞干"。秋季雨水虽然不多，但连绵时间较长，棉花烂桃严重，两季田也不易放干。这些气候特点决定了拱市村存在一定的缺水期，总体偏旱，而村内农业生产和生活都离不开水，尤其是当地缺水期正好是水稻抽穗和成熟期，需水量较大。曾经，由于夏天旱雨交替，秋冬阴雨连绵的降水特征，拱市村在夏季作物生长期、抽穗期面临缺水干旱，在收割期面临暴雨打落果实的威胁，极大影响了水稻产量。秋冬阴雨容易使作物生病，同时因为缺少蓄水设施，这些降水最终流走下渗，没有实现有效的利用。在修路工程稳步推进的同时，拱市村考虑到乡村产业发展离不开完备的农田水利设施的保障，随之开始了各类基础设施的完善工程，建设了独特的"竹节堰—蓄水塘"一体的生态水利系统，为当前拱市村的沟渠田塘系统打下坚实的基础。

2008年冬，拱市村邀请了有关水利专家到拱市村周围的山上山下进行了多次调查研究，寻找水源，进行水利工程的规划设计，开展引水工程施工，拱市村时任书记蒋乙嘉独自出资60万，为村里新建堰塘3口，扩建堰塘1口，打井27口，在一定程度上缓解了村内缺水的问题。2013年年初县政府拿出一部分资金，蒋乙嘉也拿出个人存款100余万元，启动了拱市村农田水利工程改造项目，彻底解决该村农田灌排"肠梗阻"问题。截至2021年4月，拱市村已经修筑完成8口堰塘、30口蓄水池、6公里渠系。由于当地水田洼地之间的高差较小，水流难以流动，而旱季的时候又因为蒸发量大"关不住水"，因此采用竹节堰和蓄水池相结合的方法，保证了供水；并且在水渠的改造过程中，重新对水渠进行了防渗漏的加固，提高了保水率。拱市村一共新建、整治塘堰32口，留住的水资源不仅为当地农业生产提供了保障，也实现了小流域系统生态治理的良性循环。这一被乡亲们称为"利在千秋"的竹节堰水利工程也得到了四川省水利厅等上级政府部门的高度认可，一些水利专家考察后表示，拱市村的竹节堰水利工程系统是根据四川中丘陵地带当地的地形条件和农业实际需求而产生的一种水利创举，具有前瞻性、实用性。近两年，为了方便丘陵山地的台地中所种植的各种果树灌溉，拱市村又修建了许多滴灌设施，提高了灌溉的效率，不仅节约了大量人工成本，也通过科学计算作物需水量的方法进行精准灌溉，降低了水的蒸发量和下渗量，减少了农业用水的浪费。

（3）实施污染治理

通过多年努力，拱市村恢复"天蓝水绿"的自然景观，总结其污染治理过程主要侧重以下两个方面：

一是开展污染地块土壤治理与修复。在新中国成立前后，拱市村存在大量星星点点的小盐灶，覆盖范围遍布全村，由此对土质造成一定的盐碱化破坏。受此影响的土地曾一度达到约二三十亩，但经过近几十年的改良，至今仅有少量土地轻度盐碱化。由于土壤肥力不足，为提升产量、增加收入，农民大量使用农药、化肥，在缺乏监测机制的一段时间内，可从水沟污染的水体判别土壤污染状况普遍存在。为此，拱市村制订了土壤污染防治行动计划，实施土壤修复工程，其中的重点是实施重度污染耕地种植结构调整，对污染地块土壤进行治理与修复。

二是落实土壤污染防治具体工作。传统农业生产过程中，拱市村主要使用的是农家肥和化肥。农家肥包括三类：①水粪。主要是人、畜粪便。养猪积肥是拱市村用肥的主要来源。农民也常用苕藤、菜叶、青草、绿肥投入泡青池沤泡，经过腐烂，补水粪不足。②堆肥。利用植物茎叶、草皮、灰渣、垃圾、千脚泥、阴阳沟泥、生荒泥等作原料，加入水粪堆存于棚或田边地角，或埋于土内，经过发酵分解即成，常作底肥使用。③枯肥。主要是油菜籽、棉籽、油桐榨油后的残渣。枯肥肥效高，特别是施冷浸田和果树，效果最好。化肥分为单质肥和复合肥、复混肥。20世纪后期，不断改进化肥施用方法，改单施化肥和表层施用为配合有机肥施用和适当深施。进入21世纪，由于农村青壮年外出务工，农家肥施用量逐年减少，化肥使用量逐年增多，造成了农业面源污染普遍增加。拱市村组织开展沼气池建设、农村清洁工程、美好乡村建设、禁磷和农作物秸秆禁烧等工作，推进农业面源污染治理，主要包括以下三项主要措施：①对农业生产中化肥、农药和农用地膜的大量及不合理的使用造成的污染进行防治；②对规模化畜禽养殖所产生的大量畜禽粪便、农作物秸秆因未得到有效处理造成的污染进行防治；③对农村生活垃圾随意露天堆放、沿河倾倒，以及生活污水直排，所造成的农村环境污染进行防治。

3. 提高生态系统品质

拱市村具有较好的绿化基础，解放初曾经山清水绿，20世纪70年代前后，植被破坏严重，树林基本被砍伐一空。1989年蓬溪县被列为长江中上游防护林工程建设县，县人民政府成立蓬溪县水土保持委员会，开展了一系列植树造林活动。20世纪90年代初，县内制定了以长江防护林工程建设为龙头，消灭全县荒山秃岭、实行蓬溪全县全面绿化的战略目标，实行了层层签订目标责任书，领导包片、包村、包社，社员包荒山、包地段绿化的措施。1992年拱市村顺利通过验收，村内的山头普遍披上了"绿装"。绿量达到了但总体生态品质不高，机械的生态治理并未与长效的经济创收有机结合，"绿水青山"难以转化为"金山银山"。为进一步推进生态环境整治与经济发展的耦合作用，拱市村从生产环境改造、生活环境改善、生态环境治理三个方面系统推进，在一系列改造提升工程实施下，经过十余年的不懈努力和扎实改造，探索出了一条契合当地自然生态禀赋，绿色发展、生态友好、环境宜居的乡村发展道路。

（1）协调发展三生空间

拱市村以提升自然资源利用效率为目标，实现生产、生活、生态空间协调发展：一是在农业生产方面，首先整修村内道路，修筑蓄水池（图2-7、图2-9）和竹节堰（图2-8、图2-10），土地流转后统一整理水田（图2-11）、台地（图2-13）、规划种植（图2-12、图2-14）、统一回收农业生产垃圾，以及采取绿色生产等措施，实现了产业的绿色发展；二是在农民生活方面，开展乡村人居环境整治，通过对村庄道路硬化、村内住房改造规划建设、环境绿化美化、一系列乡村清洁工程以及农村生活垃圾统一处理等工作，改善拱市村人居环境，提高了拱市村宜居性，为进一步发展乡村生态旅游产业、生态康养产业奠定了良好的基础；三是在农村生态方面，拱市村建立了乡村生态保护发展的长效机制，加强乡村生态系统保护与修复，实现以山、水、林、田、湖、草等各要素为一体的系统性乡村生态保护模式，形成乡村生态治理的"拱市模式"，村内整体生态情况得到持续改善，实现人与自然和谐共生（图2-15）。

图 2-7 挖掘蓄水池
图片来源：作者拍摄

图 2-8 修建竹节堰
图片来源：作者拍摄

图 2-9　修整后的蓄水池
图片来源：作者拍摄

图 2-10　修整后的竹节堰
图片来源：作者拍摄

调研报告：生态振兴 215

图 2-11 原有水田景观
图片来源：拱市村村委会提供

图 2-12 整治后水田景观
图片来源：拱市村村委会提供

图 2-13　整理台地
图片来源：拱市村村委会提供

图 2-14　统一种植
图片来源：拱市村村委会提供

图 2-15 拱市村三生空间格局
图片来源：作者拍摄

（2）着力改善人居环境

过去的拱市村在人居环境方面存在严重的短板与不足，集中表现为村内一系列配套设施的不完善：村内饮用水尚未实现自来水的接通，绝大多数村民通过自建水井解决饮水问题，厨房中也以传统的柴火灶为主，厕所仍以旱厕为主，且村内生活污水和生活垃圾并没有形成有效的处理手段，导致村庄风貌不佳。除此之外，这种较为传统落后的生活方式，一方面影响了村民的生活满意度，另一方面也对村庄生态环境造成破坏。如传统的水井并不能保证人畜饮水的质量安全，非清洁能源的使用会增加空气污染以及砍伐森林的可能性，而旱厕的存在和垃圾的乱排在严重影响村容村貌的同时，也不利于农村生态可持续发展。拱市村近年来采取一系列乡村清洁整治工程提升人居环境质量，使乡村生活朝着生态友好方向不断发展：一是推行乡村清洁美化工程。结合国家关于推进乡村建设和人居环境改善的有关政策，投入村集体资产和相关政策配套资金对村内设施进行整体性修缮改造，提升村内生态宜居水平（图2-16、图2-17、图2-18）。在保留原有风貌的基础上，投资20余万元

图2-16 拱市村人居环境整治前（上：山上建筑，下：坡脚建筑）
图片来源：拱市村村委会提供

图 2-17　拱市村人居环境整治后（上：新建安置房，下：老建筑改造）
图片来源：作者拍摄

图 2-18　马家沟东变迁（上：2011 年，下：2014 年）
图片来源：拱市村村委会提供

对乡村农房进行了美化和环境治理，村民住房立面经过统一修缮，绘制了丰富多样的壁画，村民住房面貌焕然一新，独具拱市村的特色。二是完善基础设施覆盖工程。拱市村在蒋乙嘉书记带领下，利用扶贫项目在全村铺设了自来水管道和天然气管道，实现了全村卫生饮用水和清洁能源的普及，村内饮用水源由过去的"一家一井"转变为县城引入自来水的全覆盖，确保了农村生产与生活用水的稳定性供给。2016 年燃气管网的建设实现了居民 90% 以上的燃气普及率，室内生活环境脏乱差的状况（图2-19）得到全面改变（图2-20），实现了居室清洁，减少了因烧柴而导致的森林破坏和空气污染。三是进行"厕所革命"工程。2017年村集体出钱带领村民进行了改厕运动，除了个别自然与经济条件有限制的村户，村内基本实现了全覆盖。2019年，根据地方政府政策，政府统一出资为全村每户修建了化粪池，在保证一家一个的基础上，条件允许的家庭可修建两个。为了解决散养家畜带来的卫生问题，拱市村要求将家禽圈养在村民自家院落之内，至于大型牲口的养殖，则硬性要求在圈舍修建相应的化粪池。

图2-19　原有室内生活环境
图片来源：拱市村村委会提供

图 2-20 当前室内环境
图片来源：作者拍摄

拱市村能够形成如今的生态面貌，与其改善人居环境的努力密不可分，从居住条件、公共设施和环境卫生等三个方面入手：一是覆盖的全面性。指人居环境改造能够实现全村范围内的覆盖，以统一的规划与建设为主要手段，避免同一村落内生活环境产生巨大差距，从而促进村民基本生活权利的平等化，乡村基础设施能够在全村范围内普及，每家每户基本上都能独立获取水、电、气等生活所需的必备资源。二是实施的精准性。指在改造过程中能够与村民的实际需求对接，具体表现为以下三个方面举措：①充分考虑村民的家庭结构和经济水平，帮助村民选择住宅户型与结构的最优解，从而有效避免土地与空间资源的闲置与浪费；②结合村民的家庭条件安排化粪池等基础设施的建设，避免了强制性推进建设造成的高成本问题；③根据住宅的实际破损情况确定改造的具体方式，将集中搬迁重建与立面简易更新两种手段相结合，避免"千房一面"，从而保障乡村建成环境形态的多样化。三是功能的多元性。指在推进人居环境改善的过程中，不仅关注建筑的形体设计和空间布局，同时结合村内现有设施的功能空白，推进建筑功能的多元化打造，例如在住宅集中搬迁重建的过程中预留旅游开发民宿的功能，促使土地从单一的居住功能向旅游开发功能转化。或通过将村内的闲置、破损老建筑进行适当修补，开发其作为历史文化展览场所的功能，从而缓解因建设用地不足造成的功能缺失问题。

（3）强化植物名木保护

拱市村从提升绿化水平、强化保护意识、细化管理规范三个方面实现了村域范围内植物的有效保护和植物多样性的稳步提升。提升绿化水平方面，村内每年组织开展义务植树活动，村民义务植树尽责率达到95%以上，近十年完成村组道路两旁绿化8.13公里、广场及荒山绿化11200平方米，实现了村庄周边第一级山脊或平地500米以内的荒山荒地全部绿化。此外种植观赏荷花100亩，套种特色花卉千叶佛莲3000亩，鲜切花及盆栽培植50亩（图2-21、图2-22），主要生产玫瑰、鹤望兰、勿忘我等名优鲜切花，海棠、醉蝶花、马鞭草等多年生盆花。村旁、宅旁、路旁、水旁等空地绿化率达90%以上，四季繁花盛开，实现了"让鲜花开满村庄"的目标。强化保护意识方面，拱市村通过广泛的宣传、村规民约的规定以及干部的带头作用，使得村民遵守国家相关法律法规，无违规侵占林地、破坏森林树木及绿化成果的事件发生，并通过实施燃气改造工程彻底改变村民砍柴烧饭、取暖的习惯，树枝、农作物秸秆回田成为共识，从而在根源上降低了村民砍伐树木的可能性。细化管理规范方面，村内古树名木保护管理规范，严禁乱砍滥伐，保护措施到位。

图 2-21　花卉园甬道
图片来源：作者拍摄

图 2-22　花卉大棚内部
图片来源：作者拍摄

4. 提升土地利用效率

土地数量是有限的，科学高效、因地制宜利用是兼顾乡村发展与生态保护的必由之路，拱市村采取系列举措提高土地利用效率，增加土地收益和生态质量。

（1）制定科学全域规划

拱市村传统种植作物以玉米、红薯、小麦、水稻和油菜为主，尽管已经有了长期的种植历史，但由于品种选择和耕种技术落后等原因，产量并不尽如人意。种植业产出的低效率也是导致拱市村曾经长期处于贫困状态的因素之一。为进一步明确村内的产业发展方向，改变当时的落后状况，村"两委"认为有必要深挖土地资源，拓宽集体收入的渠道。作为村书记的蒋乙嘉心里非常清楚，拱市村要发展致富，寻找"着力点"十分重要。为此，他专程邀请农技专家实地论证，在深入研究剖析气候、土壤、水利等自然条件的基础上，把山丘上的土地从低到高分为一台土至五台土等五个类别，根据五台地的特质差异，栽种不同种类的农作物，比如：一台土用来种柚子、李子、梨子等水果，二台土到四台土用来种植千叶佛莲、核桃、花椒等，五台土适合用来种植耐旱的仙桃。因此，拱市村通过对村域内地形、整体现状和农业生产现状，通过现场探勘，产业定位分析、坡度分析、高程分析，对村内种植产业进行了科学的全域规划。

（2）选择优良适宜品种

拱市村修复整理并流转了村民手中的土地5800余亩，主要种植、培育特色花卉千叶佛莲、各类绿化花卉、乔木、原生态农产品等。其中种植了千叶佛莲近3000亩（套种）、优质核桃近500亩、佛莲柚近800亩、无公害水稻近360亩（并在水田内发展稻田养鱼、稻田养虾）、佛桃近500亩、莲藕近260亩、三七近200亩、鲜花培植近50亩，在总体上形成了以核桃、柚子与千叶佛莲三大作物为主导的种植产业。在稳定粮食播面的前提下，逐步形成了以核桃、柚子和仙桃为主的丘陵特色经济果林种植带，以三七等中药材为主的经济作物种植带，全域立体生态农业产业带初显形态。在探索特色种植项目、发展经济林木套种模式下，形成"长线高效产业与短线特色产业"相结合的集中成片产业区。物种选择以提高经济效益、提升生态品质为基本原则，如在千叶佛莲的选择引进过程中，通过县农业农村局提供的技术指导，分析土壤特殊性、植物适应性和生态影响性，发现拱市村土壤成土母质，主要为侏罗纪系紫色砂泥岩风化而成的紫色土和黄沙壤，土质疏松肥沃、排灌方便、土层深厚。而千叶佛莲属于好气性肉质须根系，拱市村的成土和气候环境有利于千叶佛莲根须生长发育，使得佛莲根基稳固，延寿性长。同时，千叶佛莲也起到固沙增肥效能，有利于生态环境改善和间种树种改良。适宜性和高品质的作物品种选择促使拱市村的农业产出质量保持较高水平，显著提升了产品的市场竞争力，为进一步扩大再生产奠定资金与品牌基础。

（3）立体种植提高效率

丘陵地带的最本质特征是地形在单位水平距离上的垂直起伏较大，如何形成高效率、高协调性的立体化种植模式成为提升土地开发效益的关键环节。拱市村根据村内地形和土壤特征开展立体化种植，充分利用每一块现有耕地，因地制宜选择种植作物，并引进高产优质品种，增加单位产量，最终形成的经济作物种植带，实现了浅丘农业种植的生态性开发的尝试，实现了"山、水、林、田、湖"的有机结合（图 2-23）。拱市村整体海拔高度在 360 米至 450 米，根据地形起伏程度的不同划

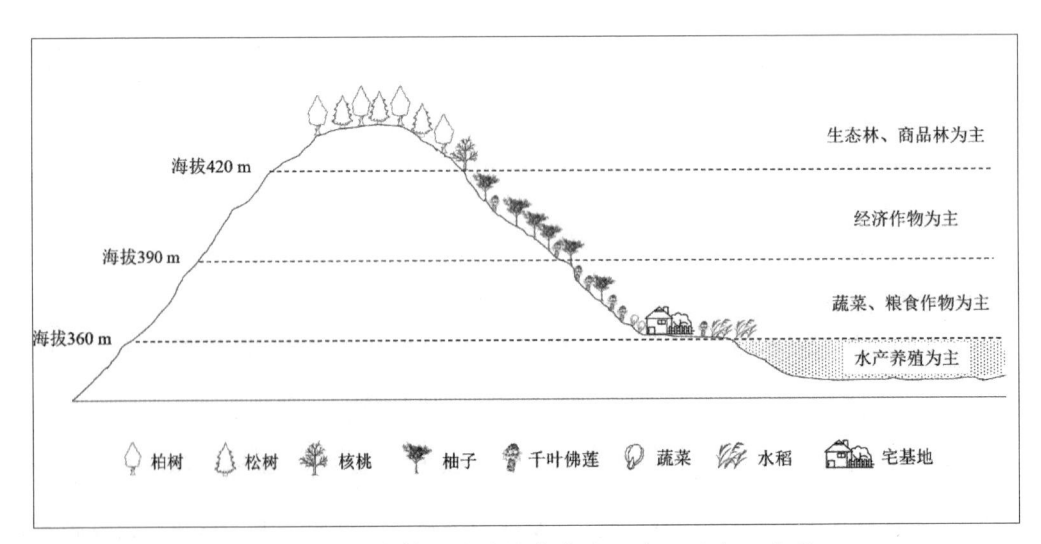

图 2-23 拱市村台地种植生态性立体化开发示意图
图片来源：作者绘制

分为一级台地、二级台地,少数区域甚至可以划分至五台地。从各台地的基本特征来看,三级台地的海拔大多在420米以上,其特征是土层浅薄多石,因此主要种植以松树、柏树为主的生态林与商品林,也包含少量的核桃林;二级台地的海拔大多处于390米到420米之间,坡度相对和缓,因此主要种植柚子、枇杷等果树,果树种植的空余土地种植了一定数量的千叶佛莲,实现农作物的套种;一级台地的海拔大多在390米以下,土壤相对较为肥沃,地形相对平坦,成为乡村居民宅基地、基本农产品种植和千叶佛莲种植的主要分布区域;低地除了水稻田外,还修建了相当数量的人工水塘,探索稻田养鱼、养蟹模式,引进高品质莲藕,发展包括小龙虾饲养的水产养殖业,既可以实现观赏性水生植物的种植,也承担了生产中的蓄水功能。这种"山、水、林、田、湖"多要素有机结合的生态农业产业模式,不仅提高了现有耕地的利用效率、增加农业生产收入,还因选择了科学合理的开发利用方式而有益于拱市村的生态修复。如今漫步在拱市村生产环线,眺望错落有致的丘陵,不同产业带绿色深浅不一,风光宜人(图2-24)。

图2-24 拱市村丘陵地带作物多层级种植格局
图片来源:作者拍摄

5. 转变产业发展方式

（1）客观认识传统生产方式

拱市村在进行土地流转、发展规模种植之前，耕地主要分散在农户手中，种植作物种类都是由农户自主进行选择，因此在过去的生产活动中，拱市村村民更倾向于根据长期的种植经验而非根据不同的地形和土壤情况开展种植活动。大多选择传统粮食作物种类来进行耕种，集中选择粮食作物诸如玉米、红薯、油菜等，而传统耕作方式下粮食亩产较低，且由于品相不好导致价格较低，单位产量不能满足每户人口的粮食需求，更遑论通过农业种植实现致富。正是因为传统的耕作方法效率低下，为了增加粮食收成，村民选择在丘陵台地等多个地方开荒种植，以期通过扩大种植面积、增加产出来弥补单位收成的不足。但这种做法忽视了丘陵台地本身土壤的肥力水平低下以及土层稀薄的现状，罔顾丘陵山地原生林在涵养水源，保有生态多样性作用；开垦出来的三级台地甚至四五级台地作物产量低下，但耗费人工更甚，而且失去了原生林庇护的中低丘陵生态环境持续恶化，一度导致用水紧张问题的再度出现。村民发现耕作辛苦但所得无几，不如外出打工能够增加收入，因此村民不仅将山地撂荒进城务工（图2-25），甚至临近住宅的水稻田也出现撂荒（图2-26），

图 2-25　撂荒坡地
图片来源：拱市村村委会提供

图 2-26　撂荒低洼地
图片来源：拱市村村委会提供

村庄劳动力严重流失。而撂荒的耕地因为土层浅薄贫瘠，短期内并不能自我恢复到开荒前的状态，生态环境形势不容乐观。

（2）采用三方利益联动机制

拱市村人均耕地面积保持四川省平均水平，但由于地形破碎化和耕地产权分散化，难以开展现代化、规模化农业生产；同时，由于不同地形肥力不一，大量开垦出的丘陵台地由于地力不足收成较少而被弃种。另外，地形还影响了拱市村的交通状况，进而降低了村民生产生活便利程度，也使得农产品运输成本增加。为此，拱市村系统思考乡村产业发展方式，着力解决"人与钱"的问题。为了帮助村民就业增收，蒋乙嘉运用经商过程中积累下的经验，以四川省力世康现代农业科技有限公司为主体，由村党支部牵头建立"公司+农户+合作社"的三方利益连接机制，推动实现村"两委"引导、企业拓展市场、农民共同发展一体化经营。即村民将自己的土地拿出来给公司，公司对土地进行托管并实施返租经营的利益联结机制，组建种植、养殖、农机专业合作社，按土地类型划分产业区域，统一管理，发展生态农业产业。在这种新型经营模式的规划下,力世康公司先期投入500万元发展经果林和水产养殖业,前三年公司承担租地、种苗、种植、管理等费用和风险,三年后产业初见成效时,农户以土地入股获取利润分红,利润按照4:4:2(即公司获取40%、农户获取40%、村集体获取20%)的比例分成。通过土地流转,将村内原本分散在各农户手中的土地集中后耕种,拱市村农民变"股民",村集体经济由"空心"变实体。该公司先后在四川省遂宁市、绵阳市、三台县和北京市、福建省福州市等建立种植基地,在全国同步建立56个销售点和12个售后服务点,为种植户解决了农产品的销路问题,最大限度确保了种植户经济收入稳定。目前,该公司为当地农户提供300多个就业岗位,常年就业人员160人以上,其中贫困人口35人,人均月工资1500元。同时,公司为常年务工的贫困人员购买了社保,通过土地流转租金、常年用工为主和季节性用工为辅等方式,使67户贫困户从中受益,实现脱贫摘帽。为帮助村民"重拾对土地的信心",蒋乙嘉所在的拱市村党支部采取"政府引导、企业带动、农户参与"的模式,成立农村土地流转合作社,以村集体的名义与农户签订合同,打造以拱市村为核心,辐射周边村庄的"拱市联村产业示范群",引导土地向种植大户和龙头企业流转,着力发展规模化种植、集约化经营和标准化生产,建立全域立体生态农业产业带。

(3)开辟荒山拓宽集体收入

拱市村对村内原有70%的撂荒地进行整理(图2-27),形成了近2200亩的连片土地作为产业区,用以种植不同类型作物,解决了村内土地普遍撂荒以及村民收入普遍较低的问题,并通过将土地集中盘活经营,对于村域生态环境的改善和美化具有积极作用(图2-28)。在整理撂荒地时,拱市村组织群众投工投劳,先后整理荒地荒山600亩,然后统一流转给村土地流转合作社,收益由农户和村集体各占50%。经过近十年的艰苦奋战,拱市村村集体收入实现了"从无到有""从有到丰"的跨越。

调研报告：生态振兴

图 2-27　土地整治前的荒地景观
图片来源：拱市村村委会提供

图 2-28　土地整治后的繁华盛景
图片来源：拱市村村委会提供

6. 预防农业生产污染

（1）对化肥农药实施统一管理

农业生产过程中或多或少会对当地生态环境产生一定的负面影响。如现代农业生产中为了持续稳定产出，使用化肥弥补土壤中物质缺失，使用农药驱逐可能使作物减产的其他生物；化肥、农药的高投入、高流失率导致总磷、总氮等污染物高排放，进而对农村土壤和水体带来了威胁。另外过量使用化肥容易导致土地板结或富营养化，高毒农药则会污染作物甚至地下水，对人畜的健康造成潜在威胁，也破坏原有生态系统的平衡。拱市村在实现统一经营之前，也曾以粗放生产方式进行农业生产，诸如广泛施用无机肥、高毒农药，这导致了拱市村曾经的水田存在一定比例的发绿田（即为富营养化的表现），同时旱地中存在土壤板结的现象，后续的土地生产难以为继。在将村民手中的土地进行流转回收、统一经营、划分了不同的产业地带的契机之下，拱市村对化肥、农药的使用也进行了统一的管理和控制，具体而言可概括为三项举措：一是统一使用低毒农药，按照每年两次的频率集中组织喷洒，同时采用生物防治的办法应对处理林木作物病害问题（图2-29）；二是使用有机化肥比

图2-29 拱市村组织村民喷洒低毒农药
资料来源：作者拍摄

例增加，拱市村目前所采用的生态绿色种植方法，提高秸秆还田比例，多使用有机肥代替复合肥，鼓励农家自养家禽粪肥的使用；三是尝试智慧农业，对施肥灌溉和田间管理等过程统一应用数字化管理，做到施肥除虫的定量化和智慧化。这些措施有利于控制农业生产中的不必要污染。

（2）对农业垃圾实现有效回收

农业生产垃圾的处理一直以来都关系到农村生态环境质量状况，低标准、无差别、不合理的农业生产垃圾处理方式会导致生态环境质量的恶化。以农业生产中的塑料薄膜为例，如果没有及时合理地回收覆地塑料薄膜的残余，会导致农田"白色污染"的问题。国家统计局的数据显示，我国在2000年时的地膜施用强度为 10.35 kg/hm^2，到2015年此数值已增加至19.29kg/hm^2，在短短16年间，我国地膜使用总量从133.54万吨增加到了260.40万吨，增长了近95.0%，更为严峻的现实情况是，目前我国地膜使用量已超过全球其他国家的总和。地膜残留不断在土壤中积累，阻碍作物根系对水肥的吸收，会导致土壤肥力的显著降低，甚至还会引起地下水污染，最终导致作物产量的下降。拱市村在农业生产过程中，对农业生产垃圾的处理做到了使用后统一整理、定点回收。调研走访中对拱市村的千叶佛莲种植基地进行考察，恰好发现合作社种植负责人带领村民为千叶佛莲喷洒除虫剂，其中除虫剂的包装在使用后都集中放置在纸箱中进行统一回收。当地生产负责人介绍，这些回收的包装将会统一运送到村内农机超市，再运送到县城的回收点进行回收。不过对于覆盖地膜的回收，目前仍然没有一个较为良好可行的办法。据村民回忆，曾经的拱市村田间水渠，经常会出现诸如化肥农药编织袋、农药瓶子等农业生产垃圾，经过这些年的有效管理，尽管在管理机制上尚有不完善之处，但总体而言农业生产垃圾处理已见成效。

（3）对农业生产实行统一经营

土地流转后实现统一经营，对于生态环境的改善而言具有以下作用：一是在统一经营后能将撂荒的土地重新进行整理和利用，选择合适的作物进行种植，不至于使土地裸露，降低了水土流失的程度；二是通过统一经营管理能够提升科学管理存在可行性。农业生产本质上是一种挤占了自然的野生环境，将人工改良和驯化的农作物集中种植的反自然产物。因此从这个角度出发，农田单位产量越高则越节约其他自然土地资源，节约综合成本。而科学高效的统一病害管理，能够降低化肥、农药对土壤和环境的污染影响。

7. 建立生态治理制度

（1）建立环境责任制度

乡村生态治理具有"日日清零"的特点，拱市村的乡村生态治理在不断的探索中，获得了许多经验，关键是建立了系统性的治理制度，实现了乡村生态治理从运动式向常态化转型。拱市村为了创造和保持整洁、优美、文明的人居生活环境，保障村民身体健康，促进村内经济社会可持续发展，根据有关法律、法规的规定，结合拱市村实际，制定了《拱市村环境综合治理条例》，明确责任人，建立健全责任区综合治理和门前"三包"相关制度，加强饮用水安全、食品安全监督。"联洁小组"轮值户需要定期督促检查辖区内卫生情况，确保村内环境整洁有序：

一是公共区域。指定专门人员负责责任区综合治理具体工作，配备、完善和维护环卫等相关设施，建立日常保洁队伍或者安排保洁人员，保证责任区容貌秩序、环境卫生达到标准。村"两委"与各村民小组、每户家庭签订城乡环境综合治理责任书，责任书载明责任区的具体范围和责任要求，明确双方的权利义务；

二是半公共和私人区域。采取落实门前"三包"的办法，确保房前屋后整洁卫生，村容美丽。实施过程中，由村委会牵头组织，村民小组设"联洁小组"具体负责，建立生活垃圾收运处理设施，严格按照"各组包户、属地包片、部门配合"原则，做到门前"三包"（"一包"门前村容整洁，无乱搭建、乱张贴、乱涂写、乱刻画、乱吊挂、乱堆放等行为；"二包"门前环境卫生整洁，无裸露垃圾、粪便、污水、无污迹，无渣土，无蚊蝇孳生地；"三包"门前责任区内的设施、设备和绿地整洁等），扎实推进辖区内村舍、庭院、工地、宗教场所环境卫生治理，努力做到卫生联洁全覆盖。

（2）加强环境教育宣传

拱市村加强对村民生态环境教育的宣传，将保护生态环境、避免环境污染的理念植入日常生产生活的点点滴滴。在村规民约里明确规定村庄内的行为卫生规则，如搞好公共卫生，加强村容村貌整治，严禁随地乱倒乱堆垃圾、秽物，修房盖屋余下的垃圾碎片应及时清理，柴草、粪土应定点堆放等。同时，因黑龙凼水库位于拱市村下游，拱市村被划入遂宁市城区应急备用水源保护区的二级保护区，村"两委"加强宣传和教育，提出保护水源地不受污染是拱市村人义不容辞的责任和义务，必须下大力气做好水源保护工作，通过立牌公示等多种手段宣传水源地二级保护区内必须遵守的规定：一是禁止新建、改建、扩建排放污染物的建设项目。已建成的排放污染物的建设项目，由县级以上人民政府责令拆除或者关闭。二是在饮用水水源二级保护区内从事网箱养殖、旅游等活动的，应当按照规定采取措施，防止污染饮用水水体。

（3）创新治理引导机制

治理方式的创新在很大程度上能够引导村民参与生态治理的进程中，拱市村治理实践中的"乡约银行"（图2-30）成为创新治理方式的重要体现。"乡约银行"以"积孝""积善""积信""积安""积俭""积勤""积美"等作为家庭考核的模块，其中"积美"模块则强调爱护环境卫生、不占公共区域、正确投放垃圾、爱护

图2-30 拱市村"乡约银行"
图片来源：作者拍摄

环境等涉及生态文明保护的内容，村民根据自身情况获得相应的积分，利用积分可以兑换部分日用、文具等商品（图 2–31），这种激励方式能够在很大程度上增强村民爱护环境、关注生态的意识，发挥生态治理的内生动力，从而降低治理的机械成本。

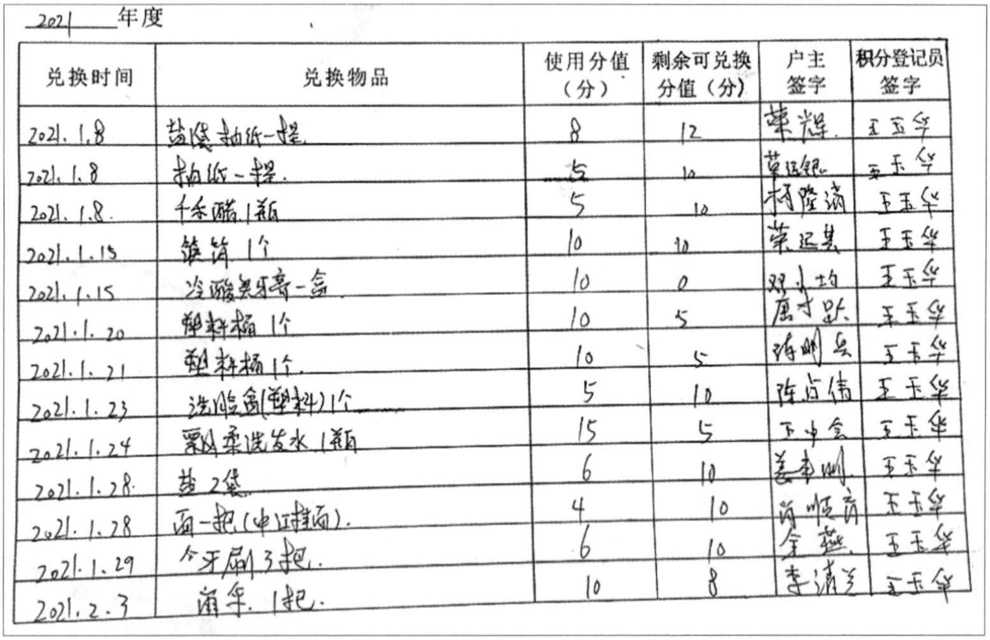

2021 年度

兑换时间	兑换物品	使用分值（分）	剩余可兑换分值（分）	户主签字	积分登记员签字
2021.1.8	[illegible]抽纸一提	8	12	[illegible]	王玉华
2021.1.8	抽纸一提	5	10	[illegible]	王玉华
2021.1.8	千禾醋1瓶	5	10	[illegible]	王玉华
2021.1.15	筷筒1个	10	10	[illegible]	王玉华
2021.1.15	冷酸灵牙膏一盒	10	0	[illegible]	王玉华
2021.1.20	塑料桶1个	10	5	[illegible]	王玉华
2021.1.21	塑料桶1个	10	5	[illegible]	王玉华
2021.1.23	洗脸盆(塑料)1个	5	10	[illegible]	王玉华
2021.1.24	飘柔洗发水1瓶	15	5	[illegible]	王玉华
2021.1.28	盐2袋	6	10	[illegible]	王玉华
2021.1.28	面一把(中江挂面)	4	10	[illegible]	王玉华
2021.1.29	牙刷3把	6	10	[illegible]	王玉华
2021.2.3	雨伞1把	10	8	[illegible]	王玉华

图 2–31 拱市村“乡约银行”积分兑换登记簿

图片来源：作者拍摄

三、问题

1. 基础条件对乡村生态影响

（1）水利设施不足与无效并存

拱市村地处亚热带季风气候区，气候温和，年降水量充沛，四季分明，气候适合多种作物生长，但受地形影响，村庄内全年降水量低于蒸发量，总体偏旱，对水利设施需求大、要求高。同时由于降水季节性差异巨大，呈现冬春少雨，夏季旱雨交替，秋雨连绵的特征。对农业生产存在一定负面影响。春季水田缺水，夏季突然大量降水和持续夏旱对水稻的种植也会造成影响；秋季的连日阴雨又不利于作物收成。因此气候特征对拱市村的农业生产的水利设施条件提出了较高要求，同时也需要针对当地的气候，选择兼具适应性和经济性的作物，降低气候对农业产出的影响。

实地调查发现，部分丘陵坡地建设的存水设施并未起到蓄水作用，反而占据耕地，成为无效利用空间。初步估算，每个蓄水池占地约 50 平方米，大约有 50 个蓄水池处于无效利用状态，约占耕地 2500 平方米，折算为 3.7 亩。更重要的是造成大量投资浪费和资本沉没，因此水利设施建设需要科学规划和设计，而非低效率、形式上的投资建设。

（2）土壤肥力不足与污染并存

拱市村水田主要有沙田、泥田、半沙半泥田和发绿田。其中村内共有品质较好的泥田近 246 亩，占稻田面积 47.2%；但村内也有需要改良的发绿田 74.5 亩，占耕地面积 5.8%，占稻田面积 14.3%。拱市村不同土质耕地的肥力不同，传统单一的作物选择导致农业生产产出的低效，需要考虑不同类型耕地选择不同的作物类型或耕作方式；对于劣田贫地也需要进行整理翻新，提升土地肥力。

在新农村建设的要求下，禁止饲养家畜和家禽，导致农家肥基本消失，农田普遍使用农药和化肥。低残留农药和化肥售价较高，在缺乏监管的情况下有些农民使用高残留农药和化肥，造成土壤污染和水体污染。

2. 管理制度对乡村生态影响

（1）生产垃圾回收缺乏强制性

在现代农业生产中，种子、化肥、农药、地膜成为四大重要的生产资料，拱市村目前的农业生产中同样使用上述生产资料，施用化肥提升作物产量、喷洒农药保障作物健康、覆盖地膜保温保湿保肥，使用不当也会对乡村生态造成污染和破坏，因此如何降低使用后产生的负面影响将成为生态振兴的关键一环。拱市村在农业生产过程中，将原有的高毒农药替换为低毒农药，每年安排两次集中喷洒，并在施用后对包装等垃圾进行统一的回收与处理，但是目前对于地膜使用和回收处理尚未探索出合理路径。尽管拱市村在生产垃圾的回收处理方面走在前列，但据相关部门的工作人员介绍，国家规定农药外包装等生产垃圾可以在居民自行清洗后作为生活垃圾处理，这也造成了乡村生产垃圾处理的"口子"出现，村民的清洗行为并不能得到有效的监督，从中体现出的普遍性问题是生产垃圾的处理并未形成一套普适性、标准化的规范。因此，乡村生态的维护需要建立生产垃圾的集中回收与处理机制，明确化肥、农药等外包装的处理闭环，禁止使用超薄地膜、鼓励使用可降解地膜、及时回收闲置地膜等措施，将对于保持土地生态、实现可持续发展具有重要意义。

（2）维持生态成果缺乏长效性

乡村生态的振兴要突破原有停留在设施层面的"破坏—改造—再破坏—再改造"的逻辑，而是应在结构上发挥治理制度的效能，因此如何维持生态环境的改造成果是实现乡村可持续发展的关键问题。乡村治理与城市治理的区别在于，法律在乡土社会的运行滞后于道德对于乡村社会的规范，因此对于未来乡村生态环境治理而言仍存在潜在风险：

一是从治理规范化的角度出发，成文的村规民约或管理规范是治理标准化提升的重要表现，生活与生产环境的底线基本确立。拱市村的村规民约中明确提出"积极开展文明卫生村建设，搞好公共卫生，加强村容村貌整治，严禁随地乱倒乱堆垃圾、秽物，修房盖屋余下的垃圾碎片应及时清理，柴草、粪土应定点堆放"，可见其在制度建设层面已有了基本的框架，但实际调查发现，仍有垃圾未及时入桶，随意倾倒的现象（图3-1）。

图 3-1 垃圾未入桶
资料来源：作者拍摄

二是从治理精细化的角度出发，目前拱市村的生态治理制度主要集中在对村内整体环境和开放式公共空间的规范引导，而村民自家宅基地内部的整体环境治理规范尚未实现有效打通。出于建筑通风换气的需要以及居住文化传统的影响，拱市村村民的住宅基本没有建设围墙，私人空间与公共空间的界限并不完全明晰（图3-2）。这种情况下，村民院落内部环境的私密性并不高，低水平、低质量的住宅院落及凌乱的内部环境会在一定程度上影响村庄整体空间环境的质量（图3-3），而村内的标准规范并未对村民住宅内部、住宅院落的卫生情况进行规范，致使目前的生态环境治理仍处于粗放式的宏观把控的阶段，构建精细化的微观治理制度是优化乡村整体空间、提升环境治理标准的发展方向。

图 3-2　院落空间特点
图片来源：作者拍摄

图 3-3　部分院落空间仍然凌乱
图片来源：作者拍摄

三是从治理效率化角度出发，目前村集体收入难以支撑现阶段乡村治理成本，一旦村集体面临收入紧张，治理效果会随之呈现出显著下降的趋势，建立乡村物业管理制度势在必行。与城市社区的物业管理相区别的是，乡村物业管理制度可以不通过引入外部力量对生活环境进行维护，而是通过村民投工投劳制度实现有序运转，依靠自发性的社会分工形成常态化的管理维护队伍，从而减轻村集体的支出负担。

3. 产业选择对乡村生态影响

（1）旅游产业植入需考虑环境承载

拱市村交通通达度的提升和村内基础设施的逐步完善，借助"千叶佛莲"文化节等大型活动实现知名度提升后，发展城市周边的乡村旅游成为新的产业发展方向。旅游产业的蓬勃兴起一方面能够为村集体带来更多的经济收入，但另一方面也为村内的基础设施、环境管理增添压力。例如，游客数量的增加需要停车场、厕所等设施的配套建设以适应游客的基本需求；现行对于村庄环境卫生与垃圾处理的工作机制和强度尚不足以支撑景区的规模化经营模式，因此建立环境承载预警机制十分必要，在运营阶段需要根据村内环境维护的承载力确定接待游客数量上限标准，打造高品质、高标准、可持续的乡村旅游产业。

（2）作物选择引导未考虑生态效率

农产品的基本特征是其受自然环境条件影响大，因此同一种作物在地理环境相似的区域极容易大面积推广种植，导致市场上此产品的供给量迅速增加，并在供求机制的作用下出现价格的下降。拱市村曾在上级政府的引导下，一度进行了大面积的核桃种植，但种植过程中其市场价格由最初的每斤20元左右降至后期的每斤2元左右，致使种植核桃树的农户收入远不及预期，出现了村民大量砍伐核桃树的现象，虽然后期选用新的品种，因从幼苗栽起，也会对生态效率降低造成影响。这个案例为乡村农业生产提供了新的借鉴，即在进行作物的选择时需要考虑作物产出后在市场供需关系中所处的位置，其预期收益需要考虑市场价格波动的影响，以作物种植的多样化避免了高竞争性作物的单一化种植，在一定程度上能够保障总体收益的稳定，通过种植结构的优化促进生态结构的稳态。

乡村在产业选择中具有摸索、实验的特征，缺乏科学引导和生态监测。如三七种植是否会引起土壤肥力下降以及严重的重金属及农药污染问题说法不一，缺乏科学引导。乡村生态营造有人工干预和自然演替两种，拱市村原有大量原生竹林，因缺乏经济效益而被砍伐，引进大量外地品种，原有生态群落发生改变，是否对生态造成影响仅从最近几年未发生自然灾害角度判断，缺乏科学监测与检测。乡村生态从自然营造角度，应尊重群落生态系统的自主更新能力和自身生态修复过程，这是实现植物群落生态系统正向演替的有效途径。

四、对策

乡村振兴包含了生态振兴、产业振兴、组织振兴、文化振兴和人才振兴，其中生态振兴是一项利益关系复杂、问题涵盖面广的系统性综合工程。生态振兴服务于农业生产实现绿色发展、农村人居环境持续优化、生产生活方式根本转变、农民文明程度显著提高、农村社会全面协调发展的建设目标，从我国农村农业发展的实际情况出发，加强中国农村生态文明建设，需要统筹协调生态文化建设、生态产业建设、人居环境建设及体制机制建设等多方面要素，着力推进价值观念、体制机制、运行落实三个维度的建设与发展。只有坚持树立人与自然和谐共生的价值目标、建立健全保护生态环境的体制机制、构建发展和保护协同共生的运行模式，才是乡村生态振兴的实现路径，才是人与自然和谐共生的最佳方式[1]。因此，解决乡村发展的生态问题，需要从系统性、融合性、创新性的思路出发，统筹乡村内各生态子系统的发展方向、强化乡村产业的融合性发展态势、实现乡村生态制度的优化与创新。

1. 系统性解决乡村生态问题

乡村生态系统从广义上来讲是人类与环境相互作用而形成的复杂、复合和多层次、多功能的稳定系统，具有社会、经济、生态等多重功能和属性。乡村生态系统包括乡村自然生态子系统、乡村经济生态子系统和乡村社会生态子系统，乡村生态系统作为系统内部各服务功能类型和数量之间协同关系的时空变化会对区域内居民的各类福祉具有重要影响，乡村生态系统的发展需要系统内局部子系统之间实现协同发展[2]。乡村自然、社会、经济三大子系统相互作用、影响与转化，共同构成了乡村生态系统有机整体。狭义上讲乡村生态系统囊括了山、水、林、田、湖等多种要素，是生产生活和自然空间的综合。乡村的生态治理需要充分尊重农业生态系统的自我维持和演替的规律，在农业生产中，根据生态学的原理方法建立既充分又节约利用资源的农业生产生活体系，在时空多维结构上建立最优化的生物种群结构和复杂立体生物群落。在乡村生活中遵循适度原则，建立"山水林田湖"为一体的生活生态系统，全面考虑子系统之间的关联效应，制定系统性解决方案。

---

[1] 王相丁：《新时代中国农村生态文明建设研究》，渤海大学，2020。
[2] 卓志清、兴安、孙忠祥、黄元仿、曹梦、李贞、张世文：《东北旱作区农业生态系统协同发展与权衡分析》，《中国生态农业学报》，2018，26(06)：892-902。

(1) 优化乡村自然生态子系统

乡村自然生态子系统即为乡村生态系统中的自然组成部分，是乡村生态系统物质循环和能量流动的主要载体，也是乡村生产力发展的基础[①]。乡村自然生态子系统在空间上可以划定为除乡村生活空间外的绝大部分地域，其面积和规模在乡村生态系统中占绝对优势。此外，乡村自然生态子系统的结构最为复杂，承载了乡村生产、生活、生态绝大部分功能，除受人类活动干扰的部分外，乡村自然生态子系统与原始的自然生态系统相似。其组成成分同样包括非生物的物质（空气、水、有机质、岩石等）和能量（太阳能、风能等）以及生产者、消费者和分解者。受自然规律和人类活动的共同制约，各生物要素之间以及生物群落与无机环境之间通过能量流动和物质循环而相互作用，使乡村生态系统维持稳定并不断发生演替。从生态系统的组成来讲，乡村自然生态子系统又包括陆地生态系统和水域生态系统，其中陆地生态系统主要包括森林、农田生态系统等，水域生态系统主要包括淡水生态系统（河流、湖泊）及湿地生态系统等。受地理位置、气候、地形、土壤等因素的影响，乡村自然生态子系统具有空间上的多样性和异质性。

(2) 强化乡村经济生态子系统

乡村经济生态子系统是乡村社会生产、生活与乡村生态系统进行物质循环、能量流动和信息传递过程中，由乡村经济发展要素、产业部门结构及生产、分配、消费各环节组成的乡村经济有机整体。除物质、能量、信息交换外，还伴随价值流的循环与转换，可通过乡村三大产业结构及其货币价值反映乡村经济生态子系统的构成与发展水平。乡村经济生态子系统是联系乡村自然生态子系统和社会生态子系统的纽带，为乡村生态系统健康发展提供经济基础，加快乡村生态系统的物质与能量流动及生态系统的演替过程。从生态系统组成来看，乡村经济生态子系统主要包括乡村自然生态子系统与人类活动交互共生的部分，一方面是乡村生产活动对乡村自然资源的投入产出和合理利用，另一方面是人类维持日常生活活动的消费支出与劳动收入。包括乡村农、林、牧、渔生态系统和乡村工业系统等，兼具自然生态系统

---

① 龚健：《西安周边地区乡村生态化模式及规划策略研究》，长安大学，2018。

和经济生态系统性质,既受自然规律的制约,又受经济规律的支配。

(3)深化乡村社会生态子系统

乡村社会生态子系统可以理解为狭义的乡村生态系统,主要为乡村居民生活、居住的空间地域,即以乡村居民为核心,包含满足其生产、生活、科教、文化、医疗卫生、政策制度等需求的主体区域及其附属设施与环境。乡村社会生态子系统与乡村自然生态子系统和乡村经济生态子系统最明显的区别在于它具有特殊的人工景观和复杂的人文特征。从组成成分上讲,乡村社会生态子系统是以乡村居民为主体的开放性生态系统,既包括乡村土地、房屋、道路、动物、植物、微生物及其公共设施和居住环境等地上地下空间的生物与非生物要素,也包括经济、教育、文化、医疗、制度、风土人情等物质与非物质的社会经济要素。乡村社会生态子系统是乡村生态系统的核心,乡村生态系统的发展和演替是以人类为主体,受自然、社会、经济发展规律所支配的调控过程,人的主观能动性在很大程度上造就了乡村不同的社会景观类型,也决定了乡村生态系统的演替方向。概括而言,乡村生态系统是作为一个由"要素—功能—系统"通过"驱动—反馈"等相互作用形成的层级系统,其健康运行是对各功能耦合协调发展过程的时空响应,三方面因素共同塑造了拱市村生态环境现状,同时也对拱市村村庄生态环境变化发展趋势起到深远的影响。

2. 融合性发展乡村生态产业

(1)环境承载力为基础

拱市村的生态环境建设总体向好,生态环境保护制度不断健全。在乡村振兴战略的总体要求下,未来拱市村应继续完善农业产业生态链和非农产业生态链,实现乡村生态产业健康发展。所谓生态化发展是对发展提出了生态化的要求,是对传统发展模式的扬弃。生态化发展的实现需要在人与自然之间维持持久的平衡。生态化发展正是基于这样一种前提,即无论是城市环境还是农村环境,其对发展都有承载力的上限,超出这一限度,环境的平衡就会被打破,发展就会反过来对人类本身构成威胁。经济发展的生态化是实现可持续发展的必要条件,而经济的可持续发展必须综合考虑资源的合理利用与社会再生产,必须统筹考虑乡村经济、环境与社会影响，在环境承载力的基础上，实现经济活动的生产、分配、交换、消费过程生态化。拱市村应进行环境承载力评价[①]。

（2）促进三产融合发展

在乡村振兴战略的总体要求下，构建拱市村产业生态链关键是构建以传统农业发展为核心，一、二、三产业融合发展的产业生态系统。乡村振兴背景下的产业生态链的构建主要是依据产业生态链的构建模型，建立农业内部要素与生态农业、生态工业、生态服务业之间物质、能量与信息的链接，即农业生态链、工业生态链、服务业生态链的有机复合网链结构综合体。农业生态链是以资源生产为目的的自然资源业所形成的链接关系；工业生态链是以制造物质、产品为目的的有形加工业所形成的链接关系；服务业生态链是以提供社会服务为目的的生态服务业所形成的链接关系。农业生态链是通过畜禽类粪便综合利用技术（制作有机肥料、饲料及沼气能源）、秸秆综合利用（秸秆有机肥加工、秸秆还田、秸秆饲料加工）、农用薄膜综合利用技术（加工改造包装袋、塑料制品），把种植业、畜牧养殖业和水产养殖业有机结合起来，实施农业清洁生产，有效减少污染，改善种植业生态环境[②]。

（3）发展生态旅游业

未来拱市村发展的重点是延伸服务业生态链，大力推动旅游业的发展，通过农业生产模块与服务业模块（旅游业、旅店业、饮食业、娱乐业等）的链接和循环带动作用，实现"人、地、钱"三要素的循环利用，结合资源进行清洁开发利用、服务产品与基础设施实际，整个开发过程以节能减排为原则，降低对生态环境的负面影响，实现服务绿色化，以生态旅游业、旅店业、餐饮业为主打造服务业产业生态链。

（4）完善生态基础设施

在乡村振兴的各类行动具体实施过程中，乡村生态设施建设是其顺利开展的基本保障。乡村生态设施建设的目标在于，继续加强基础设施建设在乡村生产空间和

---

① 宋朝红、罗强、纪昌明、雷声隆、王乘：《协同进化在水资源领域的应用前景》，《水利水电科技进展》，2005年8月第25卷第4期。

② 邓想、曾绍伦：《乡村振兴战略背景下村镇产业生态链构建研究》，《生态经济》，2019年第4期。

生活空间的覆盖范围和使用效率，同时也需要重视乡村生态空间的基础设施建设，对于不同类型的基础设施实现融合发展，即实现"生产性、生活性、生态性"的兼容，实现乡村基础设施的高效率、多功能性和集约性，节省乡村建设用地空间的基础上，增强基础设施的使用率。

在保障生产、生活基础设施建设过程中融入生态友好的理念，参考生态性基础设施的建设标准和功效。例如，将以生态系统循环理念为引导，将乡村人居环境整治中乡村无害化卫生厕所和农业清洁生产过程中的粪污资源化利用相结合，将生活废物的处理也纳入农业生产清洁化的过程中。或者在乡村水利设施建设过程中，充分考虑水利系统对乡村生态系统的作用机制，减少全水泥硬化水渠，增加自然坡面效果，在节约建设费用支出的同时，也有利于乡村生物多样性的提高。

加强专门的乡村生态性基础设施建设，通过发挥生态性基础设施对于乡村生态系统保护与修复的基础性地位，带动提升乡村生态系统、人居环境和自然资源领域基础设施的供给和保障功能。例如，在退耕还林、划定养殖业适养、限养和禁止养殖的区域，通过加强专门的生态性基础设施配套建设，有针对性地对乡村生态系统的消解能力进行扩容，防止乡村生态系统的超载。另外，乡村的生态设施建设过程中，也需要考虑到其公共性的特质，需要对建设中出现的诸如土地的划拨利用，对村民土地的占用转挪等，设计相关的应对措施；也需要对这些基础设施的日常维护和运营设计做好相应的保障性工作[①]。

3. 创新性完善乡村生态制度

建设人与自然和谐共生的拱市村，需要在破解生态振兴面临的自然资源、人居环境、生态系统三类制约的基础上，进一步在乡村生态制度建设、生态设施完善、乡村绿色生产生活行为引导和生态文化培养等四个方面有所作为。

（1）健全乡村生态环境治理制度

建立健全乡村生态治理制度，是乡村生态振兴的顶层设计。在乡村生态治理制度建设上，通过区分乡村生态系统、乡村生产功能和乡村生活功能三个领域，涉及

---

① 刘志博、严耕、李飞、魏玲玲：《乡村生态振兴的制约因素与对策分析》，《环境保护》，2018年第24期。

乡村自然资源、人居环境和生产活动等内容的基础上，提升持续激发乡村生态振兴的内外动力，完善生态评价考核体系，借助生态政策工具推动三个领域协调发展：

一是要明确乡村生态系统在乡村发展过程中基础性、长远性和影响全局性的作用地位，树立起资源节约型、环境保护型发展的发展理念，通过至少在县级层次上建立相关规章制度，完善政策工具和选择合理长期持续性的激励手段，鼓励保障乡村生态振兴持续推进的内生动力能够稳定持续。

二是要构建起城乡融合、经济和生态融合的发展关系。通过制度硬约束来建构有序的生态建设的内容和标准，通过制度规章夯实生态振兴的制度基础，营造出"各要素相互融合相通"的外部环境条件。

三是要建立健全乡村生态振兴的评价考核体系。通过常态化考核评价，保障乡村生态建设过程中的减少目标偏离，实现均衡稳定健康发展的乡村生态系统运转。与此同时，需要增加对乡村生态环境监测的重视，增加对该领域的资金投入，通过增加监测点、监测指标等措施，更加细致明确地把握乡村生态发展状况。

四是要加快制定乡村生态振兴的配套制度，发挥财政税收手段的调节作用，建立推进乡村生态振兴的长效激励机制。近年来，通过将粮食直接补贴、粮种补贴和农资综合补贴合并为农业支持保护补贴，通过财政补贴来对耕地的地理保护、粮食适度规模经营等进行引导促进，其积极效果日益显现，因此，类似的财政政策工具经过合理设计，通过调整政策目标、对象、内容和标准，辅以综合补贴的运行模式，对我们推进乡村生态振兴，协调自然资源利用、生态系统保护和人居环境改善三方面协调发展共同推进提供了政策参考。

五是要加快完善乡村生态治理相关法律法规建设。目前我国没有专门的关于乡村垃圾处理、废水处理、耕地保护、农药化肥使用控制、乡镇企业管理等方面的法律法规，因此在乡村生态治理过程中，对非法行为的管控无法可依。建立健全乡村生态治理制度，也需要法律法规的完善进行保障。

（2）建立乡村生态环境监测制度

乡村生态环境不能够仅依靠村集体和村民的自觉行动进行，需要建立起对乡村环境的科学监测机制，从而起到对乡村环境状态的及时管控作用。我国当前的生态环境监测工作内容以对水资源、空气及污染物等内容为主，其管理重心仍然在城镇层级，乡村的生态环境监测往往被忽略，导致潜藏于乡村的生态问题难以及时发现。与城镇的环境监测稍有不同，由于乡村生产与资源环境状况直接相关，因此乡村生态环境监测既要关注水资源、土壤、空气、噪声等与人居环境密切相关的生态指标，同时也需要与国土空间规划相结合，及时掌控永久基本农田、生态空间等资源环境相关指标的动态变化，打造集自然环境、建成环境、土地开发于一体的综合性监测机制，从而重构对乡村生态的概念认知。

（3）引导乡村绿色生产生活行为

乡村生态振兴离不开村民的参与，村民的行为影响乡村生态状况。因此，生态行为建设十分重要。在乡村生态行为建设层面，需要宣传和践行绿色生产、生活理念，使其深入人心；同时也需要发动村民群众主动参与其中，发挥村民的参与主动性，拉动村民组织积极参与生态保护行动，发挥村规民约的规范作用和村民组织的示范作用。首先需要在村"两委"、村内能人的带领下，和村民一起群策群力，发展和完善乡村生态领域的公序良俗和村规民约；其次，将"两山理论"的发展观，人与自然和谐双赢的生态观，通过宣传教育，转变村民之前"重经济、轻生态"的发展观念，以此来带动村民生产、生活方式的转型。之后，对于转变农业生产方式和生活方式的村民，也需要一定的激励措施予以引导和奖励，形成带动示范的作用。此外，农村生产方式和行为的转变中，可以充分利用村民自组织、农民合作社以及其他新型经营主体在其中可能存在的引导作用，通过赋予村民自治组织和新型经营主体参与生态保护与修复的职能，使其成为引领农民生产生活转型的"先行群体"，自觉肩负起生态保护的行为实践与宣传推广责任，让新型经营主体既担任乡村经济发展的"组织员"，又担当乡村生态振兴的"宣传员"。通过一系列非刚性的引导措施，将绿色发展理念贯彻进生产生活行为中，通过对"乡村积极群体"的培育和引导，形成生态建设示范者、先行者，最终实现乡村绿色生产和绿色生活的转型。

（4）传承培育发展乡村生态文化

乡村生态振兴需要培养或重塑我国乡村生态文明思想理念。在乡村振兴的发展背景下，既要通过发掘与汲取传统文化中敬畏自然、天人合一的朴素生态治理理念，又要紧跟现代生态文明建设的最新理论成果，从理论和实践两种层面培育人与自然和谐统一的乡村生态文化。理论层面上，习近平新时代中国特色社会主义思想中的生态文明思想是对马克思主义生态自然观的丰富和发展，凝聚着人类生态文明的发展规律，吸收了中国古代传统生态观念，为培育乡村生态文化提供理论支撑和思想引领；实践层面上，乡村生态文化建设应聚焦破解资源约束、环境污染、生态退化等乡村现实生态难题。我国各地乡村自然条件和经济发展水平差异明显，应当在结合自身发展瓶颈约束以及自身发展优势的前提下，找准问题，通过开展"主题鲜明、寓意深刻、形式多样"的生态文化宣教活动，将寓教于乐与进村入户相结合，以农民群众喜闻乐见的方式为载体宣传并践行"绿水青山就是金山银山"的协调发展理念、"改善生态环境就是发展生产力"的生态生产力理念、"良好的生态环境是最普惠的民生福祉"的生态关怀理念以及"山水林田湖草是一个生命共同体"的系统治理理念[①]。

结语：长期以来，党中央一直高度重视乡村地区的生态文明建设，并将其作为统筹推进"五位一体"总体布局和协调推进"四个全面"战略布局的重要内容。习近平总书记在 2020 年中央农村工作会议上强调，要"加强农村生态文明建设，保持战略定力，以钉钉子精神推进农业面源污染防治，加强土壤污染、地下水超采、水土流失等治理和修复"。由此可见，乡村生态文明建设是一项基础性、长期性、历史性的任务，生态振兴对于乡村而言是一个需要付出较长时间与较大经济成本的环节，其推进力度在很大程度上能够反映乡村振兴战略的推进深度，既直接影响当前农村居民的生产生活水平和质量，又间接决定乡村地区未来的发展路径和空间。拱市村推进乡村生态振兴的实践生动诠释了"绿水青山"成就"金山银山"的探索历程，

---
① 刘志博、严耕、李飞、魏玲玲：《乡村生态振兴的制约因素与对策分析》，《环境保护》，2018 年第 24 期。

实现了生产环境的结构优化、生活环境的功能填充和生态环境的质量提升，成为中国乡村生态环境治理的典型案例。其发展经验深刻地表明，乡村生态振兴的实质并非不计代价地将土地的经济效益替换为生态效益，而是应通过科学性的规划与建设、特色性的安排与设计、规范性的监督与治理、内生性的分工与组织实现土地经济效益与生态效益的有机结合，从而循序渐进、因地制宜地探索乡村经济增长和环境稳态的平衡状态；乡村生态振兴的主体并非单纯依赖各级政府、国有企业的"输血"式植入，而是应积极发挥乡村内生型力量在自然生态治理与人居环境优化中的作用，提升乡村居民的主体意识、参与意识与责任意识，进而推进生态治理在乡村地区的下沉，实现乡村生态系统的良性循环。

文化振兴

文化建设以及文化融合的乡村建设

——四川省蓬溪县拱市村乡村文化振兴调研与分析

孔德荣

北京建筑大学

拱市村是乡村振兴中的优秀案例,从 2007 年至今,村中进行了大量的产业建设、环境建设、组织建设、文化建设,实现了巨大的变化。本报告将从文化振兴方面对具体的文化遗产保护与传承、当下文化建设、移风易俗,文化资源与产业进行记录和分析,总结其文化振兴现状、经验、问题和对策。根据中央精神所指出的"乡村振兴,既要塑形,也要铸魂。没有乡村文化的高度自信,没有乡村文化的繁荣发展,就难以实现乡村振兴的伟大使命。……既要发展产业、壮大经济,更要激活文化、提振精神,繁荣兴盛农村文化。要把乡村文化振兴贯穿于乡村振兴的各领域、全过程,为乡村振兴提供持续的精神动力"[1]。文化建设是乡村振兴的核心,不仅要建设乡村文化,同时也要把乡村文化融合进乡村振兴的过程中。乡村文化的建设也是从被治理导向,即是对乡村文化进行建设,到逐渐凸显乡村文化的治理功能的过程。从 1983 年中央"1 号文件"提出"要通过制订乡规民约,开展建立文明村、文明家庭的活动"开始,到 2018 年《关于实施乡村振兴战略的意见》中专章论述了乡村文化振兴,体现出依靠文化治理乡村的强烈自觉,同时也指出了乡村文化的具体治理内容。由此,乡村文化治理具有对乡村文化进行治理和通过文化进行乡村治理的双重内涵,兼具内容和工具双重属性。[2] 本报告围绕拱市村文化振兴中的文化建设,

---

[1] 《习近平要求乡村实现"五个振兴"》,人民网,http://politics.people.com.cn/n1/2018/0716/c1001-30149097.html。
[2] 谢延龙:《"乡村文化"治理与乡村"文化治理":当代演进与展望》,《学习与实践》,2021 年第 4 期。

文化系统和主体的建设，以及文化对发展中具体问题的作用和意义进行梳理总结。

一、现状

1. 历史文化遗产保护与传承

历史文化是民族传统和各地群族文化之根，是不同地区性特征的重要组成部分，以及人们身份认同和文化的核心，需要发掘保护与发展。在历史文化资料记录方面，2017年3月，拱市村编写的《拱市村志》正式出版发行，同时也是遂宁市的第一本村志。志书中记述的历史一般起于辛亥革命（1911），个别地方适当上溯；下限断至公元2015年旧历年底。志书中记录了拱市村历史上的大事、纪要，共14章，59节，力求全方位反映拱市村的过去和现状。分别记录了拱市村建置区划（村名、建置、区划、境域）；自然地理（地形地貌、水系河流、土壤结构、植物动物、气候特征、自然灾害）；人口综述（人口概况、主要姓氏、人口管理、人口控制）；机构组织；村社政务（民政事务、社会保障、文明建设、新村建设、社会治安）；经济管理(经济体制、体制改革)；农业水利（农业资源、农用肥料、作物耕种、经济作物、动物养殖、农业机械、农田水利、生态环境保护）；工商金融（手工业、加工业、制盐业、商品交易、存款贷款）；交通通信（交通、通信）；医疗卫生（医疗事业、卫生防疫、妇幼保健）、教育科技（学校教育、成人教育、科技推广）；地方文化（文物古迹、口传文化、宗教文化、文化大院、农耕记忆）；社会风俗（衣食住行、传统节日、红白喜事、陈风陋习）；人物简介。还在附录中记载了艺文、拱市村村规民约。根据编者邓尚培的叙述，编纂《拱市村志》目的在于"存史、资政、育人"。"存史"是保存当地历史并传之后世；"资政"是帮助当政者了解当地的历史和现实的情况，并以此作为主政的历史借鉴和制定决策的参考依据；"育人"是希望通过阅读该志，使村民受到热爱祖国、热爱家乡的教育，从而焕发其艰苦创业、建设家园的激情。[①] 其中有以下关于拱市村在村名、历史变迁方面的记录，这些增加了拱市

---

① 拱市村志编纂委员会、蓬溪县革命老区红色文化发展促进会：《拱市村志》，中国文史出版社，2017年。

村的历史厚度和渊源,在这些细节中,拱市村的历史价值与历史意义逐渐得以完善,拱市村本村村民的认同感和身份定位也得到进一步加强。对于拱市村的村民以及外面的人不再是一个纸面上的、静止的历史,而是一个动态的、充满细节的历史。

(1) 历史文化记录

拱市村在近代史上,多数时期属于常乐场的属地。常乐场是蓬溪全县28个老场之一,多次经历行政管理体制变化,有乡里制、路甲制、团保制等。至民国二十九年(1940)建立常乐乡公所,拱市村的范围属常乐乡第14保。解放初减租退押时,今拱市村的境域划归常乐乡。1961年行政区划再次调整,拱市村的范围成为今天的规模,被编为常乐人民公社第11大队。1983年年底,贯彻中央《关于实行政社分开,建立乡政府的通知》,将人民公社改为人民政府,生产大队改为村并以地名命名村名,生产队改为村民小组——常乐人民公社第11大队改名为常乐乡人民政府拱市村。1992年,撤区并镇,常乐乡与明月区的庭英乡合并成为常乐镇,拱市村自然成为常乐镇下辖的一个村。

村名:拱市村的村名,其来历有三种说法。一是相传在明朝初期,有一位朱姓和尚落难逃到来龙山下的朱家嘴,之后自办私塾,免费教村民子女识字。在和尚圆寂后,村民为了纪念他,在朱家嘴的坡上修建了一座寺庙,取名"朱公寺"。每逢喜庆吉日,人们纷纷去寺庙里上香祭拜。后来,政府设村,就把"朱公寺"周边一带的沟谷,取名拱市村。"拱市"一词,则是从"朱公寺"中"公寺"二字的谐音演化而来。二是拱市村原名拱食湾,与"槽内无食猪拱猪"的熟语有关联。据说这里有几户姓朱的人家,是朱元璋的后裔,明朝灭亡后从江西避难逃到这偏僻处居住。由于没有携带财产,加之这里太偏僻贫穷,朱氏家族的生活紧张,家族成员时常为一些小事闹得不可开交。因此外人戏称他们是"槽内无食猪拱猪"。此后,人们就把朱氏家族居住的地方叫作拱食湾。两百多年后,一位在外地做官的举人回乡祭祖,听到这个传说后,建议把它改为拱市湾。这个称谓一直延续到20世纪末,当地政府把拱市湾所在的村定名为拱市村。三是传说明朝末年,农民军首领张献忠来到四川蓬溪,从涪江上岸,沿来龙山北上,走到老母场(位于今拱市村2社),听说场上姓朱的人多，又大开杀戒，老母场血流成河。他觉得还不能解除对朱家王朝的怨气，最后放火烧了老母场。朱家后代纷纷逃往偏远的云南、贵州等地。后来贵州朱氏出了个武官，名朱射斗，清乾隆年间远征缅甸、金川，屡建战功，后官任川北镇总兵。根据《蓬溪县志·武功卷》记载，嘉庆五年（1800）正月十九，白莲教攻进蓬溪县蓬南场，向蓬溪县城进逼。5月下旬，时任川北总兵的朱射斗前往征剿，在常乐甘草垭一战，被白莲教起义军乱箭射死。民间传说中当地人们把朱射斗战死的山嘴，称为朱家嘴。之后，当地朱氏又在朱家嘴坡上修了一座寺庙来纪念朱射斗。这个庙取名"朱公寺"，民间误传为"猪拱食（市）"。1969年，该大队把辖区内原来的三处规模不大的小学合建成一所。由于新校址位于朱公寺对面，就决定以此名作新小学的名称。但是人们觉得无论是"猪拱食"还是"猪拱市"都太俗，就把"猪"字去掉，定名为拱市小学。1992年，民政部门要求将村名的数字番号一律改为地名。由此，拱市村的村名正式诞生。①

历史变迁：民国初年，政局混乱，以及因战乱造成的农田基础设施严重毁损，再加上频繁的自然灾害，整个社会民不聊生。民国中后期，普通百姓还要遭受抓壮丁的苦难。在村志的记录中，20世纪40年代前后，拱市村被抓去当壮丁的有20多人，仅有少数人新中国成立后回到老家。当时，如果想要逃避抓壮丁，穷人们只有加入四川的"袍哥"组织。袍哥的盛行，在整个民国时代几乎已经完全影响到了四川的军政两界。

在新中国成立后，从1951年开始进行土地改革工作，把没收、征收来的土地，加上祠堂、庙会的土地，全部分给当地的贫农和雇农，农民的地位和权益得到翻天覆地的改变，成为社会的主导力量。农民有了土地以后，又出现了一些新的矛盾，如耕牛、大型农具、劳动力的缺少。特别是抗美援朝战争打响后，青年积极参军，那些军属家中也普遍缺乏劳力。诸如此类，生发了农业合作化问题。农业合作化大致可以分为三个阶段，即1952—1953年的互助组阶段、1954—1955年的初级社阶段、

---

① 改写自拱市村志编纂委员会、蓬溪县革命老区红色文化发展促进会编的《拱市村志》，中国文史出版社，2017年，第17页。

1956—1957 的高级社阶段。整个农业合作化运动，由于坚持实行了由低级到高级，阶梯式地循序渐进，使农民在生产关系的变革中能够逐步适应，因而进展比较顺利，进而迈向了人民公社。在之后的炼钢运动、三年饥荒、阶级斗争为纲的"四清"运动[①]、"文化大革命"中，给拱市村带来政治、经济、文化多方面的影响，如在"文革"初期的破"四旧"活动中，村里的来龙寺、朱公寺被毁，祠堂被砸，家谱、老书被烧，房屋、家具、墓碑上的雕花镂刻皆被清除。

1978 年，拱市村开始实施家庭联产承包责任制。农村家庭联产承包制建立在土地公有制的基础上，集体所有土地长期承包给各户农家使用，从而把农民的责、权、利结合起来，推动了中国农业发展。1981 年全面推广包产到户时，拱市村已经步入完善的阶段。随着改革开放的步伐加大，农民在丰衣足食的基础上，年轻人纷纷去深圳、厦门等沿海城市打工。拱市村最先出去的打工者多是年轻的退伍军人或手艺人，他们精力充沛，有技能，敢于拼搏，也是拱市村的第一批"万元户"。随着外出打工的发展，人口成每年钟摆式运动，集中在春运时回村和离村；同时因为大量青壮年劳动力的外流，田土荒芜，拱市村开始空心化。从 2007 年至今，退伍军人蒋乙嘉回乡创业，改善了拱市村生活环境和基础设施，利用荒芜土地，推动农业产业化形成，村民收入有较大提高，整个拱市的建设也在不断提升和发展。

村志的记录是难得的历史材料，从历史的变迁中可以摸索和总结出一些规律和特点，并且给予人们一个更宏观、长期且全面的历史观，而不会静止地来看一个问题。村志提供给人们在这些历史变化中的具体的细节、问题和需求的资料，为长期的历史思考提供参考，具有历史意义和价值。

民间传说

在文字记录或历史建筑遗址的基础上，拱市村还有本身的民间传说的记录、口

[①] 1964 年，全国开展了一场以反修防修、防止和平演变为主旨的"四清"运动。所谓"四清"运动，即农村"四清"（清账目、清仓库、清财物、清工分）和城市"五反"（反对贪污盗窃、反对投机倒把、反对铺张浪费、反对分散主义、反对官僚主义）合在一起，统称"四清"运动。后来，改为"清政治、清经济、清组织、清思想"；有人又把它称为社会主义教育，简称"社教"。拱市村志编纂委员会、蓬溪县革命老区红色文化发展促进会：《拱市村志》，中国文史出版社，2017 年，第 7—16 页。

述文化的记录。虽然这些民间传说的真实性有待讨论,但这也是历代村民以自己的理解来完善他们的历史,产生一定的历史和事件连续性,使得历史更加容易被人理解和接受。以下是拱市村的几个与地方场所、名称相关的有趣传说。

来龙山:拱市村有座来龙山,在来龙山头建有来龙寺。民间传说中来龙山上的龙为明朝建文帝朱允炆,建文帝在与其叔叔燕王朱棣的争斗中失败,在金陵城破后本想自杀,恰有太监告诉他,太祖在世时曾留下一个红匣子,嘱咐可在危急时打开。他们找到匣子后,发现匣中放有通关文牒、袈裟及白银等物,建文帝便剃度化装为和尚逃出金陵。在走投无路的时候,天上飘下一张丝帕,上面有一段谶言:"子系帝王裔,焉能同虎栖?西方有环滩,潜龙待时机。"建文帝思索之后,明白其中含义是指引他去西部潜伏。于是建文帝改着袈裟与侍卫顺江而上,先后跨江西、上湖北、入四川,经过一年多的艰苦跋涉,从嘉陵江改道涪江,最后沿涪江而上,到达了潼川府蓬溪县城西三十里地的一个小山湾。这湾里有一个碧波荡漾的小湖,当地人称之为游龙凼,建文帝便以为目的地已到,于是在此隐姓改名,自称姓蒋名逸生,与当地村民的女儿结婚,过上了普通百姓的农耕生活。后来逸生做了一个梦,梦中朱元璋大怒并指责他未到环滩深洞隐逸。于是,逸生四处访问才弄明白环滩在附近的高洞庙的庙脚下。逸生没来得及说明缘由就告别妻子,只身到了高洞庙。高洞庙所处地方山似长龙,龙尾绿树掩映着庙宇。高洞庙下面就是环滩,滩头悬崖百丈,斗大的"环滩"二字在崖石上,滩边是一潭碧波。之后在高洞庙长老的邀请下,逸生便在高洞庙居住下来。而逸生的妻子唐氏因思念丈夫,收拾了丈夫的衣物后,便径自向游龙凼的湖口走去,从此再也没有回来。自那以后,湖里的水慢慢变成了黑色。从此,当地百姓把游龙凼唤作黑龙凼。

多年后蒋逸生因思念妻子被庙上长老撵出了庙门,他回到游龙凼边的旧居处,但妻子早已不知去处,老丈人、丈母娘也已不在人世。此时,逸生已年近半百,人们叫他孤老头。一天梦中,逸生得到他爷爷的指点,说他的妻子被黑龙吃了,投生成人后嫁给了长蛇垭口的程明先,在那里开了一个小店,生意挺清淡,逸生应该去帮帮她。蒋逸生很快找到了长蛇垭口的小吃店,在店里点了些酒和花生坐下,之后不到一个时辰，食客接二连三，比往日多了不少。从此以后每天逸生都来到店中，店里的客人也越来越多，生意也越来越好，老板娘忙不过来，就请逸生做帮手。后来大家看这地方生意不错，便都来到周边建房开店，人们于是把长蛇垭口改名为好吃垭口。没几年，北起好吃垭口，南到快活岭，顺山形成了一条新街——老母场，在长蛇山腰诞生了。因为程明先的老家在十几里外的冬笋沟，孟宗哭竹故事的主人公就是他的先祖，敬孝老母是程家的传统，所以他提议用"老母场"给新街命名。

又过了十多年，蒋逸生因为上了年纪而生病卧床不起。临终前，他把自己的身世告诉了程家夫妇。当地人半信半疑，程明先从老家那边，特地请来一位姓朱的阴阳先生。朱先生看了当地的山势，听了龙的传说，断言这里有贵人来过，建议把长蛇山改名来龙山，并在来龙山头修建来龙寺，以保风水。据说明末，张献忠带领一队亲兵，从射洪的柳树、青堤过来，走到老母场。听了这里龙的传说，张献忠为发泄对朱家王朝的怨恨，带兵见人就砍。来龙山下血流成河，最后放火把老母场烧成了灰烬。这场劫难之后，活下来的人普遍后悔当初不听阴阳先生的忠告，纷纷出钱出力，在来龙山头很快建起了寺庙。躲到朱家嘴的朱氏后裔，还在坡上建了朱公寺，以纪念那位神机妙算的朱先生。

诸如此类的民间传说还有老母场、宝马沟、宝马坑等。民间的故事有众多版本，在传播的过程中也被不断地修饰、增补和删减，使得故事在时间和联系上更加紧密。都是出于对于自己祖先、场所、历史和文化的不断解释，其核心在于对自我历史、环境和身份的解答与定义。这样拱市村的人才能与其他地方的人区别开来，并加强拱市村民的认同感与凝聚力。

文化是被人民创造出来的，不断生长和更新的，属于当地群体的。还有一些有趣的地方熟语，包括方言、歇后语、固定短语及俚语，是人们的口头表达形式，同时也是文化传播的重要组成部分，对于了解当地文化有重要重用。口述文化是地区性的，因此也可以推断文化区的范围，为更长远的文化分类和研究工作打下基础。

民间传说，地方熟语所承载的口述历史和文化是不同时代、生活、环境的反映，显示独特的地方风俗，更容易让人理解，使历史变得更加有细节和温度。在农耕时代，夏夜乘凉，老人们往往教儿童一些歌谣。根据村志记录在拱市村一带流行的有："大月亮，二月亮，哥哥起来学木匠，嫂嫂起来舂糯米，娃娃闻到糯米香，打起锣鼓接娘娘。娘娘接到大田坝，打湿娘娘的红丝帕。娘娘摘了一朵花，走拢就送给乖娃娃。""月亮婆婆，莫割娃娃的耳朵。娃娃给你炕个大馍馍。长竹竿，掇不倒；短竹竿，掇翻山，馍馍滚到田那边。猫儿抓，狗儿撵。猫儿拖到灶门前，狗儿拖到院坝边。"用于田园生活的描述——田野里玩耍，看见田里的白鹤或打鱼的，孩子们爱唱："白鹤白，张家湾头去不得，去了转来要流血。""打鱼的，没良心，脱了裤儿摸眼睛。眼睛摸了搅水浑，浑水摸鱼坏良心。"[①] 这些历史上的口述文化和活动的记录，使得历史上的村民不再是一个模糊的整体，而会变得更加具体和立体。使得历史上的个人，以及他们的生活，他们的言行都变得更加真实，使得历史能够跨越时空，并被现代的人所理解。

（2）建筑古迹

建筑古迹作为文化的物质载体反映了拱市村的传统建筑文化与风貌，是重要的文化资源。历代的拱市村民按照他们的认识、想法、需求、生活方式、建造方式、材料技术等进行具体建造，物质化他们理想的生活意象。并在具体的生活空间、建筑空间、村落环境中定义他们的建筑文化与身份认同，生活方式和存在于世的状态。在村民参与的建筑营建和村民生活中，他们的文化、习俗都被传承下来。以下为拱市村现存的传统建筑和遗址，从中可以对拱市的建筑文化和历史有所了解。在民俗文化体验园中，传统建筑被保护利用，改造成中华姓氏文化馆、农耕文化体验、传统建筑体验建筑群。

老母场：拱市村在明清时代没有直接的文字记载，目前只有相关历史文献、民间传说以及历史遗迹可做推测。民间传说在明清时期，拱市村的宝马沟坡上有一个叫作老母场的小集镇。后来那个集镇被张献忠剿四川时一把火烧了。老母场遗址位于拱市村宝马沟的来龙山半山腰，那里是一块二三十亩大的梯形大土。土的左侧接

---

① 拱市村志编纂委员会、蓬溪县革命老区红色文化发展促进会：《拱市村志》，中国文史出版社，2017年，第123—127页。

近快活岭，右侧临近好吃垭口。拱市村村志编者邓尚培认为这个传说具有较强的真实性，主要理由为：1.该村 70 岁以上的村民普遍说，解放初他们看见过老场的废墟，宝马沟坡上的土里有不少大瓦的瓦砾，有用石头砌的天井的遗迹，半山腰还有通向山脚的路痕。2.从地理位置看，老母场东距常乐寺，西到桥亭子（今天福镇），南下九龙场（今属回水乡），北上古佛寺，都是十来里路程。这符合明清时代川中地区相距 10 来里建一个场镇的习惯。

高房子：高房子位于拱市村的马家沟，那是一座隔有三层的穿斗木结构楼房。该建筑为当地村民邓祖尧修建于新中国成立前，原计划底层住人，二楼纺纱，三楼办学。由于误听"共产"传言，主人缩小了规模，简化了结构，修成现存的模样。

高房子
作者拍摄

祠堂：祠堂是族人祭祀祖先或先贤的场所。各房子孙有办理婚、丧、寿、喜等事的，也可利用祠堂。祠堂还可用来开办义塾，让家族后代读书。据《蓬溪县志》载，全县原有106个姓皆各有祠堂，在破"四旧"时大多损毁。拱市村原有陈氏祠、荣氏祠，土改时被收归国有，用来办学，1969年被拆。荣氏祠正在修复。

来龙寺：传说很久以前，拱市村每年春天山洪泛滥，夏秋久旱不雨，农民颗粒无收。后有一得道高人途经此地，观拱市村地形，见吴家沟后山有龙穴，故施法招来西南方神龙一条，盘踞于现拱市村的来龙山。自此，拱市村风调雨顺，百姓安居乐业。于是，当地人修建来龙寺，以资纪念。20世纪50年代，寺庙曾用于当地村民居住，也曾用于村办幼儿园，毁于"大跃进"中。现存寺庙重建于2008年。

来龙寺
作者拍摄

朱公寺：相传在明朝初期，有一朱姓和尚落难于拱市村，村民给予他帮助，朱姓和尚感激村民之恩，自办私塾，免费教村里孩童读书识字。在和尚圆寂后，村民为纪念他，捐钱修建寺庙，取名"朱公寺"，每逢喜庆节日上香拜祭。寺庙毁于"文革"中，2000年，由民间集资重建。

朱公寺
作者拍摄

在当时的历史背景下，根据拱市村本村的木匠系统和文化认识，以及可获得的材料和技术、所需的功能、经济条件、外部的环境等多方面因素共同作用，拱市村的建筑展现出本地区的普遍建筑特征，同时也有个别具有村落特色的建筑，体现出民居的生成有多样性和偶然性，并且是一个开放和不断更新的系统。根据村志描述，在相当长的时期内拱市村村民普遍居住在草房里。盖草房的工艺比较简单，只需盖匠即可。盖匠的主要工具是弯刀、手锯和墙板。首先用墙板把四面打成土墙（预留门窗位置），土墙黏性不强的地方要在墙内设木柱。然后在墙上或木柱上放檩子，再在檩子上纵向绑竹桷、横向捆黄篾，最后盖草。主体结束，安置门窗。草房造价低，夏凉冬暖。新中国成立以后，瓦房替代了草房；改革开放后，砖木结构的楼房渐渐占了上风。木工活最多，木匠的分量最重，需要他完成结构和家具等。瓦房屋顶需要瓦匠，地基需要石匠。最后，需要盖匠、泥水匠完成墙体和屋顶。如今，因为砖混结构、框架结构的大量使用，盖匠、石匠、木匠等行当已基本失业。[①] 住房的变化也是时代、材料、技术、生活方式等变化带来的外在体现。

在这些过程中建筑本身及其建造过程也是拱市村历史文化生成机制的一部分，生活的各个方面都被反映在建筑的结构和布局中，居住环境和建筑的意义在这个过程中被人理解。拱市村村民在建造中完成了自身的社区营建，每次当他们建了一个房子，在大家的帮助和注视下，这个建筑的形式和文化在这个过程中形成。同时大家都被统一在同样的文化系统之下，并进而形成拱市村本身的建筑文化与风貌。

（3）生产生活和习俗节日

在具体的文字记录、建筑文化遗产之外，还有一系列生产活动和乡俗等非物质文化遗产，这些宝贵的传统农耕时期记忆都被记录在村史馆和村志中，成为丰富有层次的历史文化记录。

教育：早在清代，村内大姓就办了私塾。民国二十九年（1940）八月，该村在荣氏祠办了保国民学校。民国三十年（1941），常乐全家湾的全干卿筹办私立崇文中学。民国三十四年（1945），将蓬溪县私立崇文初级中学更名为"蓬溪县私立常光初级中学"。此后，拱市村的青年受崇文重教的影响，以及就近上学的方便，整体素质明显超过周边乡村的同龄人。因此，该村出现了大学生多、干部多、教师多的"三多"，以及有去美日留学的，有参加核武器研究的，有做大学教授的"三有"的人文特点。

经济：拱市村自古以农业兼小手工业为生。这种封闭式的自然经济，发展缓慢。因为村内坡陡路窄，种地靠天。所以为争水栽秧，时常也会有邻里矛盾产生。民间有说法，如"有女莫嫁铁钳沟，嫁来三天背背篼"，这是拱市村过去的真实写照。

生产工具：农耕时代，农具是锄头、撮箕、扁担、粪桶、粪档档，还有箩篼、背篼、

[①] 拱市村志编纂委员会、蓬溪县革命老区红色文化发展促进会：《拱市村志》，中国文史出版社，2017年，第149—151页。

簸箕、晒簟之类。这些农具除了锄头有铁，其余都是木头、竹子制作的。大的农具有犁头、耙子、水车、拌桶和风车。粮食加工：在粮食加工中磨子、碓窝是农村常见的粮食加工器具。生活用具：灶屋里器具有饭锅、饭瓢、铲子、火钳，多是铁器，也有砂锅、砂罐等陶器。吃饭的碗、盘、杯、碟、坛，以陶器为主。稍箕、刷把、筷子、蒸笼之类，是竹制品。盛水的器具为瓦缸或石缸。石缸多由五块片石组合而成，全石水缸比较少见。装粮食则多用木柜。为了加大火力，一些家庭还使用了风箱，风箱主体是木板。厨房里的木制品还有橱柜、水桶、木盆、掌盘之类。睡屋里多是木头架子床、木椅木凳、木箱木柜，床上挂蚊帐，床前是油灯。在不同季节为获得舒适的温度体验，夏天用篾扇，冬天烤烘笼。量具：民间用筒子、升子和斗来计量。筒子用竹子做成，分半斤和一斤两种规格。升子用五块木板钉成，口面比底部稍大，容量为五斤。斗的做法与升子基本相同，容积一般是升子的十倍。为使用方便，口面加了一根横梁。还有一种量具——调羹。家居乡村的，离街较远，不方便买盐时，就用调羹去邻居家借一调羹，等日后买来定量归还。其他器具：雨具有斗笠、蓑衣。蓑衣是用棕皮做成的，棕皮来自棕树。装稻谷用斗筐，然后用围席往上围，可以装上几千斤。这里的斗筐、围席都是竹制品。还有挑担的乘棍、打麦的连枷、筛面的箩筛、舂辣椒的浆盆、背篼、扁担、箩筐、篾筛、竹篮、撮箕等竹制品。

照明：夜晚照明，早先用的是桐油，在灯盏内倒桐油，专用的灯草浸在油里，点燃灯草照明。后来有了煤油灯，灯具样式较多。

交通运输：清代至民国初年，人们出门探亲访友，或到外地求学及工作，多是步行，跋涉艰难，只有富贵人家或坐小轿、滑竿，或骑马、驴。新中国成立前，各地都有挑夫以挑运为职业。

服饰：民国初期，一般人多着木机织布（宽1.2市尺）染青色、蓝色的长衫（裤）。春、秋季穿夹衫、夹裤；夏季穿白色或蓝色汗衣；冬季穿棉衣、棉裤。也有少数人在春、秋季穿领褂（短背心）。绅士商富夏穿丝绸衫，冬穿皮袄。穿的衣服的样式，多是大面襟，特别是女性，男人流行穿长衫子。头上流行裹白帕子，据说是湖广入川时，途中死了老人要戴孝，因此用白色。因为白色容易脏，后来就染成黑色或青色。

除了帕子，就是戴帽子，儿童戴的则有棉制的虎头帽、罗汉帽——帽上有耳朵，耳朵上有绳子。气温低时，捆上绳子保护娃娃的耳朵；气温高时，可以把帽耳朵向上系起，让娃娃的颈项、耳朵露出来。外出遮太阳的草帽，由大麦草编制。过去很多人都长虱子，备有篦子来篦头虱。民国初年，提倡男人剪掉长辫而蓄短发，但农村，把辫子绕在头上。女孩七八岁始蓄发；十一二岁用红绳扎毛辫子；十五六岁便在毛辫根处扎一朵花，表示进入婚龄；出嫁后在发髻上别金、银簪或金属花朵、压发梳，还插上骨质或金、银发针。而一般农家少女则在发髻上别牛骨小梳、黄杨木簪子，表示婚期已过。民国八年（1919）以后，受"五四"新文化思想影响，城乡男子蓄长发者寥寥无几，多数剃光头，男孩蓄"马桶盖"式或留"命心毛"。

饮食：新中国成立前，一般农家日食三餐，贫苦人有吃两餐的，甚至瓜菜代粮，常受春夏饥荒的威胁，收小春后以吃豆、麦糊糊为主，夏季吃玉米糊糊，冬季吃红苕稀饭，佐以泡咸菜，很少吃肉食。中等家庭每月初二、十六打牙祭（吃肉）。较富者有鸡、鱼上席。菜肴有凉拌、酥肉、甜蒸肉、咸扣肉、糯米饭、丸子等，皆以红苕、萝卜、白菜、豆芽、粉条之类做底子。富有人家冬季自杀年猪腌制腊肉、香肠制品，平时有鸡鸭鱼肉。

传统节日：春节，农历正月初一是春节，俗称"过年"。年前家家户户要备办年货，打扫扬尘，清除垃圾，贴春联、门神。腊月三十日（月小二十九日）全家欢聚一堂吃"团年饭"；晚上要"守岁"，长辈给未成年的儿孙发"压岁钱"；午夜除夕，祭祀天地、祖宗、迎灶神。正月初一黎明焚香秉烛，鸣放鞭炮，给天拜年，祈求一年吉祥；早餐吃汤圆或面条，意味"进宝"和"顺利"。端午，农历五月初五为端午节，又称端阳节。新中国成立前，县内郪江、涪江两岸场镇，要举行龙舟竞赛，开展抢鸭子的游泳活动。端阳这天，家家户户要在门上悬挂陈艾、菖蒲，要吃包子或粽子，饮雄黄酒。当天视百草为药，采野草、树叶熬水洗澡，预防皮肤病。中秋节，为每年农历的八月十五。按照中国的农历，八月为秋季的第二个月，古时称为仲秋，因此民间称为中秋。又因为这一天月亮满圆，象征团圆，又称为团圆节。民间中秋节有吃月饼、赏月、赏桂花等多种习俗。家家户户用糯米做成糍粑作食，晚上点檀香，以月饼、糍粑为供品，祭祀明月，思念在外的亲人。重阳节，农历九月初九日的重阳佳节，活动丰富，情趣盎然，有登高、赏菊、喝菊花酒、吃重阳糕等习俗。民间在重阳有登高的风俗，故重阳节又叫"登高节"。其他文化活动：拱市村村上有来龙寺、朱公寺两处寺庙。宗教场所除"文革"时期，一般都开展活动。"文革"以后，村内的两处宗教场所，每月初一、十五都会组织信众开展佛教活动。

婚嫁：蓬溪婚嫁礼仪，清代有问名、过庚、纳采、谢允、送期、迎亲等六个步骤，古称"六礼"。民国时逐步简化为四步：①开庚；②插香，现叫订婚；③报期；④迎亲、拜堂、归宁。

生育：产后丈夫持礼炮和鸡（以婴儿性别分雌、雄鸡）去岳父家报喜，告之举办三朝喜酒日期。婴孩满月时要办满月酒宴；婴孩长至4月或半岁要办开荤酒；当婴孩满周岁生日要"抓周"，今仍流行。还有生孩子后"逢声"的说法。[①]

丧葬：民国时，包括拱市村在内的蓬溪，丧葬礼仪沿袭清代陈规，礼仪烦琐，其程序是：送终、设灵堂、入殓；出丧；烧期；守孝。新中国成立后，废除封建丧葬礼仪，20世纪70年代推行火葬，但农村仍惯于土葬。80年代以来，丧葬礼仪为死者"开路""择地""烧期""做道场"等旧俗时有所见。对教育、经济、生产工具、生活用具、照明、交通运输、服饰、饮食、节日习俗、婚嫁、生育、丧葬等这一系列的生活方式和工具的记录是难得的历史材料。这些村志和村史馆中的资料记录并告诉后来的人，那些曾经发生过的生活的方式、生活的状态以及以前的人是如何生活的，在农耕社会的生活方式下产生的文化和记忆，为之后的文化研究打下基础。

（4）工匠技艺和行业

作为传统农耕社会中维持社会运行的各个体系中的一个重要部分，技术和生产

[①] "三朝"即产后第三天，古称"三朝洗儿"，婴孩满月时要办满月酒宴，席间抱出婴孩由祖辈或父母命名。婴孩长至4月或半岁要办开荤酒，由父母或长辈主持，一边尝一点食、肉、菜，一边说些吉祥话语，如"吃点酒天长地久""吃点肉富贵福禄"等。当婴孩满周岁生日，备书、笔、算盘、糖果或鸡蛋于桌上让其抓，看先抓哪一件，则预兆长大后从事的行业，俗叫"抓周"，今仍流行。生孩子后，妈妈听见第一个不知情的熟人的声音，叫"逢声"，并认为孩子今后的性格会与那个人相似。

体系，以及作为这些技术行业的核心主体，各种类型的工匠也被很好地记录下来，为以后长期的文化和历史的发掘留下基础。

根据《拱市村志》的记录，拱市村的小手工业主要有：木匠、石匠、篾匠和砖瓦匠。

木匠：木匠学起来难度大，吊线、下锯、打眼、刨光、拼装等技艺，是木匠的基本功。墨斗、锯子、凿子、刨子、斧头等，是木工常用的工具。改革开放前，修建穿木结构的瓦房，木匠的活路最多。家庭用具，也多是木器产品，能干的木匠做的家具结实牢固，不加楔子几十年不会松动。

石匠：有粗匠、细匠之分。粗匠是把山上的石头采切成大小长短不一的原料石，细匠一般是在山下，或磨，或雕。在早年，几乎家家户户都用得着他们，修瓦房安基石、铲石磨、打碓窝、刻碑文、作石狮子等，全是打石匠一锤一锤凿出来的。石匠常用工具是锤子、栈子、曲尺，还有二锤、钢钎等。

篾匠：以竹子为原材料加工制造各类生活和生产工具，篾匠最重要的基本功就是劈篾，把一根完整的竹子弄成各种各样的篾片。首先要把竹子劈开，再把它不同的部位做成各种不同的篾，然后做各种生活用具，如簸箕、扁担、筷子、凉床、背篼等。

砖瓦匠：砖瓦匠的工具简单，一把砖刀、一个灰槽、一副吊线锤，主要是砌筑砖瓦，做砖烧瓦，翻盖瓦房，粉墙饰壁。

在加工业方面，拱市村的老百姓主要靠农业谋生，到了民国年间，才开始有了家庭纺织、加工作坊。

家庭纺织：在近代，农民普遍种植棉花。棉花收获后，先用轧花机加工成皮棉，再用梳花机清理杂质、梳成棉卷，然后用纺车纺线。纺成的线锭放到织布机上织成白布，白布交到染房染色（常乐开办染房的历史较长）。最后是妇女用针线做成衣服。其中的主要程序，如纺线、做衣之类，在新中国成立前，拱市村的不少人家的家中都有小纺车，妇女们大多是纺线、缝衣、做鞋的巧手。

加工作坊：以往的粮食加工使用了磨子、碓窝。这两种器具的主体为石头。磨子的石质要求细密、坚硬，大多是从江油等地运来的。手工磨子由上下两扇组成，下扇固定，上扇活动。磨子主要用来加工面粉，也可以在磨芯上加垫，抬高上下扇的间距，用来做稻谷的初加工。稻谷经过礟子初加工后，再用碓窝舂。碓窝有多种形式。舂熟的米用风车去糠壳及细米粉尘，剩下的就是大米了。大户人家还有碾房，碾房内由碾槽、碾滚、支撑架组成，拉动碾碌的多是黄牛。除此之外还开有把黄豆加工成豆腐的豆腐坊。

制盐：民国时期，拱市村就有三家小灶烧制井盐。当时，蓬溪县盐业资源分布较广，在距拱市村不远的康家渡，政府还设有盐大使，负责管理盐务。据《蓬溪县志》记述："邑之盐井多在山麓，县环郭皆井，余则县之西北常乐寺、明月场……"据1945年统计，常乐乡每月销售盐巴2000担以上，拱市村的涌泉灶、同台灶、裕泉灶都是当时的供盐大户。当时的盐，除少数在本地消费，主要行销遂宁、武胜、合川、重庆、南充、岳池、广安等地。1962年，蓬溪县政府鉴于蓬莱盐厂规模化生产，决定将原分散落后、本高利薄的小盐灶撤销。因此，拱市村的几家盐灶随之关闭。[1]

时代变迁中因为生产活动、生产工具、生产方式的变化，原来的人力、畜力、工具等都被电力、现代工具所代替。行业也在变化和消亡，就业也由农村转向城镇。如木匠失去大量修建传统木结构房屋的机会，或者调整工作内容转为家具和室内装修；由于人工的体力与工艺都不如现代工具，石匠面临逐渐失传的危机。改革开放后，现代化加工企业生产的布匹衣物替代了以前手工制作的土布和衣服，与此相关的针线、顶针、纺车、染房之类，逐渐退出了人们的视线，作坊加工越来越少。但也有例外，随着塑料制品的出现，篾制品几乎被淘汰，近年来随着人们环保意识的增强，篾制品又逐渐有了一定的市场，现在篾制工艺品也很受人们欢迎。原本在建筑行业中处于次要位置的泥瓦匠，因为砖混结构的普及，反而获得了更多的工作机会。

---

[1] 拱市村志编纂委员会、蓬溪县革命老区红色文化发展促进会：《拱市村志》，中国文史出版社，2017年，第142—147页。

二、当下文化建设

中国处于高度城市化进程中，区域产业和经济结构在改变，大量的人口由乡村迁往城镇，传统习俗、文化、房屋开始衰落，消失。传统村落原有系统失效和滞后，不能适应当代发展的需求，现有系统的适宜性不足，其主要问题是更新需求和动力与原有系统的不符合，同时政府及各界参与和推动下的村落自我更新系统还在适应与吸收过程中，并不完善。本部分从文化系统的建设和更新出发，主要记录当下拱市村的文化建设。

1. 教育培训与文化机构

作为文化振兴的重要部分，从 2007 年至今，拱市村不断提升和增加文化教育培训和文化机构，其中省级教育培训与文化机构 1 个：四川省自然教育基地。市级教育培训与文化机构 3 个：四川乡村振兴学院遂宁分院，遂宁市乡村振兴教育培训基地，遂宁市拱市村脱贫攻坚乡村振兴现场教学点。县级教育培训与文化机构 4 个：蓬溪县廉洁文化基地、蓬溪县爱国主义教育基地、中共蓬溪县县委党校第二校区、四川省农业科学院乡村振兴讲习所蓬溪工作站。村级教育培训与文化机构 14 个，其中文化技术产业类机构与基地有 6 个，中国科学院软件中心拱市联村智慧乡村项目部、蓬溪佛莲谷自然教育基地、北师大中华国学院佛莲文化产学研总部基地、拱市文化产业有限公司、四川拱市戎华教育科技有限公司、游客接待中心；艺术文化类机构与基地有 3 个，拱市村民间艺术品收藏馆、龙门山书画院写生创作基地、拱市艺术团；乡村振兴类机构与基地有 5 个，中国公务员培训网西南培训中心遂宁市拱市村脱贫攻坚乡村振兴现场教学点、蓬溪县拱市村同心乡村振兴创新实践基地、蓬溪拱市联村乡村振兴服务中心、四川职业技术学院大学生服务乡村振兴实习实训基地、拱市联村乡村培训中心。

（1）教育培训系统建设

在文化系统建设中，拱市村借助政府培训和指导，如学习和执行蓬溪县探索推行的"1+2+N"党员干部教育培训机制，建立良好师资和平台，以能力培训为目标，提升教育培训工作科学化、制度化、专业化水平。在具体教学培训基地方面，遂宁市委、蓬溪县委着眼推进"乡村振兴"战略，联合拱市村创建遂宁市党性教育"八个一"体验式教学基地和遂宁市乡村振兴教育培训基地，聚焦传播乡村振兴工作理念、传授乡村振兴工作方法、交流乡村振兴工作经验、开展乡村振兴理论研究，规划建设打造的综合型教学基地，共占地 2000 余亩，投资 2000 余万元，2019 年 3 月正式挂牌运行。[①] 在课程体系中，坚持把习近平新时代中国特色社会主义思想作为主课，紧扣"产业兴旺、生态宜居、乡风文明、治理有效、生活富裕"乡村振兴总要求，开设产业振兴、人才振兴、文化振兴、生态振兴、组织振兴"五堂主题课"，农耕文化、农家生活、国防教育"三堂体验课"，"新型职业农民培训、农业新技术推广"等 N 堂扩展课，构建"1+5+3+N"课程体系。教学中组织学员体验和参加教学活动如红色"武装战役"，现场教学和参演红色情景剧等。其中"N"的意思是围绕不同主题建好用活基层党建示范项目，不同现场教学点位。[②] 遂宁市乡村振兴教育培训基地按照四川省委组织部"三学院三基地"建设标准，依托新建党群服务中心，配套设置培训室、多功能会议室、研讨室、阅览室等，打造村史馆，开办运营"壹嘉酒店"，打造乡村民宿 10 栋作为接待和培训支持。

拱市村运用农民夜校进行培训教育，学习新文化、新技术。通过道德大讲堂宣传安全常识、法律常识，提出成才之前先成人，分年龄段进行不同教育内容的宣讲。每个季度开展评比五好家庭、星级文明户。做得好加分，做得不好得减分。前三名有物质奖励，从精神上、物质上激励文化进步。

（2）新乡贤文化引导

新乡贤多为本地人，对本地有感情和深入的了解，同时又具有更加开阔的视野、及时全面的信息、先进的理念。在拱市村建立的新乡贤联谊会中明确提出新乡贤有四大职责、五大行动、八大原则。其中多项与文化建设相关，四大职责中有利用拱市村新乡贤联谊会提升乡村文明感召力；五大行动中有新乡贤助力文化育村行动；

---

① 作者本人，2021 年 4 月 26—28 日调研收集。
② 作者本人，2021 年 4 月 29 日拱市村调研收集。

新乡贤八大原则中有国策乡情宣传员、文明乡风传播员、助力发展智囊员、基层矛盾调解员。新乡贤以身作则，言传身教，提出典型学习进而带动村民的文化和习惯的进步。在调研中联村书记蒋乙嘉提到从 2007 年回来后，他看到村里道路上乱扔垃圾，于是他便在车上放有扫帚，看到有垃圾便下来打扫，并坚持每天早上打扫道路。在他的感召下，村里老人和小孩也加入了打扫和维护环境卫生的行列，渐渐地养成了打扫和维护环境卫生的好风气。[①]

文化振兴是基于传统，立足当下，面对未来，服务于人民的。文化振兴是一种精神、理念、习惯、审美良好意识的形成，是有助于人心理健康，并带来更高水平的精神追求和满足的，同时也是引导和带动长期乡村发展的。

2. 艺术基地

拱市村先后成立乡村艺术馆、中国诗歌万里行创作基地等艺术基地丰富村民生活，加大力度弘扬孝道文化，使村民提高物质生活水平的同时精神面貌也提上去。其中有 2008 年蒋乙嘉为村里修建的文化大院，并购买音响、乐器、服装等，成立了村文化艺术团。其中有图书室，拥有多种书籍。有多媒体远程教育中心、党员活动室、书画长廊。还有文艺馆，馆中藏品"不问真、不问假、不问价"[②]，不仅提供多样的艺术和工艺品供村民参观，同时展览本身也是一种艺术培养的行为。文化大院先后接待过四川省幸福美丽新村建设现场会代表、四川省川剧院《燕归》创作组、中国诗歌万里行采风团等。四川省川剧院《燕归》创作组，以联村党委书记蒋乙嘉为原型排演了大型川剧节目《燕归》。2016 年中国诗歌万里行采风团走进遂宁市蓬溪县拱市村，创建了第一个中国诗歌万里行农村创作基地。其主要策划者是本土文化人、蒋乙嘉同志的三哥蒋国锐先生。拱市村的文化建设，在他们的规划中，还列有"马"文化和"思乡"文化。"马"文化指拱市村有宝马沟、马家沟、宝马坑等文化元素；"思乡"文化是指拱市村人活跃在各地的成功人士数以百计，他们的思乡情结，为发展拱市村的"思乡"文化提供了资源。

---

① 作者本人，2021 年 4 月 26—28 日调研中与蒋乙嘉交流记录。
② 作者本人，2021 年 4 月 26—28 日调研收集。

3. 文化基础设施

主要服务于本村的文化基础设施根据需求而变化，组成各个系统服务人群和组织人员构成不同，设施有大有小，数量、位置分布不同。面对不同受教人群与教育组织者，系统有不同分类和运行结构。

拱市村文化基础设施和点有19项，分别为：村史馆、同心大讲堂、道德讲堂、农民夜校、农技培训中心、佛莲文化艺术馆、同心书画创作室、多功能会议厅、培训室、文化长廊、便民服务站、图书室、儿童之家（童伴之家）、党员之家、青年民兵之家、工会之家、同心沙龙、常乐镇退役军人服务超市拱市村宣传点、中共蓬溪农商银行委员会与中共蓬溪县常乐镇拱市联村委员会共建的活动室，展现出文化基础设施的多样性，以面对和满足不同人群和功能的需要。其中主要有三大学习平台：农民夜校、蓬溪党建好声音、党员干部现代远程平台。学习内容向生产生活延伸，有党课、法治、环保、健康、农技、安全。并且从线下的村民活动室，延伸到线上的微信群、QQ群。

拱市村山上的宣传牌宣传社会主义核心价值观："富强、民主、文明、和谐。自由、平等、公正、法治。爱国、敬业、诚信、友善"，"实施乡村振兴战略，建设新时代美丽新农村"。村内设置有核心价值观内容的广告牌、文化墙、宣传栏等。开展道德模范、身边好人、好儿女、好婆媳、好夫妻、好邻居等评选表彰活动，全村村民积极参与，选出了一大批在日常工作、生活和人际交往中品德高尚、事迹突出、群众公认的高素质模范代表，并对评选结果进行了张榜公示。文化走廊中有拱市24景的宣传，休息廊中带有村务信息或文化宣传栏。

在建筑山墙面辟有文化宣传墙，宣传内容有如"忆往昔，上无片瓦下无良田，尚思自力更生建家园；看今朝，左有新房右有产业，更应发奋图强奔小康，铭记党恩"；"助人为乐，人间大美。孝道，中国人的血脉"；"公以处事，正以立人，廉以养德，洁以修身"；"争做文明村民，共建和谐拱市"；"邻里团结。邻里间，如家人，少纷争，多容忍，遇急事，胜远亲，常问候，增感情"。

墙体宣传语
作者拍摄

  道路旁的乡村文明活动宣传牌中的内容为"乡村文明行动",如宣传精心服侍,经常关心老年人的健康,照顾老年人,具体内容有"老年人年弱体衰,行动不便,应对老人的生活起居悉心照料,加强日常护理,特别是当老人生病或不适时,更要精心服侍,喂水喂药、端屎端尿,不得怠慢"。同时还有中华春满园等积极向上的宣传,如"中华传统兄恭弟谦,与人为善,一路吉祥"。

  在道路节点处有景观石刻字：莲者,廉也。宋人周敦颐盛赞莲"出游泥而不染,濯清涟而不妖",为"花之君子"。拱市村种莲、爱莲,以莲为村徽,真是推崇其所象征的廉俭之风。过者停驻,放眼池莲,参照自省,岂非君子？在文化雕塑广场还有感恩雕塑："常怀感恩之情。感恩于心,回报于行。"内容为倡导感恩祖国,感恩社会,感恩父母,感恩他人。具体内容有"感恩伟大的祖国,因为她赋予了我们中国人的尊严,让我们截然屹立于世界东方！我深深地爱着我的祖国,因为我对这片土地爱得深沉。感恩社会,因为它和平安定的环境,给了我们起飞的平台！感恩社会的馈赠,学会热爱自然,回报社会。感恩伟大父母,因为他们给了我生命和

乡村文明活动宣传牌

作者拍摄

无私的爱，让我茁壮地成长！给了我一个温暖幸福的家，让我拥有休憩的港湾！感恩他人，感恩一路走来，扶我、帮我的每一个人，他们给了我友谊和支持，让我变得更加坚强！我也将这样的温暖传给每一个人"。

儿童之家是共青团蓬溪县委示范项目，有明确的管理制度、人员职责。儿童之家服务内容具体如下：一、配合学校和家庭开展社会主义核心价值观、公民意识、法治教育，培养儿童良好的品德和行为习惯。二、根据不同年龄阶段儿童需求，组织开展游戏、娱乐、体育、文化、艺术、阅读、社会实践、科学体验等活动，帮助儿童提高判断和处理问题能力、自我认知和情绪控制能力、人际沟通和交往能力。三、开展儿童日间临时照料、中小学生课后(四点半课堂等)、寒暑假托管和课业辅导服务。四、面向儿童及家长开展儿童疾病预防、营养、卫生习惯、自我保护、减灾备灾、急救知识的宣传教育和技能指导，发现传染病应及时报告疫情。五、开展家庭教育指导服务，帮助家长树立科学育儿理念、掌握科学育儿知识和方法技能。六、协助村委建立儿童档案，识别困境儿童，提供力所能及的支持和服务。对可能遭受暴力、性侵、拐卖的儿童，做到及时发现并主动向公安机关、村民委员会和有关部门报告。童伴妈妈六个一制度：一、完成一份档案，开展一轮走访、建立一个家长微信群、与孩子父母至少沟通一次、每个月开展一次主题活动、每个月报送一次信息。二、每个点位每周开放2—4次，每次不少于3个小时，每个月不少于24个小时。确保村中留守儿童能够获得有保障和到位的文化，陪伴和教育服务资源。

4. 文化活动

在政治文化方面，拱市村坚持政治文化引领，定期邀请专家学者讲党课，定期组织党员过"政治生日"，使用多种媒体和形式，集中学习。凝聚脱贫奔小康思想共识、精神动力，奋力推进全省乡村振兴示范村建设。通过"村村响"广播学习宣讲，农民夜校，远程教育站点开展集中学习辅导，还举行如成渝中部地区城乡基层治理论坛的多项交流学习活动。

拱市村开设道德讲堂，宣传忠孝文化、良好的家庭文化，树立良好家风。每月评选示范户，进行政治激励、精神激励、物质激励。文化联培活动带动文明风尚，从"陈规陋习"向"新风正气"转变。还有通过党代表宣讲，起到带头作用，培育奋进先锋，共同铸就脱贫梦想，如"全国脱贫攻坚先进个人"蒋乙嘉宣讲党的十九大精神，省委、市委全会精神。

在文化产业活动方面，拱市村多次组织佛莲文化节、啤酒龙虾音乐节、桃花节，助力田园文化传播、乡村旅游。举行拱市春节联欢会、书画创作、文艺表演，丰富村民文化生活。

三、移风易俗

原来稳定的农耕社会是农业生产方式决定的相互之间的密切合作，以及宗族和家庭的稳定结构与内在的血亲联系，在此基础上产生基层的文化与习俗，将整个社会和群体进一步联系在一起。农民在历代发展的过程中，一直被当作一个与土地生产及土地范围相关的主体，将其与城市分割开来，这是一种生产上的分割，空间上的分割，同时也是文化对象上的分割，而现在缺少了这一系列的束缚之后，农民不再受到生产方式的束缚、土地的束缚，逐渐形成一种自我文化和意识的觉醒。这个自我觉醒可能已经不再适合用传统农民的身份去对他们进行定义，而是新时代的乡村居民，其文化具有新的生产性、生活性。

乡村文化风气和习俗的建设是为了回应村民现代文化生活、生活品质和精神需求的提升的需求，属于本村小范围的文化建设。在这方面，拱市村开展了多种文化建设，如通过村规民约的制定来指导新文化和习俗建设，并组织其他如乡约银行、文化教育宣讲的方式培养和传播新文化。

1. 新村规民约

拱市村为了推进拱市村民主法制建设，维护社会稳定，树立良好的民风、村风，创造安居乐业的社会环境，促进经济发展，建设文明卫生新农村，经全体村民讨论通过，制定了《拱市村村规民约》。《拱市村村规民约》的内容明确，根据社会主义核心价值观要求而具体制定，并在生活中组织全村党员群众学习并落实，广泛开展社会主义核心价值观宣传教育。

村规民约从社会治安、消防安全、村民风俗、邻里关系、婚姻家庭方面进一步约束和教导村民。具体内容如"一、社会治安:1.每个村民都要学法、知法、守法、自觉维护法律尊严,积极同一切违法犯罪行为作斗争。2.村民之间应团结友爱,和睦相处,不打架斗殴,不酗酒滋事,严禁侮辱、诽谤他人,严禁造谣惑众、拨弄是非。……二、消防安全:1.加强野外用火管理,严防山火发生。2.家庭用火做到人离火灭,严禁将易燃易爆物品堆放户内,定期检查、排除各种火灾隐患。……三、村风民俗:1.提倡社会主义精神文明,移风易俗,反对封建迷信及其他不文明行为,树立良好的民风、村风。2.红白喜事由红白喜事理事会管理,喜事新办,丧事从简,破除陈规旧俗,反对铺张浪费、反对大操大办。……四、邻里关系:1.村民之间要互尊、互爱、互助,和睦相处,建立良好的邻里关系。2.在生产、生活、社会交往过程中,应遵循平等、自愿、互惠互利的原则,发扬社会主义主义新风尚。……五、婚姻家庭:1.遵循婚姻自由、男女平等、一夫一妻、尊老爱幼的原则,建立团结和睦的家庭关系。2.反对包办干涉,男女青年结婚必须符合法定结婚年龄要求,提倡晚婚晚育。……"等条款。

还有其他文化风气建设活动有效提高了村民的思想道德素质和科学文化素质,引导广大村民成为"四有"新人,调整和改善社会人际关系,形成健康向上、生动活泼的社会风气。如积极开展义务植树活动,村民义务植树尽责率达到95%以上。模范遵守国家相关法律法规,无违规侵占林地、破坏森林树木及绿化成果的事件发生。村内古树名木保护管理规范,措施到位。拱市村充分发挥村民自治组织作用,成立了红白理事会、村民议事会。制定了《红白理事会章程》《村民议事会章程》。启动了"养成好习惯、形成好风气"专项活动,大力推进移风易俗,摒弃陋规陋习,倡导文明新风,逐步遏制高价婚姻、薄养厚葬、铺张浪费、酗酒赌博、封建迷信等不良风气,推动现代健康文明生活方式的养成。村民对居住环境、自然生态保护、民主管理、社会保障、社会治安的满意度均达到98%以上。在此基础上还进行星级村民评选,从"发展、诚信、道德、卫生、公益"五个方面来评选五星文明户,评选通过后将挂牌表扬和在村里宣传栏中进行宣传。

2. 乡约银行

为深化乡风文明建设，蓬溪县在农村探索建立"乡约银行"进一步激发广大群众在基层治理中的内生动力，拱市村在这方面也是积极践行。在拱市村的调研中了解到"乡约银行"按照7级，分别为"孝、善、俭、勤、美、信、安"的标准进行积分管理，村民可以用积分兑换日常生活用品等物品。积孝：为老人提供生活和心理关爱，主动帮助邻里老人解决困难，家庭和睦相处，家人相敬如宾。无离婚、离家出走、虐待子女情形。积善：主动为生产生活困难的邻里提供帮助，为贫困群众提供资金、信息帮助，救死扶伤，不计个人得失。积极参与捐资助学、义务献血等活动。积信：诚实守信，无违背承诺、闹访缠访等行为，在迎接各类调研调查中说真话、讲实话，无拖欠集体或他人债务，不当"老赖"。不在邻里间搬弄是非、造谣生事。无恶意抹黑玷污党委、政府或他人形象，不在公众场合或网上对他人进行人身攻击。积安：无违纪违法、打架斗殴等行为，见义勇为、抵制歪风邪气，积极调解、化解邻里矛盾纠纷，积极劝解他人息诉息访。主动上报涉黑涉恶线索，奋不顾身、积极参与应急处突。积俭：婚事新办，不搞攀比、不讲排场，丧事简办，不修建豪华坟墓。不搞低俗表演、封建迷信活动，不操办升学宴，60岁以下不办生日宴。积勤：家中有优秀农民工返乡创业建档立卡，贫困户自主脱贫且未返贫，积极参加就业、创业技能培训。积极参加农民夜校等村内集体活动，帮扶贫困群众发展生产、就业创业。积美：爱护环境卫生、生活习惯良好、注重个人形象，不占用公共区域从事生产劳动，正确分类、投放、处理垃圾。不组织、参与封建迷信活动或邪教组织。没有焚烧秸秆、污染水源、乱砍滥伐。并规定："乡约积分"兑换工作按照"公平、公正、公开"原则开展，由村积分评议委员会负责指导。超出基础分100分以上分值可在"乡约银行"兑换物品。评议流程为村民自评，互评。积分收集员按户收集，积分收集委员会评议确定，公示不少于5天，积分登记员录入乡约积分存折。积分兑换流程为村民持积分存折到"乡约银行"交予登记员，登记员核实分数，村民自选物品，登记员核销分数，兑换完成，户主（户主委托人）、积分登记员签字确认。同时也有详细的工作职责规定，积分收集员负责定期收集、汇总个人自评、群众互评情况，每月向积分评议委员会报告；利用党务村务（组务）公开栏等平台，定期公开积分管理相关情况。以上各方面的建设完善使得每个阶段的执行和管理都有规可依，保证"乡约银行"的良好运行。在拱市村"乡约银行"累计兑换出的物品对应积分值达到了5000多分，相当于村民做了900件以上的好人好事。拱市村乡风文明建设，[①]通过推行"乡约银行"建设，在潜移默化中影响着村民的价值取向和道德观念。

3. 文化学习宣讲

拱市村推动乡村文化从"陈规陋习"向"新风正气"转变，通过农民夜校、远程教育平台、党建好声音等学习服务载体，覆盖式共享农机、种植、养殖等实用技术，联村打造农村电商平台，激励各类人才一线创新创业，形成干部示范、全民动手，聚力脱贫奔小康生动局面。

深入推进"三讲三学三创三颂"感恩奋进主题教育，集中评选"先进村、文明户、带头人"。全面推广三会一课"四+"模式，每月1号集中开展讲"微党课"、看红色电影、志愿服务等党日活动，弘扬护党爱党、忠诚老实、光明坦荡、公道正派、实事求是、艰苦奋斗等价值观，营造文明风尚。拱市村的新时代文明实践站工作强调聚民心，育新人，兴文化，展形象。内容有"六传六习"：传思想，习理论；传政策，习富路；传道德，习品行；传文化，习新风；传法律，习法治；传科技，习兴业。建立和引进专业队伍，重点用好文化艺术人才、民间文艺骨干、非物质文化遗产传承人、创业能手以及科技人才、医务工作者等各类专家人才、志愿者。重点发挥好党员干部、老教师、老模范、退休职工、退伍军人、社会能人、调解员、大中小学生等作用，筹建志愿服务队伍，做好文明安全工作。

通过百姓宣讲队伍，宣传身边好人、道德模范、文明家庭、最美系列人物等先进典型，让广大群众体会"身边的感动"。村中开展环保宣传垃圾分类，环保小站可根据垃圾的正确投放而给予积分，并可换物品。

4. 文化休闲活动

村民生活文化休闲活动及设施的建设，是对现代文化生活、生活品质和精神需

---

① 《乡约银行"存"出美丽乡村》，四川党建网，http://www.scdjw.com.cn/portal.php?aid=72682&mod=view。

求的提高的回应。拱市村开展和组织"拱市春晚""千叶佛莲文化艺术节""啤酒龙虾音乐节"等文化艺术活动。农民休闲文化广场配套乡村文化大舞台、健身路径、运动场、文化长廊、宣传室等设施,闲暇时,村民白天"书屋读书",晚上"广场跳舞"。形成了健康向上、生动活泼的社会风气,推动农旅融合发展,让村民"物质"和"精神"同步富裕。组建秧歌队,丰富群众生活文化,代替麻将,成立村镇艺术文化团。乡村和村民文化的提升更新,是本村小范围的文化建设提升。组织书法协会,养成好风气,形成好习惯。发挥拱市联村乡村振兴服务中心及村史馆的作用,增强村民获得感、幸福感、归属感和认同感。

四、文化资源与产业

1. 文化产业活动

拱市村建立有文化旅游产业党小组,并结合政府、企业、村民共同发展文化产业活动,运用新媒体抓覆盖,结合"乡村文旅融合"宣传抓推动,结合"脱贫攻坚"结对帮扶抓落地。

文化产业化方面,弘扬红色主流文化,传承红色基因。组织百名退役军人建设"全民国防教育示范基地",践行军民融合国家战略,实现退役军人创业带动退役军人就业,让退役军人为乡村振兴再立新功。其中拱市村的戎华国防教育基地是一家集国防教育、军事拓展训练和中小学生研学旅行于一体的全民国防教育基地。基地占地面积约2万平方米,现有教职员工48人,全部由优秀的退役军人组成。基地采取了军事化管理模式,建立了标准化授课体系,设施设备完善配套,安全措施专业有效,可承担大中小学生党政机关人员、企事业单位人员、预征入伍青年等各类人群的承训任务,是一家立足军民融合国家战略、突出党建先行、注重素质教育、弘扬主流文化、推动乡村振兴的全民国防教育基地。

蓬溪是中国书法之乡,同时千叶佛莲文化旅游节在省内已经形成一股强大的影响力,中央7套《乡村大世界》走进蓬溪,把特产佛莲、柚子、金薯等资源做了良好的宣传。在此基础上,拱市村建立的文化产业有拱市村佛莲文化艺术团、佛莲文化艺术馆、农耕文化博物馆和民间文化艺术收藏馆。拱市村依托5000亩千叶佛莲，隆重举办了乡村旅游节暨拱市千叶佛莲文化艺术节。千叶佛莲是佛教"五树六花"之一，花期长达200余天，有着"百日开花花不败"的美誉。艺术节吸引了周边的游客，极大地提升了拱市新村的知名度、美誉度。

拱市村具有深厚的生态文化积淀，重视乡村文化遗产保护，注重现代文明与历史传统有机融合，并具有创新发展、与时俱进的生命力。传承发展优秀传统乡土文化，建设乡村文化艺术博物馆，并对5栋传统老民居进行维修改造，打造"百家姓·中华情"中华姓氏文化馆，普及姓氏知识；打造农耕文化体验园，设置糙米加工、手工豆腐、手工粉条、书画创作等10余个体验项目，分类建场馆，定体验规则，保存了对传统农耕文化的记忆。在活动中和文化建立具体联系，并使得文化与实践一体化。

拱市村坚持生态立村，发展乡村休闲旅游，让村庄更加美丽。提出力争2022年将拱市联村打造成集特色农业、文化、旅游、康养于一体的田园观光综合体，成为全国乡村振兴战略示范基地。

2. 文化品牌创建

拱市村有优秀的文化品牌基础，获得众多乡村振兴方面的荣誉与称号，以及较高的知名度。拱市村多次得到中央领导、地方领导的肯定和指导，如2019年中央军委原副主席范长龙、四川省委书记彭清华等领导亲临拱市村进行考察指导。同时获得多项国家级、省级、市级、县级、村级荣誉名片，典型示范作用突出。评选称号有国家级9项：国家森林乡村、全国环境整治示范村、全国生态文化村、全国农村示范社区、全国文明村镇、全国新型农村幸福社区示范单位、全国农村人居环境示范村、全国休闲农庄示范单位、中国质量万里行产品溯源平台。省级11项：四川省森林康养基地、四川省自然教育基地、四川生态宜居名村、2019年度四川省实施乡村振兴战略工作示范村、省级四好村、省级文明村、省级百强村、四川省城乡环境综合治理环境优美示范村（社区）、新农村建设点示范村、依法治村示范村、四川省先进基层党组织。市级6项：遂宁市蓬溪县拱市村休闲农庄、市级四好村、市级文明村、四川遂宁天士力中药材种植基地、中国人民银行遂宁市中心支行支农再贷款惠农创业示范基地、四川省工商企业金融支持"万企帮万村"精准扶贫行动试点企业。县级2项：新农村建设示范村、文明生态村。村级8项：北师大中华国学院佛莲文化产学研总部基地、农耕文化体验园、拱市村特色产品展销中心、蓬溪县常乐拱市中心供销合作社（中国供销合作社，农村电商服务站）、"遂宁鲜"拱市村旗舰店、四川拱市村文化艺术有限公司、四川力世康现代农业科技有限公司、四川拱市戎华教育科技有限公司。在此基础上，拱市、乙嘉（蒋乙嘉）都有潜力形成综合以上荣誉与资源的整体代表品牌。

在主题融入、资源连接整合的思路引导下，拱市以"环线串园区、园区建基地、基地带农户"的模式，由村党支部牵头建立"公司+农户+合作社"的三方利益连接机制。统一集约，大力发展支柱产业，将有限的资源整合在一起，做强农村集体经济组织，提高农业规模化经营管理水平，提高农业的市场竞争能力。通过乡村振兴战略的实施，把乡村的田园变公园，农房变客房，劳作变体验，乡村的优美环境、绿水青山、良好生态成为稀缺资源，彰显乡村的生产价值、生活价值、生态价值、社会价值和文化价值。目前千叶佛莲、中药材（三七）、佛莲柚、富硒金薯、鱼虾养殖、生态大米已成为拱市联村主导核心产业。

依托现代种养殖业为核心，以生态农业旅游业为延展，利用"旅游+""生态+""交通+"等模式，发展农服电商、主题旅游、乡村酒店等产业。"组织联建、主业联抓、队伍联育、治理联创、资源联享、文化联培、产业联营"，核心是联，建立特色产业，建成全国最大千叶佛莲种植基地。

为了使各方面想法和需求能够实现，拱市村进行了具体规划，规划区位于生态休闲旅游区，融入蓬溪县旅游发展带，扩大旅游市场，打造乡村特色旅游目的地。采取连片开发撂荒地、连片配套农田设施、连片发展农业产业的方式，共赢共享。在进一步的规划中，拟建设佛莲文化馆、"佛莲花开"特色作物种植及贸易、"老母场"乡村集市、"金薯农场"特色文化体验园、"花果山"休闲采摘园、稻草乐园、民间古玩文化艺术馆、乡村艺术博物馆、川中乡村民俗大舞台、金刚山文化广场、佛莲广场、"稻田花灯"稻田艺术景观和稻田养鱼虾循环农业、"荷塘拱月"荷花种植及观赏和荷塘养鱼虾循环农业。拟开展"佛莲花开"特色作物种植及贸易，"瓜果添福"特色水果种植及采摘，农产品深加工基地，花卉种植基地，还有特色生态游步道、荷塘栈道、生态观景平台、"花果山"观景平台、"快活岭"观景平台、"柚子园"观景平台、"佛莲谷"观景平台、"宝马山"观景平台、"长坡岭"观景平台、乡村民宿示范项目、乡村酒店示范项目、生态帐篷营地项目、自驾车营地项目、崇文艺术博物馆/千叶佛莲论坛永久会址、康养基地、通用航空教育培训基地、国防教育基地、老年大学。

3. 建筑环境风貌

目前，拱市联村拥有1500平米的文化广场、18米长的党建文化长廊，约260平米的水上乡村大舞台，260平米的村史馆，记录了拱市村的艰苦奋斗历程。拱市村民间文化艺术品收藏馆建筑面积达2000平米，全馆分清代瓷器、宋代陶瓷、唐三彩等23个馆，藏品达1.2万余件。

在村落布局上没有改变原有的布局，保留川中建筑风格。农民休闲文化广场配套乡村文化大舞台、健身路径、运动场、文化长廊、宣传室和太阳能路灯等设施，完成广场硬化、绿化、亮化、美化。总体村容整洁有序，投资50余万元对乡村农房进行美化和环境治理，村内无乱搭乱建、乱堆乱放、乱砍滥伐、乱挖乱采等现象，生产区与生活区分离，布局合理，村内管网、线路等铺设整齐有序，户外标识、广告等设置规范整齐，空心房处置率100%，危房改造率100%。人居环境较好，完成村组道路两旁绿化8.13公里、广场及荒山绿化11200平方米，村庄周边第一级山脊或平地500米以内的荒山荒地全部绿化。村旁、宅旁、路旁、水旁等空地绿化率达90%以上。严禁乱砍滥伐，保护古树名木，林木覆盖率达到40%以上。种植观赏荷花100亩，套种特色花卉千叶佛莲3000亩，鲜切花及盆栽培植50亩，四季繁花盛开。初步形成森林覆盖、绿色富民、生态宜居的农村公园。

为做美环境，围绕自然生态、传统人文，全面实施乡村"五化"环境提升工程，打造宜居村落。拱市村引入创意农业理念模式，挖掘农耕体验、传统文化、科普教育等文旅融合营销点，提升农业生产、植入乡村旅游，打造集循环、创意、体验等于一体的田园综合体。打造"民俗+"全产业链条，突出发展区域服务型经济，将运动休闲与农业产业深度融合。

拱市村坚持生态立村，发展乡村休闲旅游。在其最新规划中，阐明力争在2022年将拱市联村打造成集特色农业、文化、旅游、康养于一体的田园观光综合体，成为全国乡村振兴战略示范基地。在规划中计划建设形成"一轴一环两中心"的布局结构。以贯穿规划区的农环线，作为规划区游览观赏、连接常回路与大环线的首要通道，是保证规划区产业发展，引领农业第三产业发展的主轴线。以穿越花果山观景台、来龙山观景台、宝马山观景台、柚子园观景台、佛莲谷观景台、连接佛莲大道的骑行道，作为规划区旅游环线，是规划区旅游发展的重要基础保障。通过道路将旅游接待中心、旅游景观中心千叶佛莲观赏区、度假休闲区、农耕体验区、农业种植区联结成为一个整体。其中各个区域内容明确，如千叶佛莲观赏区有旅游项目：稻草乐园、花果山观景平台、佛莲谷观景台、佛莲文化馆、国防教育基地、佛莲花开特色作物种植及贸易、川中乡村民俗大舞台、老母场乡村集市、花卉种植基地、荷塘栈道等。核心功能集游客咨询、景区形象展示、民俗文化表演、千叶佛莲观赏、民宿住宿、停车、购物等多功能于一体。度假休闲区核心功能是文化体验、休闲观光和酒店住宿。通过互动式、沉浸式的形式进行全方位的展示和体验。农耕体验区核心功能：塑造大地景观，田间增加趣味艺术景观小品，增加乡村休闲趣味；结合居民点设置农事体验项目，丰富农耕文化体验。农业种植区核心分为北、西、南三片，以水稻、柑橘发展为主导，结合立体种植和水稻+共生种植模式提高农田附加产值。

4. 文化需求与发展

拱市村计划在2020—2035年建成美丽新村，坚持"做强产业、做出特色、做好示范"的发展理念，做大十大特色产业品牌，亚洲最大千叶佛莲基地"金字招牌"，联村经济发展极具活力，群众收入处于全省、全市前列，带动常乐、天福及周边乡镇同步发展。依法治理机制全面完善，民间文化更加繁荣，绿色拱市率先崛起。在2035—2050年领跑乡村振兴，坚持现代观光农业、生态旅游、养生养老三大产业融合发展，村民户户有产业、集体年年有收入、联村村村有实体，党组织组织力充分彰显,群众综合素质普遍增强,社会文明程度全面提升,"五大振兴"率先实现,村民过上富裕"都市"生活,富强、民主、文明、和谐、美丽强村效应不断释放,拱市联村成为全国乡村振兴的璀璨明珠。[①] 根据发展指导需求,拱市村举办产业发展课题研讨,多样化开展教育引导,开阔群众眼界思维,提升群众思想文化素养和致富本领,补足群众精神。大力弘扬社会主义核心价值观,积极开展"四好村"创建活动,明礼诚信、崇德向善蔚然成风,群众健康生活习惯悄然养成。拱市村坚信幸福是奋斗出来的,大力弘扬爱党爱国精神,鼓励群众自主创新创业,争当乡村振兴"排头兵"。

五、经验

1. 历史文化的地方性与延续性

拱市村通过对历史文化遗产保护与传承,如村志编写,村史馆建设,传统建筑保护利用等,记录下拱市村的历史如村名、历史变迁、民间传说、生产生活、习俗节日、技艺和行业等,是重要的历史材料和历史文化资源,是拱市村文化的起源,有重要的历史价值和意义。历史与文化是一个复杂、动态变化的过程,它是不同的历史和文化的重叠、选择与再生。它并不是固定的过程,它是系统的,包括文化本身的更新与发展,是不同个体或者是少数不同群体共同组成的一个公共文化群体文化和个人文化的总和。

在变化的过程中需要强调文化的地方性与延续性,动态性历史并不是一个静止的历史,或者是断裂的历史,它是有韧性与连续的。历史告诉我们文化起源的独特性,文化的个性,是文化的根,在历史的背景下才会有文化的自主性和内向性,才能在不断变化的过程中找到属于自身且具有自身特点的乡村文化。

文化中的地方性和延续性会使人产生对于乡土的牵绊,对于故乡的情感,这种文化情怀能引起大家对故乡和故人的关心和爱护。有这种精神的延续与扩散,才会有乡村群体的凝聚力和向心性,也才会有"一方有难,八方相助"的积极的群体精

[①] 作者本人,2021年4月26—28日于村史馆调研收集。

神，家国情怀。

2. 乡村文化建设的重要性

首先乡村文化振兴是对乡村文化的建设。通过民俗文化、饮食文化、节日文化、服饰文化、建筑文化形成一种具体可感知的全方位的现象，文化传播，使得这种文化能够被人理解。这是当代乡村文化的重塑，是村民个人认同和归属感的塑造。另外一方面通过榜样，如乡贤、优秀党代表、五好家庭、优秀个人的创建和宣传，使其成为榜样，成为标杆，成为一种具体文化行为的象征和具体学习对象，在此基础上构建村民的新文明文化。对个人的教育，是对文化自觉性的提升，自觉遵守道德规矩和礼仪的自我约束。

乡村文化对乡村发展建设有重要的影响，将会长期支持和推动乡村建设发展。将优秀自然和人文资源、乡村历史文化、古建筑和优秀民俗文化资源、农业资源、传统技术产业与旅游、休闲、体验、加工产业相结合，整合资源，相互支持，提升建设效率。文化资源能够成为后续的文旅产业开发的重要组成部分，并带来附加的文化价值。

3. 乡村文化系统和主体的更新

在我国，乡村文化作为治理对象主要经历了传统社会伦理治理、国家意识形态治理、市场经济治理和国家社会市场共同治理四个阶段。"乡村文化"治理的发展历程，是社会、国家和市场三种力量交替参与治理的过程。[1] 乡村社会发展中的系统衰落，在文化方面面对的是乡村文化系统的失效。首先是生产系统的被冲击和失效，村落从原来的农耕经济到现在的年轻人外出务工。就业类型和地点的变化，这直接导致人口的外流，特别是青壮年和受过教育的人群，因此村落空心化、老龄化严重。在此情况下，原来担任多重功能的村落社会组织系统也在不断弱化和失效，如村落的宗族原本担任族群管理和协调、生产组织和协调、村落习俗和文化组织等多重功能。一方面原来的生产组织协调功能从村落组织系统剥离，同时现在交通、信息、社会功能的多样性，使得村民的社会生活也有了多种新的选择，原村落组织

---

[1] 谢延龙：《"乡村文化"治理与乡村"文化治理"：当代演进与展望》，《学习与实践》，2021年第4期。

系统的多重功能被弱化，村落组织系统的影响力和民众对其的需求下降，村民的生产活动和社会生活不再单一依赖于宗族；另一方面原来的社会组织系统，村落宗族的自我管理协调在弱化、消失的同时，被新的村落行政体系代替和主导，但也还在完善和被村民理解的过程中。

拱市村从2007开始，面对的就是文化系统的失效和作为文化系统的主体村民的缺失。为了建设当地的文化系统，拱市村联合各方力量，在政府的支持下建立了22个教育培训与文化机构。拱市村借助政府培训和指导，建立良好师资和平台、课程体系和内容。运用农民夜校进行培训教育，通过道德大讲堂宣传安全和法律常识等。拱市村通过新乡贤引入，新乡贤以身作则，带来先进的文化和理念，进而带动村民的文化进步。先后建立乡村艺术馆等艺术基地，19项文化基础设施丰富村民文化生活，宣传社会主义核心价值观、乡村文明行动。通过多样的文化活动的组织，请专家学者讲党课，树立开拓进取的发展精神；在农民夜校、远程教育站点开展集中学习辅导新知识、新技能；开设道德讲堂，宣传忠孝文化，树立良好家风、道德取向。至此拱市村完成阶段性的乡村文化系统自我建造的延续，并逐步形成新的文化价值核心与文化主体。

4. 新乡村文化的营建

21世纪以来，乡村文化建设不断促进乡村传统文化资源现代转型，逐步建立文化自觉和文化自信，乡村文化的主体性建构进入新的历史阶段。[1] 在本村新乡村文化营建上，拱市村建设村史馆，编写村志都是全市第一。并建立文化公司和文化产业团队进行文化艺术管理，如佛莲产业、文化收藏馆、艺术馆以及利用传统建筑高房子建立中华民族百家姓园。

对于村民生活品质和精神需求，拱市村开展了多种文化建设如通过村规民约的制定和执行，从社会治安、消防安全、村民风俗、邻里关系、婚姻家庭方面来营建新的乡村文化。通过乡约银行宣传和培养遵循"孝、善、俭、勤、美、信、安"的文明乡风。并制定教育宣讲方式，利用农民夜校、远程教育平台、党建好声音等学

---

[1] 齐骥：《社会结构变动中乡村振兴的文化动力和思想范式研究》，《东岳论丛》，2019年第8期。

习服务平台培训村民；组织文化休闲活动"拱市春晚""千叶佛莲文化艺术节""啤酒龙虾音乐节"等文化艺术活动，丰富和满足村民的精神需求。

在李文峰、姜佳将的研究对比中，日本的"造村运动"，其最终目标是"造人"，培养出一大批既具有实践能力而又能扎根于本地区的人才，振兴和传承乡村传统文化；韩国的"新村运动"，特别注重在精神上启蒙，创新农村文化建设；德国的"村庄更新"，非常强调文化认同。梁漱溟认为近代中国衰弱的问题在于文化失调，为了使中国社会形成"新秩序"，他成立了乡农学校来实现文化重构，主要针对乡村领袖、成年农民和乡村运动者，以使农民的精神复苏而产生进取心和团结心，发生文化自觉，并有齐心合力解决问题的机会。晏阳初则倡导以文艺教育治愚，以生计教育治穷，以卫生教育治弱，以公民教育治乱。综上所述，不难发现，国内外乡村振兴的理论转向和实践逻辑均非常注重乡村的文化取向。[①] 文化价值是一种精神动力，是价值观利益取向，引导人们的生活，定义他们生活的核心、生产的核心，是长期发展的持续动力。这也是乡村文化从被治理导向，对乡村文化进行建设；到逐渐凸显其治理功能，运用乡村文化对乡村的治理进行帮助；并使乡村文化形成乡村振兴的自我核心，重塑文化认同。

5. 资源与产业融合

在"乡村文旅融合"方面，拱市村提出"组织联建、主业联抓、队伍联育、治理联创、资源联享、文化联培、产业联营"，联动发展。通过"项目推动、区域联动、条块互动、上下促动"，通过联与动，把资源连接，形成集中效应，进而扩散和辐射周边，形成良性循环的区域效应，服务于区域的提升，形成区域的引导作用。将农旅融合，产业联动融合，文化植入和引领，构建区域产业链，区域产、展、游、销产业链。在产业融合中，拱市村坚持主题融入、资源连接整合的发展方向，并开展了文化品牌的创建。

[①] 李文峰、姜佳将：《老区与新乡：乡村振兴战略下的文化传承与反哺——以浙江余姚梁弄镇革命老区为例》，《浙江社会科学》，2018年第9期。

6. 理念引导与长期发展

拱市村积极治理和改造乡村环境和建筑品质，提升人居环境品质。新建乡村文化大舞台、健身路径、运动场、文化长廊、宣传室和太阳能路灯等设施，对乡村农房进行美化和环境治理，初步建成生态宜居的乡村环境。拱市村坚持生态立村，发展乡村休闲旅游，开展乡村"五化"环境提升工程，打造宜居村落。挖掘农耕体验、传统文化，提升农业生产、植入乡村旅游，打造集循环、创意、体验等于一体的田园综合体。积极规划力争在2022年将拱市联村打造成集特色农业、文化、旅游、康养于一体的田园观光综合体，成为全国乡村振兴战略示范基地。拱市村计划在2020—2035年建成美丽新村，坚持"做强产业、做出特色、做好示范"的发展理念；在2035—2050年领跑乡村振兴，坚持现代观光农业、生态旅游、养生养老三大产业融合发展。拱市村举办产业发展课题研讨，多样化开展教育引导，鼓励群众自主创新创业。

六、问题

尽管拱市村从2007年到现在有了巨大的发展，但在发展中仍然面对乡村其他建设方面中的文化问题，以及乡村文化自身建设的问题。应从问题和需求出发，从具体的角度来讨论文化在乡村振兴中的作用和对策。[1]

1. 公共资源分配不均衡

目前附近主要公共资源集中在常乐镇，获得资源距离较远。与乡镇相比，乡村有文化供给上的不平等，文化资源上分布的不平衡，造成和迫使人员往文化资源更多的方向流动。乡村文化生活匮乏，缺少多样化的文化设施和条件，产生文化生活需求与文化设施资源发展不平衡滞后的矛盾，以及城市化带来的城乡结构的迅速的改变，产业结构的改变引起的农村人口流动带来的农村人口的巨大变化，大部分的年轻人转移到城市或其他产业，造成了农村的空心化。现在的留村村民多数年纪较大，文化水平不高，缺少文化创造的能力。小孩也大多在外读书，中间为年龄断代。

---

[1] 谢延龙：《"乡村文化"治理与乡村"文化治理"：当代演进与展望》，《学习与实践》，2021年第4期。

同时学前教育发展面临资源不足和城乡差距明显等困境，这样无法将传统文化和风俗根植于幼儿心中，加深他们对乡村的情感。

2. 基础设施和资源利用率不高

目前基础设施和资源利用率较低，乡村公共文化服务供给效率低，新闻自媒体和视频自媒体利用率极低，可加强乡村网络文化空间建设。有组织的文化活动开展得不够，需加强乡村文化活动组织推广。一方面要面对空心化带来的主体的缺失，持续引进新的主体，同时考虑新主体工作安排，整合人力资源通过网络传播平台或其他不定期的传播活动，使得文化培养和传播的共享性、可达性、有效性能够大幅提升。

3. 文化主体和系统需继续建设

文化建设的核心是人才问题，需持续的人才引进或本土人才培养，目前文化系统的建设依然缺少作为文化主体的创造者。专职文旅管理工作人员和文化遗产创意产业人才缺乏，团队运营管理经验不足，开展实操规划团队的特色性、创新性开发设计不足。需要提高村民文化生活参与度，提供文化支撑，提升文化价值生产能力。需要根据不同活动、人群需求，组织文化教育和娱乐活动，如定期的教育、培训。坚持文化队伍的引入和组建文化队伍，如继续引入县宣传队、镇宣传队，激发民众参与，能产生积极的回应、灵活的应对和满足不同的需求。支持和鼓励村民进行乡村优秀文化挖掘，道德文化传承，脱贫攻坚宣传，安全宣传。

乡村文化挖掘和自建有成效，但从长远发展需求来说，仍需进行持续的乡村文化自建和发展。因为持续的文化上的自我建设功能的不足，将会造成叠加或者累积的文化贫困，由文化贫困所导致的代际贫困、连片贫困会更加突出。教育水平、风俗观念、意识思想等造成的文化贫困更容易导致农村陷入长期贫困而缺乏内在的改变能力的可能。

4. 历史文化资源深化研究和利用不足

结合拱市村未来长远规划发展，建立长期发展思维。乡村旅游和其他产业需要进一步的特色融合建设，在文化方面，需要更加优秀和有特色的文化内涵建设、品牌塑造，产品形象和包装设计。需要思考乡村文化与旅游结合的具体结合点形式，联系的具体建立以及其转换的具体方式，建设的时间阶段、步骤、目的、文化价值与经济价值。文旅融合需要避免千村一面的同质化商业模式，粗放模式化的文化体验，在此基础上应该创造出具有本地特色的文化体验，让文化真正成为高品质、有特点的文化体验、自然体验、生活体验的过程，而非快速表面化的文化消费。

需要进一步建立传统物质和非物质文化历史遗产档案和资料收集，分类发掘和传承优良的文化传统，剔除文化糟粕，为之后文创助力打下基础。并需要一个讲故事的人，因为口述历史、口述文化、乡间闲谈是一个重要的交流方式，它在传播一种价值观，传播一系列的故事，从故事中体现价值观和人们的价值取向，同时也满足了人们生活上的文化需求。这样的文化建设能够起到积极有效的乡村文化治理的作用。

对于文化传统和遗产要进行分级保护，对有重要历史价值、文化价值、技术价值、环境价值且传承困难的文化传统和遗产要进行保护和记录，作为历史文化传承的核心资源。对有较好历史价值、文化价值、技术价值、环境价值且无传承风险的文化传统和遗产可进行适当改造和利用，作为历史文化传承的主要资源。对有一般历史价值、文化价值、技术价值、环境价值且普遍的文化传统和遗产可进行多种开发，作为历史文化传承的普遍资源。同时以上历史文化资源也应与其他自然生态环境、产业经济、居住环境建设相融合，共同开发。

5. 建筑风貌，文化空间需改善提升

建筑风貌方面，需要打造具有当地建筑文化特色的乡村文化空间。目前村内主要民居为一层、两层、三层的砖混民居，其立面过于单一、粗糙，屋顶形式单调，建筑形式杂糅，建筑品质不高。村落入口景观标志性弱，水塘周围观赏性差，建议设置亲水平台，提高入口及水塘的观赏游览性。进一步加强乡村公共文化空间建设，公共文化空间和居民点周围缺乏服务性设施及居民活动场地；连接居民点的公路还不完善。

6. 需要政策、资金、人员、网络宣传支持

目前，乡村文化与旅游产业的融合有了明确的发展方向与政策指导，但是依然需要具体的、配套的措施，具体的设计人员安排使得项目可以有落地的可操作性和实践性。乡村文化建设缺少专业人才，同样在资金、政策方面乡村文化振兴依然需要巨大的投入和支持。在线下建设、新闻宣传的基础上，可进一步加强网络宣传，以争取面对更多的群体，持续扩大影响力，帮助外界更全面地了解拱市建设。

七、对策

1. 文化资源和设施优化配置

在原有村落布局上应根据需求进一步调整优化资源分配的空间布局，增加村文化组织的利用时间，减少人员和资源闲置。考虑各个文化设施的数量布局位置，根据此制定出它的服务范围，重点需要人群。同时增加服务内容，不只以图书为主，考虑有声读物、影像资料等，便于理解，方便听阅，能够有寓教于乐的文化宣传。目前村中所留居民多为老年、妇女和儿童，因此，公共文化资源应该向这些群体倾斜，对老人的老年大学的建立，老人的社会生活，文化更新的需求，文化生活的需求。对少儿成长教育的建设与需求，应该是文化教育的重点，也应该是资源倾斜的重点，包括与之相关的宣传和服务，保证可达性和共享性的实现。集中重点布置和建设基础设施，通过交通连接各村民小组或家庭，建立5分钟、15分钟、30分钟生活圈。增加联系和可达性，在此基础上建立更好的社群关系。乡村有良好的自然生态环境，同时也需要足够的居住环境条件、公共服务和设施。

2. 文化活动和资源的传承与发展

《乡村振兴战略规划（2018—2022年）》中指出，新时代乡村文化振兴要"立足乡村文明，吸取城市文明及外来文化优秀成果，在保护传承的基础上，创造性转化、创新性发展，不断赋予时代内涵、丰富表现形式"[1]。吴金航和周敏主张避免城市

---

[1] 《乡村振兴战略规划（2018—2022年）》，人民出版社，2018年，第62页。

化倾向教学目的，工具性教学理念，搁置乡村文化特性，忽视乡土情怀人才培养。[①]乡村文化本身也是一种资源，体现在物质文化载体和非物质文化载体上，如建筑、环境、景观、文字记录、口述文化等。文化资源需要不断挖掘，营建人文和建筑文化，提升环境品质。拱市村可传承和发展本地的川中建筑风格、民间技艺，将其现代化利用，符合现代需求，同时又具有地方特色。优化建设乡村文化艺术博物馆，将艺术更好地融入群众文化生活。持续挖掘和发展传统乡村文化中优秀的思想观念、人文精神、道德规范，弘扬其中积极向上的部分，培养淳朴民风。同时，引入新的文化与精神，提升农民的精神风貌，提升社会的文明程度。

在政府组织的文化培养和宣传之外，激活利用传统村落所有村民互助、村民文化交流的传统与习俗，如摆龙门阵（聊天）的需求，社会交往的需求，在这些传统习俗的文化交往活动中，文化得以传播，可以帮助文化的主体形成。需要村民作为主体（创造者和使用者）加入文化生活，进行如口述文化、议事交流、舞蹈队之类的具有乡村社区联合性、连接性的社会组织活动，进行文化活动的传播与组织。充分利用稳定持续的、间隔的、不定期的、偶发的文化教育或交流活动，并进一步提供制度或政策上的支持和引导。

对于传统的文化需要批判性地去继承，因为其中有消极的，也有积极的，有韧性的，也有韧度较低的，对于现有的文化也要需要进行思考之后才能决定是否接受，这样才能使得文化能够紧贴时代的需求，解决当下的问题，对文化本身的塑造起到积极的作用。

3. 持续优化乡村文化主体和系统建设

在发展中，根据拱市村的长远发展定位。拱市村是乡村振兴样板区，其中产业是第一，而在这之中，文化建设是投入小，但对产业发展和升级有积极作用的一个部分。建议继续利用外部先进文化理念，外部教育文化系统帮助建立本地的新文化、本地文化系统、文化主体，从原有的外部支持到本土的可持续性、延续性的发展。在此基础上，结合外来文化的先进部分，传承本土文化的优秀部分，既保有本地文

[①] 吴金航、周敏：《文化视域下乡村学校教学的现实问题及改进路向》，《教学与管理》，2021年第12期。

化特色，同时也有外部先进理念推动本地文化的发展。

毛一敬和刘建平在研究中提出，需要激活乡村内生性文化资源，激发农民参与文化建设主体性。通过群众直接参与文化建设的方式，回应农民的文化需求和社会主义精神文明建设要求。积极发掘和利用乡土社会内生性文化资源开展文化建设，能够有效化解乡村文化供需错位和主体缺位困境。同时定位主体，理解农民在村庄文化建设中的角色转换，由被动接受者向过程参与者、责任承担者转变，人民群众是乡土社会内生性传统文化的主要传承者。[1]

从文化系统的建立，外来文化的支持，要回到本地村民对文化介入的积极性和参与性，使他们能够进行与文化建设有效的连接与回应，在这个过程中重塑自己对于本土文化的认同感、自信心以及自我的定义，增强文化自主性和内在性。激发村民的积极性，更新文化系统，从外部文化输入支持，到长期可持续的文化发展，村落层级的文化与城市文化互动。一方面需要继续获得政府的支持，引入金融支持，外部投资，另外一方面在接受自上而下建立的管理制度下，引入乡村基层村民主体，建立当地村民反馈需求和问题的平台和机制。构建良好的政策反馈循环，通过对需求、问题、细节的反应，从基层的问题和细节入手，进而使得文化建设真正符合需求，进一步发展。

因为地方老思想和长期地方经验的限制，在新信息发布和交流中会存在观念上的不理解与冲突。需要基层工作人员以身作则，起到引导作用。在这个过程中乡村志愿者可起到积极的作用，一方面他们了解地方情况与村民想法和需求，另一方面他们又能较好地理解新的理念和精神，进而成为本村文化与外来文化交流和沟通的桥梁。这样文化的本土性和先进文化的现代性才能较好地融入现代乡村文化的建设。文化系统的建立不仅记录当前文化，输入和传播现代文化，还具有激活本土文化，创造新文化的多项功能，并逐步形成乡村文化自我更新与发展。

---

[1] 毛一敬、刘建平：《乡村文化建设与村落共同体振兴》，《云南民族大学学报》（哲学社会科学版），2021年第3期。

4. 建立乡村文化自信、文化价值

乡村社会、文化、生产、生活等各方面资源的缺失与不对等，带来文化上的缺失，比如文化教育、文化服务、文化活动的缺失，这种种的缺失，再加上社会经济地位上的缺失，带来乡村文化上的缺失以及文化上的不自信，所以需要进一步坚定发展文化上的建设，建立文化自信与文化的地位。

结合人才振兴，如新乡贤回乡带领村民致富，不仅是经济上的发展，同时也是思想上的变革。通过法制宣传、乡规民约的宣传，树立起法治建设的观念，以及道德自我约束的观念，形成新的文化框架、道德和社会规范。1983年蒋乙嘉的父亲在来龙寺山上栽下三棵黄葛树，现在蒋乙嘉在拱市栽下大量的黄葛树，不仅有助于绿色生态，同时也可产生长远的经济效益，这正是传统榜样和行为的引导力。这也是文化中最坚韧的部分，核心的部分，历经时代的变迁依然奋勇前行。所以需继续加强文化建设，建立积极向上、开放的思想观点，树立创新精神、脱贫攻坚精神、开拓精神，使文化成为长期的发展动力和价值取向。其中无私贡献，心系家乡和大众的家乡情怀，百折不挠、自强不息的奋斗精神正是当下乡村振兴所需的精神文化价值和导向。

拱市培养志愿者和村民文艺表演团体，在具体的生产和文化活动中，人群交错，相互激发，不仅增加文化丰富度和体验层次与深度，同时也形成利益共同体、生活共同体、文化共同体，强化生产属性、生活属性、文化属性，在具体的活动过程中产生联系。在此基础上的乡愁是与家乡的情感联系，不只在教学，更是在生产、生活，以及其他活动的具体参与和体验中产生，形成情感共同体。以上各种乡村文化建设，都促进了内向的乡村共同体凝聚力的形成。

文化的价值、文化的意义不仅是为其他的系统提供一些指导性和解决问题的帮助，更重要的是提供了社会价值观、社会发展方向的思考。正如我们可以选择很多种生产和生活方式，但是总有一种价值观引导着我们往前发展，而这个社会价值观将是极其重要的影响力。

5. 深入优化多方资源融合的文旅建设

从对乡村文化的治理，文化建设和发展机制的建立，到乡村文化治理乡村成为乡村振兴的重要内容。文化的经济功能可以注入社会发展领域，在改变经济增长与经济发展的动力结构与动力形态方面为社会生产力的解放提供动力源。[1]但并不意味着文化治理乡村成为主导，而是与其他振兴方向相辅相成，特别是在目前阶段，乡村的产业振兴依然是主导和基础。

持续建设和改善并提供充分良好的就业机会，优美的自然生态环境，良好的居住环境，充足的居住相关设施和服务，或通过便捷方便的交通，可以在短时间内获得本地所不能提供的公共服务资源，减少城乡资源差距、就业差距、生活品质差距。同时将产业生产、环境和建筑品质、基础设施、乡村公共文化服务与旅游产业融合，保持建设的一致性，避免重复建设，提升建设和使用效率。

多元融合按照产业布局、居住使用、旅游观光等方面的需求，对村里的道路、水系、景观、建筑、服务设施等基础设施进行统一规划和建设。将城市所需旅游、休闲，与乡村生产、生活融合发展。在此基础上既能使资源得到高效使用，又能将旅游休闲与乡村生产、生活结合形成更加丰富和有深度的综合旅游文化体验。

农业资源：规划建设农作物大地景观，如千叶佛莲、水稻、经济树木种植等，将景观与农业生产相结合，并保持一年四季景不同，且四季常绿，营造具有地方特色的田园风光。

自然生态资源：结合原有自然景观和现有改造基础，如山地丘陵地形、围湖蓄水、生态景观湿地、佛莲文化、稻田景观、莲藕产业，营造生态景观。优化空间环境品质，形成具有多样性与层次的自然生态景观。

历史文化民俗，传统技艺资源：提炼地方文化特色，构建具有地方特色的资源，如传统农耕文化、建筑文化、风俗等，借助村史馆、村志等讲好农村的故事。在此基础上做好融合，将生产、生活的文化建设与环境建设、产业建设结合起来，相互促进，打造具有特色的项目与产业。

---

[1] 齐骥：《社会结构变动中乡村振兴的文化动力和思想范式研究》，《东岳论丛》，2019 年第 8 期。

将原有乡村生产文化系统中的主体人积极地纳入，包括其所用的工具，不仅作为一个静态的展示，更要作为一个动态的加入，如传统的手工业人，让其不仅是一个简单的表演，更多保留这份传统技艺，并将其运用在文创产品或特色建筑环境的建设之中。完善和细化文化旅游计划，建设文化引导的农业主题公园、佛莲谷康养基地等乡村旅游项目。将当地建筑文化、传统材料、技艺、民俗文化、农耕文化融入新建民居、民宿、酒店中，营建本地建筑和环境的特色。保留传统技艺和产业，如织布、井盐，丰富产业体验。并通过文化包装、宣传，提升现有农业产品的文化品牌价值，发展周边产品和文创产品。

基础设施完善：考虑当地居民的活动与交通，设置相应的活动广场以及服务性设施，完善连接居民点的公路和节点。完善道路系统，建立主干道、次干道、自行车道、步行道，以及相关的停车点、休息和服务点。通过主次干道连接各园区、景点、建筑、服务设施，形成、完善主次分明、覆盖全面的交通系统。道路结合景观、功能进行布置，使人得到复合体验，同时也是资源高效的组合使用。如考虑公共广场的多样化使用，在不同时间段进行利用，如旅游旺季作为停车场，淡季作为村民活动场地使用。满足人们基本交通、游览、体验的需求。具体需拓展现有道路宽度，增加不同区域的停车点，完善标识系统。

优化环境空间品质与体验

文化空间对文化的塑造来自空间的元素结构布局，还有在这里产生的生活方式、工作方式、体验方式给大家留下空间的经验，持续的空间体验经验积累形成场所记忆和情感，记忆和情感进而慢慢地形成了关于这个时间和地点的文化，一种具有地方性和时间性的文化。

文化的体验与生成，来自场景化的体验、情感化的联系，这些都是人通过活动参与所观察到的现象来产生的认知和经验，进而形成了记忆与文化。这也就提供了关于元素方面和结构方面进行文化提炼和文化发展的一个可能性，依托于本土的文化要素、结构、文化记忆，生成机制来进行文化的创造和发展，进而获得在新时代的环境空间的文化认同与文化价值。

文化旅游是一种将文化与旅游产业结合起来的旅游产品。在旅游产品的商业属性、功能属性等方面，加入了文化属性，给人提供更深层次、更丰富、更全面的体验，使得旅游产品的附加值能够大幅提升。具体反映在文化体验给人带来的新鲜感，满足感和愉悦感。

6. 数字和网络治理

建立和进行系统化、数字化治理，需全面调研，了解居住、交通、生产、生态、文化设施等的具体使用情况、运行情况、服务人数、次数、功能、面积、构成、分布。进而从定性分析，到定量分析，确定不同文化设施和活动的影响作用、具体数据、影响层级。

在拱市村内利用网络和广播传播文化或学习文化，利用有声读物、影像视频等方便阅读和学习的文化材料，培养乡村网络文化和使用习惯。在中国拱市村电商运营体验店、蓬溪拱市村嘉联电子商务有限公司的运营基础上，优化网上商店，建立对外网页宣传、微信公众号、直播等网络宣传方式。

7. 争取多方面支持

进一步引入政策、资金、人才、合作方、消费者，推动乡村文化产业和旅游业。引入优秀人才、画家、专家，加大阅读宣传推广；举办"培训班"，提升基层人员业务素质。宣传教育培训先进的文化理念、生态理念，走可持续发展的道路，改造自然环境，形成新的人文生态环境。

8. 建设"拱市乡村艺术馆"新馆舍，发展拱市联村"文艺家部落"

拱市村乡村艺术馆收藏的近万件艺术品，具有较高的艺术价值和经济价值，但都简单陈列或堆放在拱市村文化大院库房里，不能充分发挥社会作用。

建议遂宁市政府、蓬溪县政府共同投资，在拱市村建设新的"乡村艺术馆"馆舍，作为拱市村最主要的文化公共服务机构。近万件收藏将在新馆舍陈列。

依托拱市村新的"乡村艺术馆"，整合拱市村所有文化公共服务机构，打造拱市村"文艺家部落"，为拱市乡村文化振兴和发展"农旅文"产业奠定基础。

组织振兴

组织创新与乡村振兴
——基于四川省遂宁市蓬溪县拱市村的考察

原珂

对外经济贸易大学

党的十九大报告提出实施乡村振兴战略。实践中，推进乡村振兴战略，主要涉及乡村产业振兴、人才振兴、文化振兴、生态振兴和组织振兴五个方面。本质上，"五个振兴"是一个体系，各有侧重，但从根本上来说，组织振兴应是位居第一位的。更进一步说，组织振兴是乡村振兴的"一号工程"，是实现乡村全面振兴的重要基础和根本保障。

一、现状

拱市村党组织、自治组织、群团组织、公共服务组织、社会组织、经济组织比较健全，已经基本达到乡村组织振兴的要求。

（一）党组织建设

1. 村党总支。中国共产党常乐镇拱市村总支部委员会，是四川省优秀基层党组织。现有党员99人。现任第一书记蒋乙嘉，总支部书记朱洪波。

2. 联村党委。中国共产党蓬溪县拱市联村委员会，隶属常乐镇党委领导，设在拱市村，是跨乡镇的功能性党委，党委书记蒋乙嘉同志是中共十九大代表，全国优秀党务工作者，四川省党代表，中共遂宁市委委员。党委副书记由常乐镇党委组织委员、天福镇党委组织委员担任。党委委员由常乐镇拱市村党总支书记、山兴寨村党总支书记和天福镇三合村党总支书记、茶房沟村党总支书记担任。党委办公室没有专职工作人员和工作经费。

（二）自治组织建设

拱市村村民委员会由拱市村村民大会依法选举成立。现任村民委员会主任由朱洪波担任。实现了村书记、主任一肩挑。

（三）群团组织建设

拱市村设有共青团支部，妇联，民兵连，关心下一代工作委员会。

（四）公共服务组织建设

1. 教育培训机构。中共遂宁市委组织部在拱市村设有"遂宁市乡村振兴教育培训基地"，中共蓬溪县委在拱市村设有"中共蓬溪县委党校第二校区"，四川乡村振兴学院遂宁分院也设在拱市村。四川职业技术学院在拱市村设有"大学生服务乡村振兴实习实训基地""乡村振兴讲习所蓬溪工作站"。中国民族建筑研究会宜居城市与城乡治理专业委员会拟在拱市村筹建"宜居乡村与乡村治理示范研究培训基地"。

2. 卫生健康机构。拱市联村卫生室设在拱市村，有乡村医生，可以治疗常见小病。

3. 文化机构。拱市村建有"乡村艺术馆"，藏品有近万件，在乡村中比较罕见。拱市村还设有"佛莲艺术团"，经常举办文艺活动，比较活跃。北京师范大学在拱市村建有"北师大中华国学院佛莲文化产学研总部基地"。龙门山画院把拱市村作为"写生创作基地"，中国诗歌万里行活动也把拱市村作为创作基地。拱市村建有"村史馆"，公开出版有《拱市村志》，这在全国也比较少见。中共蓬溪县委纪检委、蓬溪县监察委员会"蓬溪县廉洁文化基地"，也设在拱市村。

4. 科技机构。中国科学院软件中心在拱市村设有"拱市联村智慧乡村项目部"。

5. 综合管理机构。拱市村设有"村道管护队"和"应急物资储备库"。

此外，拱市村还建有"退役军人服务站"。

目前，拱市村没有小学、幼儿园、养老院。

（五）社会组织建设

拱市联村新乡贤联谊会，设在拱市村，属于社会团体，在民政部门依法注册成立。

蓬溪拱市联村经营农村研究院，原名蓬溪拱市联村乡村振兴服务中心，设在拱市村，是由蓬溪县民政局 2018 年 7 月 2 日批准成立的非营利性机构，2021 年 6 月 30 日改为现名，属于民办非企业组织，具有独立法人资格，由蒋乙嘉担任法定代表人，开办资金为 10 万元，主要业务范围为就业培训、旅游服务、特色产品推广、政策咨询、乡村振兴理论研讨、学术交流、人才培养。2018 年 7 月正式投入使用，建筑面积 2200 平米，内设游客接待中心、便民服务中心、农产品电商展销区、卫生室、文化室、留守儿童之家、村史馆等 10 余个功能区。建立"乡土人才+行业领导+专家学者"师资队伍，可承接乡村振兴、新农村建设、就业培训、党建工作等各类会议培训。目前，该院已承接省、市、县党校培训 28 期共计 4300 余人次。

（六）经济组织建设

上市公司"四川力世康现代农业科技有限公司"，是整体运营拱市村的四川省农业产业化龙头企业，公司在拱市联村建立并实施了"公司+农户+集体"的三方利益连接机制。在拱市村设有蓬溪县常乐拱市中心供销合作社，合作社理事长蒋乙嘉是中华全国供销合作社第六、七届理事，蓬溪县供销合作社副主任，全国供销合作社系统劳动模范。组建一批种植、养殖、农机专业合作社，发展生态农业产业。据 2019 年统计，拱市村集体经济为 110 万元，拱市联村集体经济 137 万元。

二、经验总结

农村富不富，关键看支部；村子强不强，要看"领头羊"。某种意义上，一个村庄经济状况的好坏，很大程度上取决于其领导者（村"两委"）发挥的引领和导向作用大小，更取决于其支部组织整体建设水平的高低。四川省遂宁市蓬溪县常乐镇拱市联村在蒋乙嘉书记的带领下，持续创新基层组织模式，带领村民脱贫致富，实现了从脱贫攻坚到全面小康的华丽转变，并将继续在新时代的乡村振兴中引领潮流。

（一）"红色引擎"：充分发挥"领头羊"的带动作用

2018 年 3 月 18 日，习近平总书记在参加十三届全国人大一次会议山东代表团审议时指出，"实施乡村振兴战略是一篇大文章，要统筹谋划、科学推进，推动乡村产业振兴、人才振兴、文化振兴、生态振兴和组织振兴",并特别强调"要打造千千万万个坚强的农村基层党组织,培养千千万万名优秀的农村基层党组织书记"。实际工作中,四川省遂宁市蓬溪县常乐镇拱市联村的党委书记蒋乙嘉就是这样一名"优秀的农村基层党组织书记"。他不仅始终发挥着一名优秀党员干部应起的"领头羊"作用,更是树立起了党在广大农村基层组织建设中的"红色引擎"示范效应。

说来话长,昔日的拱市村是个偏僻、贫穷、落后的小山村,村民自古以农业兼小手工业为生。这种封闭式的自然经济,历经沧桑,发展缓慢。直到改革开放前,村内依旧是坑洼不平的土路,坡陡路窄,种地基本靠天吃饭。农耕时节,村民们为了争水栽秧,好好的邻居之间也常会大打出手。"有女莫嫁铁线沟(拱市村及周边几个村),三年两不收,男人挑担担,女人背背篼",这首民谣即是拱市村过去的真实写照。

改革开放后,拱市村在各个方面取得了长足发展,尤其是通过包产到户,调动了村民们的积极性,温饱问题得到基本解决,并逐渐过上了衣食无忧的"好日子"。但由于自然条件限制以及基础薄弱等问题,拱市村经济发展与其他乡村相比,长期处于后进状态,依旧是当地有名的旱山村、落后村、空壳村和贫困村,路不通、水不畅、撂荒地随处可见的状态依然没有较大改观。根据《四川省蓬溪县常乐镇拱市村志》记载,直到2010年年底,拱市全村人均年收入仅3029元,远低于当年全国农民人均纯收入5919元[1]的水准。由此可知,贫穷始终是困扰拱市村经济社会发展的一大难题。

为了改变家乡贫穷落后的面貌,2007年7月,拱市村籍复员退伍军人蒋乙嘉在蓬溪县委"双引"政策号召下,带着自己退伍后经商积累的2000多万元资金(全部积蓄)回到家乡,陆续为村里修公路、理水渠、添置农业机具以及建设乡村文化活动中心等,全心全意带领老百姓发家致富。据课题组调研了解,2008年以前,拱市村根本没有一条通村水泥路,村民出行难、运输难;水利基础设施陈旧,且大都

---

[1] 2010年中国城镇居民人均可支配收入19109元,农民人均纯收入5919元。参见:国家统计局官网http://www.stats.gov.cn/。

是20世纪五六十年代修建的,村民用水难,无法摆脱"祖祖辈辈靠天吃饭"的命运。乡村经济发展严重滞后,主要靠外出打工挣钱,传统农业只能填饱肚子,农民致富无门路。面对这重重困难,蒋乙嘉书记回来后,辗转难眠,反复调查思考以探寻突围之路。"想致富,先修路",2009年蒋乙嘉个人出资80余万元修建了第一条通村水泥路,此后拱市村才逐步依靠这条"进出大命脉"与外界频繁交流并日渐发展起来。

功夫不负有心人。在蒋乙嘉的长期投资和带动发展下,到2012年年初,拱市村已经逐渐发生了翻天覆地的变化,蒋乙嘉回乡之初心——"改变家乡贫穷落后的面貌"的梦想——基本实现了。这时,本想着捐建好基础设施就回长春[①]的蒋乙嘉,却被村民们"拦住了",在村民们的苦苦相劝和极力推举下,2012年4月,时年54岁的蒋乙嘉被选举为拱市村的"第一书记"[②]。2013年11月,拱市村党支部换届中,全村党员及村民一致推选蒋乙嘉担任拱市村党支部书记[③]。之后,他更是不辱使命,拼命工作,并充分调动村民们的积极性和自主性,尝试带领乡亲们开始发展优质、高效农业,如探索绿色水产养殖、推广特色种植、发展经济果林等,以不断调整和优化拱市村产业结构,大幅度提高了全村经济收入。到2014年年底时,全村农民人均年纯收入达9200元,"业兴、家富、村美、人和"的幸福美丽新拱市村建设初见雏形。2014年3月,时任中共中央政治局常委、中央书记处书记、中宣部部长刘云山在《人民日报内参》(第445期)上批示:"复员军人蒋乙嘉不当老板,甘当乡村领导"(蓬溪县常乐镇拱市村党支部第一书记)。这是对蒋乙嘉书记带领乡亲们脱贫致富工作的高度肯定与认可。到2017年,拱市全村人均可支配收入达到15048元,村民生活质量显著提高,昔日贫穷村彻底转变为小康新村,村集体经济收入突

[①] 蒋乙嘉回拱市村之前就已在长春定居了,妻子儿女一直在长春居住。

[②] 2012年,拱市村"两委"在蒋乙嘉"第一书记"的建议下,首次提出"3年打基础,4年强产业,5年建新村"的"3·4·5"新村建设总体发展目标,明确了"巩固养殖业、壮大种植业、发展乡村旅游业"的重点产业发展方向,确立了"培育先锋队、找准致富路、帮助解难题、增收促民富"的具体实施路径,并组建了土地流转合作社、核桃种植合作社和农机专业合作社等。这标志着拱市村正式迈入健康有序发展的"快车道",为日后拱市村的崛起奠定了坚实基础。

[③] 同年,新任村主任是杨继光。

破100万元。2020年底时，全村人均年纯收入达到21838元，拱市村集体经济为110万元，拱市联村集体经济达到137万元，率先在新时代乡村全面振兴的大战略中迈出"稳健的一步"。

时至今日，拱市村在村党支部书记蒋乙嘉的带领下，经过十多年的持续建设与发展，村容村貌整洁、基础设施完善、社会治安良好、村民安居乐业、精神文明建设等都上了一个大台阶。例如，在总面积达2100余平方米的拱市村文体活动综合楼内，设有村办公室、会议室、图书室、娱乐室、医疗室、健身室以及超市等，这不仅解决了村"两委"办公场所之需，为村民们提供了精神食粮之地，并且还更方便了村民们的生活之需。截至2021年5月底，拱市村先后被评选为四川省遂宁市文明村、蓬溪县小康村、蓬溪县新农村建设示范村、蓬溪县生态文明村等先进称号，而且还得到了中央政府、主流媒体、金融部门、文艺团体以及社会各界的广泛关注。据不完全统计，拱市村多年来共荣获了"四川省先进基层党组织""四川省新农村建设点示范村""四川省依法治村示范村""省级四好村""百强村""文明村""四川省森林康养基地""2019年度四川省实施乡村振兴战略工作示范村""全国农村人居环境示范村""全国文明村""全国农村示范社区""全国休闲农庄""国家森林乡村""全国生态文化村"等荣誉称号。

有人说，蒋乙嘉之所以能够回报家乡，是因为他有千万家产。但稍加思考，我们则会发现，倘若一个人内心深处没有对家乡的深厚情感，没有一种让乡亲们过上好日子的执着理念，即使拥有万贯家产甚至亿万财富，也很难改变家乡的面貌。其实，在这十余年间，蒋乙嘉不仅花光了个人所有积蓄，而且还瞒着家人偷偷卖掉了当年经商时在北京和长春购买的两处房产来支持家乡建设，这才使得拱市村渡过多道"难关"，逐步实现从"输血"打基础到"造血"兴产业的可持续发展之路。这种意义上，蒋乙嘉作为一名普普通通的乡村党支部书记，作为党在基层的"领头羊"，不仅是村民们的主心骨，而且更发挥着新时代"红色引擎"的示范效应。"已识乾坤大，犹怜草木青"，作为一名老党员，蒋乙嘉将自己对党和国家、对人民的忠诚，以及浓浓的桑梓情，用自己的实际行动写在了家乡的一草一木间。

（二）组织创新：将制度优势转变为治理效能

党的十九届四中全会提出，要把我国制度优势更好转化为国家治理效能。中国共产党领导是中国特色社会主义的根本特征，更是中国特色社会主义制度的最大优势。坚持和加强党的全面领导，既是深化党在基层的执政根基，也是使党永葆生机的重要源泉。实践中，拱市联村党委作为联村的核心领导者，始终坚持将党组织的制度优势转变为基层治理效能，在带领拱市联村脱贫攻坚和乡村全面振兴中发挥了重要作用，亦取得了显著成绩。

（三）模式特色：拱市联村党委组织连带模式与特色

作为党的一级基层组织，拱市联村党委在常乐镇党委的领导下，积极履行职责，开辟了农村基层党建工作新路子。实践中，拱市联村党委在全面落实党在农村的各项方针政策，领导和组织联村拧成"一股绳"，开展产业联盟等工作方面，取得了显著成效。整体来看，拱市联村在发展中逐渐形成了以党建为引领，且具有组织连带特色的发展模式[①]。

（四）取得的成效

综上可知，在联村党委的正确领导下，当前拱市联村实现了从"一枝独秀"到"抱团发展"的转变，从"软任务"到"硬指标"的转变，从"人才荒地"到"人才洼地"的转变，从"单向管理"到"多元自治"的转变，从"靠天吃饭"到"效益农业"的转变，从"陈规陋习"到"新风正气"的转变，从"贫困落后"到"村强民富"的转变等，"让土地充满希望，让鲜花开满村庄，让乡亲们过上城里人羡慕的生活"之愿景已初步显现。

1. 村容村貌彻底转变，努力打造全国乡村振兴战略示范基地

近年来，拱市联村流转土地5800余亩，发展产业7000余亩，人均年纯收入由

[①] 2018年，按照习近平总书记关于乡村振兴重要讲话精神和四川省委、省政府以及市、县关于实施乡村振兴战略系列决策部署，拱市联村以党建引领、规划先行、能人带动为举措，探索建立了"七联七带"的工作方法，这在很大程度上推动了拱市联村新农村建设不断取得新突破。在此，本研究主要通过对"七联七带"这一工作方法的反思与总结，拟提炼出其在组织建设方面可能的理论贡献。

2006年的2342元跃升至2020年的21838元。目前拱市联村的基础设施日渐完善，村容村貌也发生了巨大变化。据了解，联村现已经建成农业小环线，累积修建村公路33.1公里，机耕道75公里，修、扩建堰塘35个、蓄水池50口，修建村级活动中心4000平方米等。具体到拱市村，目前拱市村基本实现了水泥路户户通，农田自流灌溉，自来水、天然气、宽带光纤进村入户等，让乡亲们逐步过上"城里人羡慕的生活"。

另一方面，拱市联村始终坚持生态立村，发展乡村旅游，让村庄更美丽。当前，拱市村正按照习近平总书记"绿水青山就是金山银山"的理念，加快建设田园综合体、农业主题公园、佛莲谷森林康养基地等乡村旅游项目，并成立了蓬溪县常乐拱市乡村旅游专业合作社。相关工作目前已经有序展开，在各级党委、政府的支持下，联村整合了1500余万元资金，对村出入口、景观景点、标识标牌、佛莲文化广场、千叶佛莲精品区等，进行了全方位的打造，新建拱市联村党群服务中心2200平方米，道路黑化7500米，观光栈道1000米，停车场3个、200个车位、接待500人的乡村酒店1个（筹建中）。正如蒋乙嘉所说："我们的目标是坚持走生态优先、绿色发展的道路,力争将拱市联村打造成国家4A级农业景区、特色小镇、产业扶贫示范区，形成集特色农业、旅游、康养、文化于一体的田园观光综合体，成为全国乡村振兴战略示范基地。"

2. 人才回流日渐增多，联村可持续发展后劲充足

"子规夜半犹啼血，不信东风唤不回。"经过多年持续的全心投入，辛苦耕耘，蒋乙嘉不仅带领村民实现了脱贫致富，还激发调动了广大村民的积极性，使其主动参与到脱贫攻坚和乡村振兴事业中来，外出务工的许多村民在看到家乡的变化后，也纷纷拿出积蓄或直接返乡投入到家乡的建设中。

其实，在人才引育方面，拱市联村党委在蒋乙嘉书记的带领下，坚持做大乡土人才存量、用好高端人才资源、引领专业人才流向，切实通过实施农村人才"外引内培"留住本土人才，引进高端人才，像种植三七的邓德山博士，拱市戎华国防教育基地负责人、正团级干部宋隆焰，画家余水清等，引回了像蓬溪县励军家庭种植

农场主杨利军、蓬溪县深川水产养殖专业合作社负责人唐远福等农民工回乡创业。此外，为了进一步加强这些"引回"人员之间的交流与合作，联村党委还积极成立了蓬溪县拱市联村新乡贤联谊会。

3. 产业结构日趋完善，联村村民收入与日俱增

在联村产业发展方面，拱市联村党委始终坚持科学化布局、规模化种植、集约化经营、标准化生产、多元化发展，按照拱市联村全域发展规划，推进"一心一环三区"建设，一心是指拱市联村乡村振兴服务中心，一环是指拱市村产业环线，三区是指游客接待区、千叶佛莲产业区、农耕文化体验区。其中，作为联村全域发展的重要"一环"，联村多年来持续加大产业调整力度，坚持以基础建设为主线，突出村级旅游和农家乐建设，重点发展绿色水产种植、养殖，目前荷花莲藕 200 亩、稻田养鱼 150 亩、核桃种植 500 余亩、仙桃种植 500 余亩、枇杷种植 60 亩、李子种植 60 亩，千叶金莲 3000 余亩，基本实现产村一体。

另外，联村所有的特色农产品通过线上线下同时销售，联村村民收入与日俱增。例如，目前拱市村农民人均年纯收入已经从 2007 年的 2300 元提高到 2020 年年底的 21838 元。实践中，本着自愿原则，拱市村通过组织村集体与农户签订合同，采取"公司+支部+合作社（协会）+农户"的运作模式，流转拱市村及周边村的 5800 亩土地，发展优质核桃 500 余亩，柑柚等其他经果林 600 亩、莲藕稻鱼等绿色水产养殖 600 亩，推广林下套种等模式，建成长线高效产业与短线特色产业相结合的规模种养殖产业区。

三、问题与对策

党的十九大报告中明确指出，发展是解决我国一切问题的基础和关键。改革开放 40 多年的历史也告诉我们，要"带着问题求发展，以发展来解决问题"。虽然拱市村组织建设已经做得很好，也还有些地方需要完善。

（一）联村党委办公室没有专职工作人员，没有经费，日常工作由企业代理

拱市联村党委自 2015 年成立以来，已经 6 年，党委办公室至今没有一名专职

工作人员，也没有工作经费。党委办公室日常工作（主要是接待和宣传），都由四川力世康现代农业科技有限公司代理，两边都疲于应付，造成很多不便。

建议蓬溪县委组织部为拱市联村党委办公室配备三名专职工作人员，一人负责接待，一人负责宣传，一人负责值班。如果没有公务员编制，事业编制也可以，安排志愿者或职业村官也可以。总之得有人。人头费、工作经费，建议由县财政解决，纳入每年财政预算。

（二）建议成立"四川乙嘉乡村发展基金会"

四川力世康现代农业科技有限公司每年拨付一些资金放在基金会，用于支持拱市联村基础设施建设和公共服务。之前力世康公司投资建设的拱市联村基础设施、公共服务设施，可以进行价值评估，测算金额，作为力世康公司捐助基金会的金额，并享受国家公益慈善捐款抵扣税政策。这样，拱市村和力世康公司之间，就可以建立起正常的可持续的村企关系。

关于"四川乙嘉乡村发展基金会"的筹建，其主要涉及注册资金筹款、理事会成员人选、监事会成员及专职秘书长聘任等工作。其中，首要问题是注册资金的筹款，其可以蒋乙嘉目前持有的四川力世康现代农业科技有限公司捐赠为主、新乡贤及个人等善款为辅来启动注册资金。与此同时，根据基金会章程规定的资金来源渠道，该基金会还可以通过项目专项基金、公众小额劝募、资源匹配链接、社区慈善信托等形式进行筹资。其次，在现有慈善法律制度环境下，乡村社区基金会的建立也需要有理事会与监事会，以保持法人治理结构的完整性。换言之，理事会、监事会是任何一个具有合法身份基金会的基本治理形式，尤其是理事会的设定将直接影响到乡村社区基金会的功能发挥。例如，按照《中华人民共和国公益事业捐助法》、《中华人民共和国慈善法》和《基金会管理条例》等相关规章要求，基金会理事会作为最高决策机构，负责决策基金会的所有事务。为此，一方面，要合理确定理事会人选（一般5—25人不等），鼓励多方参与，以切实代表拱市联村全体村民利益参与决策。另一方面，理事会也应接受社会监督。这主要由监事会负责监督，其一般由3名成员组成，旨在对资助者负责，做好善款使用工作。在此，需注意的是，除了常规性的监事会，乡村发展基金会还应通过微信公众号、基金会网站公开募捐收入、资金流向、支出额度，遵循公开透明的原则，随时接受社会监督，为资助者和社会公众参与监督提供常态化、制度化的渠道，构建基金会的公信力。再次，注重专业人才运营。"让专业的人干专业的事情"。实际运作中，在基金会内部治理方面，不仅要设秘书处作为具体执行部门，而且还要配备专职的秘书长处理各种社会事务，以进行组织网络关系的构建。当然，在此也要做好基金会专职秘书长的福利保障，以切实推进组织日常运作走向专业化。此外，鉴于当前联村社会组织整体发展较为薄弱的现状，为持续提高工作人员的专业化水平，基金会要格外注重工作人员的培养、培训和引进，不断优化人员构成，提高决策科学化水平和管理效率，造福于拱市联村子孙后代。

说明：拱市村组织振兴部分调研报告，原文4万字，由于特殊原因，摘要8000多字编入本书。拱市村组织振兴更多相关详细内容，参阅本书"访谈实录"第三章《联村连心》。

附 录

中华人民共和国乡村振兴促进法

（2021年4月29日第十三届全国人民代表大会常务委员会第二十八次会议通过）

目 录

第一章　总　　则

第二章　产业发展

第三章　人才支撑

第四章　文化繁荣

第五章　生态保护

第六章　组织建设

第七章　城乡融合

第八章　扶持措施

第九章　监督检查

第十章　附　　则

第一章　总　则

第一条　为了全面实施乡村振兴战略，促进农业全面升级、农村全面进步、农民全面发展，加快农业农村现代化，全面建设社会主义现代化国家，制定本法。

第二条　全面实施乡村振兴战略，开展促进乡村产业振兴、人才振兴、文化振兴、生态振兴、组织振兴，推进城乡融合发展等活动，适用本法。

本法所称乡村，是指城市建成区以外具有自然、社会、经济特征和生产、生活、生态、文化等多重功能的地域综合体，包括乡镇和村庄等。

第三条　促进乡村振兴应当按照产业兴旺、生态宜居、乡风文明、治理有效、生活富裕的总要求，统筹推进农村经济建设、政治建设、文化建设、社会建设、生态文明建设和党的建设，充分发挥乡村在保障农产品供给和粮食安全、保护生态环境、传承发展中华民族优秀传统文化等方面的特有功能。

第四条　全面实施乡村振兴战略，应当坚持中国共产党的领导，贯彻创新、协调、绿色、开放、共享的新发展理念，走中国特色社会主义乡村振兴道路，促进共同富裕，遵循以下原则：

（一）坚持农业农村优先发展，在干部配备上优先考虑，在要素配置上优先满足，在资金投入上优先保障，在公共服务上优先安排；

（二）坚持农民主体地位，充分尊重农民意愿，保障农民民主权利和其他合法权益，调动农民的积极性、主动性、创造性，维护农民根本利益；

（三）坚持人与自然和谐共生，统筹山水林田湖草沙系统治理，推动绿色发展，推进生态文明建设；

（四）坚持改革创新，充分发挥市场在资源配置中的决定性作用，更好发挥政府作用，推进农业供给侧结构性改革和高质量发展，不断解放和发展乡村社会生产力，激发农村发展活力；

（五）坚持因地制宜、规划先行、循序渐进，顺应村庄发展规律，根据乡村的历史文化、发展现状、区位条件、资源禀赋、产业基础分类推进。

第五条　国家巩固和完善以家庭承包经营为基础、统分结合的双层经营体制，发展壮大农村集体所有制经济。

第六条　国家建立健全城乡融合发展的体制机制和政策体系，推动城乡要素有序流动、平等交换和公共资源均衡配置，坚持以工补农、以城带乡，推动形成工农互促、城乡互补、协调发展、共同繁荣的新型工农城乡关系。

第七条　国家坚持以社会主义核心价值观为引领，大力弘扬民族精神和时代精神，加强乡村优秀传统文化保护和公共文化服务体系建设，繁荣发展乡村文化。

每年农历秋分日为中国农民丰收节。

第八条 国家实施以我为主、立足国内、确保产能、适度进口、科技支撑的粮食安全战略，坚持藏粮于地、藏粮于技，采取措施不断提高粮食综合生产能力，建设国家粮食安全产业带，完善粮食加工、流通、储备体系，确保谷物基本自给、口粮绝对安全，保障国家粮食安全。

国家完善粮食加工、储存、运输标准，提高粮食加工出品率和利用率，推动节粮减损。

第九条 国家建立健全中央统筹、省负总责、市县乡抓落实的乡村振兴工作机制。

各级人民政府应当将乡村振兴促进工作纳入国民经济和社会发展规划，并建立乡村振兴考核评价制度、工作年度报告制度和监督检查制度。

第十条 国务院农业农村主管部门负责全国乡村振兴促进工作的统筹协调、宏观指导和监督检查；国务院其他有关部门在各自职责范围内负责有关的乡村振兴促进工作。

县级以上地方人民政府农业农村主管部门负责本行政区域内乡村振兴促进工作的统筹协调、指导和监督检查；县级以上地方人民政府其他有关部门在各自职责范围内负责有关的乡村振兴促进工作。

第十一条 各级人民政府及其有关部门应当采取多种形式，广泛宣传乡村振兴促进相关法律法规和政策，鼓励、支持人民团体、社会组织、企事业单位等社会各方面参与乡村振兴促进相关活动。

对在乡村振兴促进工作中作出显著成绩的单位和个人，按照国家有关规定给予表彰和奖励。

第二章　产业发展

第十二条 国家完善农村集体产权制度，增强农村集体所有制经济发展活力，促进集体资产保值增值，确保农民受益。

各级人民政府应当坚持以农民为主体，以乡村优势特色资源为依托，支持、促进农村一、二、三产业融合发展，推动建立现代农业产业体系、生产体系和经营体系，推进数字乡村建设，培育新产业、新业态、新模式和新型农业经营主体，促进小农户和现代农业发展有机衔接。

第十三条　国家采取措施优化农业生产力布局，推进农业结构调整，发展优势特色产业，保障粮食和重要农产品有效供给和质量安全，推动品种培优、品质提升、品牌打造和标准化生产，推动农业对外开放，提高农业质量、效益和竞争力。

国家实行重要农产品保障战略，分品种明确保障目标，构建科学合理、安全高效的重要农产品供给保障体系。

第十四条　国家建立农用地分类管理制度，严格保护耕地，严格控制农用地转为建设用地，严格控制耕地转为林地、园地等其他类型农用地。省、自治区、直辖市人民政府应当采取措施确保耕地总量不减少、质量有提高。

国家实行永久基本农田保护制度，建设粮食生产功能区、重要农产品生产保护区，建设并保护高标准农田。

地方各级人民政府应当推进农村土地整理和农用地科学安全利用，加强农田水利等基础设施建设，改善农业生产条件。

第十五条　国家加强农业种质资源保护利用和种质资源库建设，支持育种基础性、前沿性和应用技术研究，实施农作物和畜禽等良种培育、育种关键技术攻关，鼓励种业科技成果转化和优良品种推广，建立并实施种业国家安全审查机制，促进种业高质量发展。

第十六条　国家采取措施加强农业科技创新，培育创新主体，构建以企业为主体、产学研协同的创新机制，强化高等学校、科研机构、农业企业创新能力，建立创新平台，加强新品种、新技术、新装备、新产品研发，加强农业知识产权保护，推进生物种业、智慧农业、设施农业、农产品加工、绿色农业投入品等领域创新，建设现代农业产业技术体系，推动农业农村创新驱动发展。

国家健全农业科研项目评审、人才评价、成果产权保护制度，保障对农业科技基础性、公益性研究的投入，激发农业科技人员创新积极性。

第十七条 国家加强农业技术推广体系建设，促进建立有利于农业科技成果转化推广的激励机制和利益分享机制，鼓励企业、高等学校、职业学校、科研机构、科学技术社会团体、农民专业合作社、农业专业化社会化服务组织、农业科技人员等创新推广方式，开展农业技术推广服务。

第十八条 国家鼓励农业机械生产研发和推广应用，推进主要农作物生产全程机械化，提高设施农业、林草业、畜牧业、渔业和农产品初加工的装备水平，推动农机农艺融合、机械化信息化融合，促进机械化生产与农田建设相适应、服务模式与农业适度规模经营相适应。

国家鼓励农业信息化建设，加强农业信息监测预警和综合服务，推进农业生产经营信息化。

第十九条 各级人民政府应当发挥农村资源和生态优势，支持特色农业、休闲农业、现代农产品加工业、乡村手工业、绿色建材、红色旅游、乡村旅游、康养和乡村物流、电子商务等乡村产业的发展；引导新型经营主体通过特色化、专业化经营，合理配置生产要素，促进乡村产业深度融合；支持特色农产品优势区、现代农业产业园、农业科技园、农村创业园、休闲农业和乡村旅游重点村镇等的建设；统筹农产品生产地、集散地、销售地市场建设，加强农产品流通骨干网络和冷链物流体系建设；鼓励企业获得国际通行的农产品认证，增强乡村产业竞争力。

发展乡村产业应当符合国土空间规划和产业政策、环境保护的要求。

第二十条 各级人民政府应当完善扶持政策，加强指导服务，支持农民、返乡入乡人员在乡村创业创新，促进乡村产业发展和农民就业。

第二十一条 各级人民政府应当建立健全有利于农民收入稳定增长的机制，鼓励支持农民拓宽增收渠道，促进农民增加收入。

国家采取措施支持农村集体经济组织发展，为本集体成员提供生产生活服务，保障成员从集体经营收入中获得收益分配的权利。

国家支持农民专业合作社、家庭农场和涉农企业、电子商务企业、农业专业化社会化服务组织等以多种方式与农民建立紧密型利益联结机制，让农民共享全产业链增值收益。

第二十二条 各级人民政府应当加强国有农（林、牧、渔）场规划建设，推进国有农（林、牧、渔）场现代农业发展，鼓励国有农（林、牧、渔）场在农业农村现代化建设中发挥示范引领作用。

第二十三条 各级人民政府应当深化供销合作社综合改革，鼓励供销合作社加强与农民利益联结，完善市场运作机制，强化为农服务功能，发挥其为农服务综合性合作经济组织的作用。

第三章 人才支撑

第二十四条 国家健全乡村人才工作体制机制，采取措施鼓励和支持社会各方面提供教育培训、技术支持、创业指导等服务，培养本土人才，引导城市人才下乡，推动专业人才服务乡村，促进农业农村人才队伍建设。

第二十五条 各级人民政府应当加强农村教育工作统筹，持续改善农村学校办学条件，支持开展网络远程教育，提高农村基础教育质量，加大乡村教师培养力度，采取公费师范教育等方式吸引高等学校毕业生到乡村任教，对长期在乡村任教的教师在职称评定等方面给予优待，保障和改善乡村教师待遇，提高乡村教师学历水平、整体素质和乡村教育现代化水平。

各级人民政府应当采取措施加强乡村医疗卫生队伍建设，支持县乡村医疗卫生人员参加培训、进修，建立县乡村上下贯通的职业发展机制，对在乡村工作的医疗卫生人员实行优惠待遇，鼓励医学院校毕业生到乡村工作，支持医师到乡村医疗卫生机构执业、开办乡村诊所、普及医疗卫生知识，提高乡村医疗卫生服务能力。

各级人民政府应当采取措施培育农业科技人才、经营管理人才、法律服务人才、社会工作人才，加强乡村文化人才队伍建设，培育乡村文化骨干力量。

第二十六条 各级人民政府应当采取措施，加强职业教育和继续教育，组织开展农业技能培训、返乡创业就业培训和职业技能培训，培养有文化、懂技术、善经营、会管理的高素质农民和农村实用人才、创新创业带头人。

第二十七条　县级以上人民政府及其教育行政部门应当指导、支持高等学校、职业学校设置涉农相关专业，加大农村专业人才培养力度，鼓励高等学校、职业学校毕业生到农村就业创业。

第二十八条　国家鼓励城市人才向乡村流动，建立健全城乡、区域、校地之间人才培养合作与交流机制。

县级以上人民政府应当建立鼓励各类人才参与乡村建设的激励机制，搭建社会工作和乡村建设志愿服务平台，支持和引导各类人才通过多种方式服务乡村振兴。

乡镇人民政府和村民委员会、农村集体经济组织应当为返乡入乡人员和各类人才提供必要的生产生活服务。农村集体经济组织可以根据实际情况提供相关的福利待遇。

第四章　文化繁荣

第二十九条　各级人民政府应当组织开展新时代文明实践活动，加强农村精神文明建设，不断提高乡村社会文明程度。

第三十条　各级人民政府应当采取措施丰富农民文化体育生活，倡导科学健康的生产生活方式，发挥村规民约积极作用，普及科学知识，推进移风易俗，破除大操大办、铺张浪费等陈规陋习，提倡孝老爱亲、勤俭节约、诚实守信，促进男女平等，创建文明村镇、文明家庭，培育文明乡风、良好家风、淳朴民风，建设文明乡村。

第三十一条　各级人民政府应当健全完善乡村公共文化体育设施网络和服务运行机制，鼓励开展形式多样的农民群众性文化体育、节日民俗等活动，充分利用广播电视、视听网络和书籍报刊，拓展乡村文化服务渠道，提供便利可及的公共文化服务。

各级人民政府应当支持农业农村农民题材文艺创作，鼓励制作反映农民生产生活和乡村振兴实践的优秀文艺作品。

第三十二条　各级人民政府应当采取措施保护农业文化遗产和非物质文化遗产，挖掘优秀农业文化深厚内涵，弘扬红色文化，传承和发展优秀传统文化。

县级以上地方人民政府应当加强对历史文化名镇名村、传统村落和乡村风貌、少数民族特色村寨的保护，开展保护状况监测和评估，采取措施防御和减轻火灾、洪水、地震等灾害。

第三十三条　县级以上地方人民政府应当坚持规划引导、典型示范，有计划地建设特色鲜明、优势突出的农业文化展示区、文化产业特色村落，发展乡村特色文化体育产业，推动乡村地区传统工艺振兴，积极推动智慧广电乡村建设，活跃繁荣农村文化市场。

第五章　生态保护

第三十四条　国家健全重要生态系统保护制度和生态保护补偿机制，实施重要生态系统保护和修复工程，加强乡村生态保护和环境治理，绿化美化乡村环境，建设美丽乡村。

第三十五条　国家鼓励和支持农业生产者采用节水、节肥、节药、节能等先进的种植养殖技术，推动种养结合、农业资源综合开发，优先发展生态循环农业。

各级人民政府应当采取措施加强农业面源污染防治，推进农业投入品减量化、生产清洁化、废弃物资源化、产业模式生态化，引导全社会形成节约适度、绿色低碳、文明健康的生产生活和消费方式。

第三十六条　各级人民政府应当实施国土综合整治和生态修复，加强森林、草原、湿地等保护修复，开展荒漠化、石漠化、水土流失综合治理，改善乡村生态环境。

第三十七条　各级人民政府应当建立政府、村级组织、企业、农民等各方面参与的共建共管共享机制，综合整治农村水系，因地制宜推广卫生厕所和简便易行的垃圾分类，治理农村垃圾和污水，加强乡村无障碍设施建设，鼓励和支持使用清洁能源、可再生能源，持续改善农村人居环境。

第三十八条　国家建立健全农村住房建设质量安全管理制度和相关技术标准体系，建立农村低收入群体安全住房保障机制。建设农村住房应当避让灾害易发区域，符合抗震、防洪等基本安全要求。

县级以上地方人民政府应当加强农村住房建设管理和服务，强化新建农村住房规划管控，严格禁止违法占用耕地建房；鼓励农村住房设计体现地域、民族和乡土特色，鼓励农村住房建设采用新型建造技术和绿色建材，引导农民建设功能现代、结构安全、成本经济、绿色环保、与乡村环境相协调的宜居住房。

第三十九条 国家对农业投入品实行严格管理，对剧毒、高毒、高残留的农药、兽药采取禁用限用措施。农产品生产经营者不得使用国家禁用的农药、兽药或者其他有毒有害物质，不得违反农产品质量安全标准和国家有关规定超剂量、超范围使用农药、兽药、肥料、饲料添加剂等农业投入品。

第四十条 国家实行耕地养护、修复、休耕和草原森林河流湖泊休养生息制度。县级以上人民政府及其有关部门依法划定江河湖海限捕、禁捕的时间和区域，并可以根据地下水超采情况，划定禁止、限制开采地下水区域。

禁止违法将污染环境、破坏生态的产业、企业向农村转移。禁止违法将城镇垃圾、工业固体废物、未经达标处理的城镇污水等向农业农村转移。禁止向农用地排放重金属或者其他有毒有害物质含量超标的污水、污泥，以及可能造成土壤污染的清淤底泥、尾矿、矿渣等；禁止将有毒有害废物用作肥料或者用于造田和土地复垦。

地方各级人民政府及其有关部门应当采取措施，推进废旧农膜和农药等农业投入品包装废弃物回收处理，推进农作物秸秆、畜禽粪污的资源化利用，严格控制河流湖库、近岸海域投饵网箱养殖。

第六章 组织建设

第四十一条 建立健全党委领导、政府负责、民主协商、社会协同、公众参与、法治保障、科技支撑的现代乡村社会治理体制和自治、法治、德治相结合的乡村社会治理体系，建设充满活力、和谐有序的善治乡村。

地方各级人民政府应当加强乡镇人民政府社会管理和服务能力建设，把乡镇建成乡村治理中心、农村服务中心、乡村经济中心。

第四十二条 中国共产党农村基层组织，按照中国共产党章程和有关规定发挥全面领导作用。村民委员会、农村集体经济组织等应当在乡镇党委和村党组织的领导下，实行村民自治，发展集体所有制经济，维护农民合法权益，并应当接受村民监督。

第四十三条　国家建立健全农业农村工作干部队伍的培养、配备、使用、管理机制，选拔优秀干部充实到农业农村工作干部队伍，采取措施提高农业农村工作干部队伍的能力和水平，落实农村基层干部相关待遇保障，建设懂农业、爱农村、爱农民的农业农村工作干部队伍。

第四十四条　地方各级人民政府应当构建简约高效的基层管理体制，科学设置乡镇机构，加强乡村干部培训，健全农村基层服务体系，夯实乡村治理基础。

第四十五条　乡镇人民政府应当指导和支持农村基层群众性自治组织规范化、制度化建设，健全村民委员会民主决策机制和村务公开制度，增强村民自我管理、自我教育、自我服务、自我监督能力。

第四十六条　各级人民政府应当引导和支持农村集体经济组织发挥依法管理集体资产、合理开发集体资源、服务集体成员等方面的作用，保障农村集体经济组织的独立运营。

县级以上地方人民政府应当支持发展农民专业合作社、家庭农场、农业企业等多种经营主体，健全农业农村社会化服务体系。

第四十七条　县级以上地方人民政府应当采取措施加强基层群团组织建设，支持、规范和引导农村社会组织发展，发挥基层群团组织、农村社会组织团结群众、联系群众、服务群众等方面的作用。

第四十八条　地方各级人民政府应当加强基层执法队伍建设，鼓励乡镇人民政府根据需要设立法律顾问和公职律师，鼓励有条件的地方在村民委员会建立公共法律服务工作室，深入开展法治宣传教育和人民调解工作，健全乡村矛盾纠纷调处化解机制，推进法治乡村建设。

第四十九条　地方各级人民政府应当健全农村社会治安防控体系，加强农村警务工作，推动平安乡村建设；健全农村公共安全体系，强化农村公共卫生、安全生产、防灾减灾救灾、应急救援、应急广播、食品、药品、交通、消防等安全管理责任。

第七章　城乡融合

第五十条　各级人民政府应当协同推进乡村振兴战略和新型城镇化战略的实施，整体筹划城镇和乡村发展，科学有序统筹安排生态、农业、城镇等功能空间，优化城乡产业发展、基础设施、公共服务设施等布局，逐步健全全民覆盖、普惠共享、城乡一体的基本公共服务体系，加快县域城乡融合发展，促进农业高质高效、乡村宜居宜业、农民富裕富足。

第五十一条　县级人民政府和乡镇人民政府应当优化本行政区域内乡村发展布局，按照尊重农民意愿、方便群众生产生活、保持乡村功能和特色的原则，因地制宜安排村庄布局，依法编制村庄规划，分类有序推进村庄建设，严格规范村庄撤并，严禁违背农民意愿、违反法定程序撤并村庄。

第五十二条　县级以上地方人民政府应当统筹规划、建设、管护城乡道路以及垃圾污水处理、供水供电供气、物流、客运、信息通信、广播电视、消防、防灾减灾等公共基础设施和新型基础设施，推动城乡基础设施互联互通，保障乡村发展能源需求，保障农村饮用水安全，满足农民生产生活需要。

第五十三条　国家发展农村社会事业，促进公共教育、医疗卫生、社会保障等资源向农村倾斜，提升乡村基本公共服务水平，推进城乡基本公共服务均等化。

国家健全乡村便民服务体系，提升乡村公共服务数字化智能化水平，支持完善村级综合服务设施和综合信息平台，培育服务机构和服务类社会组织，完善服务运行机制，促进公共服务与自我服务有效衔接，增强生产生活服务功能。

第五十四条　国家完善城乡统筹的社会保障制度，建立健全保障机制，支持乡村提高社会保障管理服务水平；建立健全城乡居民基本养老保险待遇确定和基础养老金标准正常调整机制，确保城乡居民基本养老保险待遇随经济社会发展逐步提高。

国家支持农民按照规定参加城乡居民基本养老保险、基本医疗保险，鼓励具备条件的灵活就业人员和农业产业化从业人员参加职工基本养老保险、职工基本医疗保险等社会保险。

国家推进城乡最低生活保障制度统筹发展，提高农村特困人员供养等社会救助水平，加强对农村留守儿童、妇女和老年人以及残疾人、困境儿童的关爱服务，支持发展农村普惠型养老服务和互助性养老。

第五十五条 国家推动形成平等竞争、规范有序、城乡统一的人力资源市场，健全城乡均等的公共就业创业服务制度。

县级以上地方人民政府应当采取措施促进在城镇稳定就业和生活的农民自愿有序进城落户，不得以退出土地承包经营权、宅基地使用权、集体收益分配权等作为农民进城落户的条件；推进取得居住证的农民及其随迁家属享受城镇基本公共服务。

国家鼓励社会资本到乡村发展与农民利益联结型项目，鼓励城市居民到乡村旅游、休闲度假、养生养老等，但不得破坏乡村生态环境，不得损害农村集体经济组织及其成员的合法权益。

第五十六条 县级以上人民政府应当采取措施促进城乡产业协同发展，在保障农民主体地位的基础上健全联农带农激励机制，实现乡村经济多元化和农业全产业链发展。

第五十七条 各级人民政府及其有关部门应当采取措施鼓励农民进城务工，全面落实城乡劳动者平等就业、同工同酬，依法保障农民工工资支付和社会保障权益。

第八章　扶持措施

第五十八条 国家建立健全农业支持保护体系和实施乡村振兴战略财政投入保障制度。县级以上人民政府应当优先保障用于乡村振兴的财政投入，确保投入力度不断增强、总量持续增加、与乡村振兴目标任务相适应。

省、自治区、直辖市人民政府可以依法发行政府债券，用于现代农业设施建设和乡村建设。

各级人民政府应当完善涉农资金统筹整合长效机制，强化财政资金监督管理，全面实施预算绩效管理，提高财政资金使用效益。

第五十九条 各级人民政府应当采取措施增强脱贫地区内生发展能力，建立农村低收入人口、欠发达地区帮扶长效机制，持续推进脱贫地区发展；建立健全易返贫致贫人口动态监测预警和帮扶机制，实现巩固拓展脱贫攻坚成果同乡村振兴有效衔接。

国家加大对革命老区、民族地区、边疆地区实施乡村振兴战略的支持力度。

第六十条 国家按照增加总量、优化存量、提高效能的原则，构建以高质量绿色发展为导向的新型农业补贴政策体系。

第六十一条 各级人民政府应当坚持取之于农、主要用之于农的原则，按照国家有关规定调整完善土地使用权出让收入使用范围，提高农业农村投入比例，重点用于高标准农田建设、农田水利建设、现代种业提升、农村供水保障、农村人居环境整治、农村土地综合整治、耕地及永久基本农田保护、村庄公共设施建设和管护、农村教育、农村文化和精神文明建设支出，以及与农业农村直接相关的山水林田湖草沙生态保护修复、以工代赈工程建设等。

第六十二条 县级以上人民政府设立的相关专项资金、基金应当按照规定加强对乡村振兴的支持。

国家支持以市场化方式设立乡村振兴基金，重点支持乡村产业发展和公共基础设施建设。

县级以上地方人民政府应当优化乡村营商环境，鼓励创新投融资方式，引导社会资本投向乡村。

第六十三条 国家综合运用财政、金融等政策措施，完善政府性融资担保机制，依法完善乡村资产抵押担保权能，改进、加强乡村振兴的金融支持和服务。

财政出资设立的农业信贷担保机构应当主要为从事农业生产和与农业生产直接相关的经营主体服务。

第六十四条 国家健全多层次资本市场，多渠道推动涉农企业股权融资，发展并规范债券市场，促进涉农企业利用多种方式融资；丰富农产品期货品种，发挥期货市场价格发现和风险分散功能。

第六十五条 国家建立健全多层次、广覆盖、可持续的农村金融服务体系，完善金融支持乡村振兴考核评估机制，促进农村普惠金融发展，鼓励金融机构依法将更多资源配置到乡村发展的重点领域和薄弱环节。

政策性金融机构应当在业务范围内为乡村振兴提供信贷支持和其他金融服务，加大对乡村振兴的支持力度。

商业银行应当结合自身职能定位和业务优势，创新金融产品和服务模式，扩大基础金融服务覆盖面，增加对农民和农业经营主体的信贷规模，为乡村振兴提供金融服务。

农村商业银行、农村合作银行、农村信用社等农村中小金融机构应当主要为本地农业农村农民服务，当年新增可贷资金主要用于当地农业农村发展。

第六十六条 国家建立健全多层次农业保险体系，完善政策性农业保险制度，鼓励商业性保险公司开展农业保险业务，支持农民和农业经营主体依法开展互助合作保险。

县级以上人民政府应当采取保费补贴等措施，支持保险机构适当增加保险品种，扩大农业保险覆盖面，促进农业保险发展。

第六十七条 县级以上地方人民政府应当推进节约集约用地，提高土地使用效率，依法采取措施盘活农村存量建设用地，激活农村土地资源，完善农村新增建设用地保障机制，满足乡村产业、公共服务设施和农民住宅用地合理需求。

县级以上地方人民政府应当保障乡村产业用地，建设用地指标应当向乡村发展倾斜，县域内新增耕地指标应当优先用于折抵乡村产业发展所需建设用地指标，探索灵活多样的供地新方式。

经国土空间规划确定为工业、商业等经营性用途并依法登记的集体经营性建设用地，土地所有权人可以依法通过出让、出租等方式交由单位或者个人使用，优先用于发展集体所有制经济和乡村产业。

第九章 监督检查

第六十八条 国家实行乡村振兴战略实施目标责任制和考核评价制度。上级人民政府应当对下级人民政府实施乡村振兴战略的目标完成情况等进行考核，考核结果作为地方人民政府及其负责人综合考核评价的重要内容。

第六十九条 国务院和省、自治区、直辖市人民政府有关部门建立客观反映乡村振兴进展的指标和统计体系。县级以上地方人民政府应当对本行政区域内乡村振兴战略实施情况进行评估。

第七十条 县级以上各级人民政府应当向本级人民代表大会或者其常务委员会报告乡村振兴促进工作情况。乡镇人民政府应当向本级人民代表大会报告乡村振兴促进工作情况。

第七十一条 地方各级人民政府应当每年向上一级人民政府报告乡村振兴促进工作情况。县级以上人民政府定期对下一级人民政府乡村振兴促进工作情况开展监督检查。

第七十二条 县级以上人民政府发展改革、财政、农业农村、审计等部门按照各自职责对农业农村投入优先保障机制落实情况、乡村振兴资金使用情况和绩效等实施监督。

第七十三条 各级人民政府及其有关部门在乡村振兴促进工作中不履行或者不正确履行职责的，依照法律法规和国家有关规定追究责任，对直接负责的主管人员和其他直接责任人员依法给予处分。

违反有关农产品质量安全、生态环境保护、土地管理等法律法规的，由有关主管部门依法予以处罚；构成犯罪的，依法追究刑事责任。

第十章 附 则

第七十四条 本法自 2021 年 6 月 1 日起施行。

宜居乡村评价指标体系

(中城智库，2021年6月编订)

总　则

为满足人民群众对美好生活的追求，提高居住环境质量，实现城乡高质量发展和住区宜居性能提升，规范宜居乡村评价研究，引领人类住区治理创新进步，编订本评价指标体系。本评价指标体系以宜居乡村的相关国家规范、权威机构和专家调研、学术研究成果为基础，具体评判以国家或地方政府相关单位提供的数据和资料，以及专家组调研结果为依据。

宜居乡村，是指产业兴旺、生态宜居、乡风文明、治理有效、生活富裕的农村居民自治住区。本指标体系所指的农村，是科学意义上的农村，不完全等同于行政区划的农村。行政区划名称为"村"，实际上已经城镇化、工业化、商业化、景区化的人类住区，不在宜居乡村研究评价范围之内。

宜居乡村，是区别于宜居城市、宜居小区的一种空间形态，是人类宜居体系的组成部分，相对于宜居城市、宜居小区而言，宜居乡村更加关注产业特征和居住形态。宜居乡村的创建，可以使国家粮食、生态更加安全，人类栖居更加自由，更有诗意，是显著区别城市文明的一种更接近自然的文明形态。

根据《中华人民共和国乡村振兴促进法》确定的乡村振兴总要求，宜居乡村评价指标体系由5类指标组成：1.产业兴旺；2.生态宜居；3.乡风文明；4.治理有效；5.生活富裕。总分为100分。

宜居乡村分为一星级、二星级、三星级、四星级、五星级5个等级。5个等级的宜居乡村均应满足本标准所有控制项的要求。

综合评价，60 分≤乡村宜居指数即累计得分＜70 分且没有否定条件的乡村，为一星级宜居乡村；

综合评价，70 分≤乡村宜居指数即累计得分＜80 分且没有否定条件的乡村，为二星级宜居乡村；

综合评价，80 分≤乡村宜居指数即累计得分＜90 分且没有否定条件的乡村，为三星级宜居乡村；

综合评价，90 分≤乡村宜居指数即累计得分＜95 分且没有否定条件的乡村，为四星级宜居乡村；

综合评价，乡村宜居指数即累计得分＞95 分且没有否定条件的乡村，为五星级宜居乡村。

综合评价，乡村宜居指数即累计得分＜60 分的乡村，为不宜居乡村，应当进行治理更新。

北京中城国建城市规划设计研究院有限公司（中城智库）负责本指标体系的成果管理与应用。

一、产业兴旺

（20 分，权重 20%）

保障国家粮食安全，是乡村的核心使命。农村产业兴旺，主要特指农村特有的产业，也就是农业，即种植业和养殖业。城镇也可发展的工业、服务业，不属于农村产业兴旺的范畴。但是，有条件的乡村，也可以发展乡村特色文旅产业、手工业。

1.1 没有撂荒土地，适宜耕种的土地都种上了粮食和其他农作物 16 分

1.2 因地制宜，农林牧副渔全面发展，六畜兴旺 4 分

1.3 加分项：结合地域文化特色，发展有乡村文旅产业、手工业 加 2 分

1.4 扣分项：发展有污染的工业项目的村庄，视情况扣 1—20 分

二、生态宜居

（20分，权重20%）

保障国家生态安全，是乡村的核心价值之一。乡村宜居，三农才会兴旺发达，实现可持续发展。

2.1 植被良好，生物多样，土壤、水没有被污染 8 分

2.2 村庄选址安全，村民家家都有独立院落 10 分

2.3 生活垃圾分类处理收运系统覆盖到乡村，生活污水（包括粪便）能够无害化处理后再排放或利用 1 分

2.4 乡村整体建筑风貌保持地域传统特色 1 分

2.5 加分项：提倡推动散居，多数村民庭院与菜地、耕地融为一体的，加 2 分

2.6 扣分项：村民住房为密集楼房的，扣 5—10 分

三、乡风文明

（20分，权重20%）

用现代文明化育乡村，增强村民民主意识、法治意识、平等观念，建设乡村新文化，是乡村振兴的重要使命。

3.1 村干部廉洁奉公，没有黑恶行为，不欺压百姓 10 分

3.2 村民诚信友善，勤劳朴实，敬老爱幼，遵纪守法 5 分

3.3 村民尊重女性，女性在村里享有平等权利 3 分

3.4 村民不攀比炫富，红白喜事不大操大办 2 分

3.5 加分项：村里有省级以上好人或道德模范、先进人物 省级加 1 分，全国加 2 分

3.6 扣分项：村民不诚信行为、黑恶行为三年内被媒体报道过的扣 2 分

四、治理有效

（20分，权重20%）

乡村治理的中心任务，是完善基础设施，保一方平安，护绿水青山。

4.1 公共基础设施良好，硬化路面通达家家户户，有村民活动广场和公共文化活动场所10分

4.2 社会治安良好，没有黑恶势力，村民有安全感8分

4.3 没有违法违规建设2分

4.4 加分项：乡村综合治理工作三年内得到过省级表彰的加1分，得到过全国表彰的加2分

五、生活富裕

（20分，权重20%）

乡村生活富裕，与城市生活富裕，有很大的不同。在乡村生活，获取食物非常方便，钱多钱少都能生存，也能幸福快乐。短缺的是教科文卫等公共服务，应当补上。

5.1 村集体不欠债，每年能实现收支平衡略有盈余10分

5.2 村民不愁吃、不愁穿，义务教育、基本医疗、住房安全、养老有保障10分

后 记

参加四川拱市乡村振兴调研的专家学者和相关人员有：中国民族建筑研究会宜居城市与城乡治理专业委员会（简称宜居城乡委）主任罗亚蒙，宜居城乡委副主任兼秘书长金星，宜居城乡委主任助理罗万学，宜居城乡委副秘书长、清华大学建筑学院博士后、北京建筑大学青年骨干教师孔德荣，宜居城乡委副秘书长、南开大学周恩来政府学院博士、对外经济贸易大学副教授原珂，《宜居建筑与宜居住区评价指标体系》编委会（简称"宜居指标委"）副主编、中国人民大学城市规划管理系主任、教授、博士研究生导师邻艳丽，宜居城乡委专家委员、华中师范大学博士、山东农业大学教授陈国申，《中城网》中城智库"杰出青年学者"、西南交通大学博士、电子科技大学博士后、四川农业大学副教授蒲波，宜居城乡委专家委员、北京信息科技大学教授李仙，以及中国人民大学博士研究生吴思、硕士研究生何春昊，四川农业大学硕士研究生黄建超、桑文媛、纪思宇，山东农业大学硕士研究生李慧、王俊娜，湖北襄州经济开发区党工委书记刘阳、中央广播电视总台主持人席恺、北京中咨路捷工程技术咨询有限公司青光坤等。大家为本书的研究、编写付出了辛勤劳动，在此表示衷心感谢！

东方出版社陈丽娜女士，人民日报出版社杨忠诚先生、程文静女士，为本书出版付出了辛勤劳动，在此表示衷心感谢！

由于时间仓促，水平有限，数据资料欠缺，加之当事人回忆口述过程中难免偏差，书中定有不少疏误之处，欢迎读者批评指正。

本书编委会

2021 年 8 月 26 日于北京